GUSTI GEBHARDT

NACH DER SEXUELLEN REVOLUTION

GUSTI GEBHARDT

NACH DER SEXUELLEN REVOLUTION

Geschlechtserziehung in Familie, Kindergarten und Schule

2., überarbeitete Auflage

JOSEF KNECHT · FRANKFURT AM MAIN

CIP-Kurztitel-Aufnahme der Deutschen Bibliothek

Gebhardt, Gusti:
Nach der sexuellen Revolution : Geschlechtserziehung
in Familie, Kindergarten und Schule / Gusti Gebhardt.
– 2., überarb. Aufl. – Frankfurt am Main :
Knecht, 1984.
ISBN 3-7820-0345-4

ISBN 3-7820-0345-4

Gesamtherstellung: Wiesbadener Graphische Betriebe GmbH, Wiesbaden

INHALT

VORWORT

Dieses Buch wurde vierzehn Jahre nach meinem Aufklärungsbuch »Von Fünf bis Fünfundzwanzig« geschrieben.

Wie damals, so finden auch hier die aktuellen Erfahrungen aus meiner weitgestreuten Praxis innerhalb der Erziehungs- und Jugendberatung und der Elternbildungsarbeit ihren Niederschlag. Vor allem aber geht es mir darum, in die heutige, breitgefächerte Diskussion um Sexualerziehung, die in den verschiedensten Bereichen und von den unterschiedlichsten Ausgangspunkten aus geführt wird, so etwas wie Orientierungslinien einzuzeichnen.

Diese Orientierungslinien, die auch – und besonders – für die Sexualerziehung gelten, sollten die Grundbedürfnisse des Kindes nach Sicherheit, Geborgenheit und Wertgeltung sein.

Die Orientierung an Grundlinien soll es Eltern möglich machen, für ihre eigene familiäre Situation und entsprechend der Entwicklungsproblematik ihrer Kinder Verhaltensnormen zu benennen und zu begründen. Die eigene Verhaltenssicherheit, die sie dadurch gewinnen, wird zum Entwicklungsimpuls für die Kinder – entscheidend für ihr Gefühl der Sicherheit und Geborgenheit.

Eltern und Erzieher werden – je nach dem eigenen weltanschaulichen Standpunkt, eigenen Lebenserfahrungen – die Dimensionen für die Absicherung dieser Grundbedürfnisse verschieden abstecken: Was der eine auf menschliche Bemühungen und Besorgtheit allein zu gründen versucht, wird ein anderer auch noch in der letzten und sichersten Bindung, im Glauben verankern wollen. Dementsprechend verengen bzw. erweitern sich auch die Dimensionen der Sexualerziehung.

Je klarer uns allen jedoch bewußt wird, daß wir unser erzieherisches Handeln an den Grundbedürfnissen der Kinder und Jugendlichen nach Sicherheit, Geborgenheit und Wertgeltung immer neu ausrichten müssen, je mehr wir uns eingestehen, daß wir als Erzieher auch für uns diese Bedürfnisse anmelden, um so selbstverständlicher lassen wir uns stets aufs Neue in das Erziehungsgeschehen ein. Wer die eigentlichen Ziele kennt, kann die Zwischenziele leichter markieren und – manchesmal auch über Umwege – erreichen.

VORWORT ZUR 2. AUFLAGE

»Nach der sexuellen Revolution« wird hiermit in Zweitauflage vorgelegt. Obwohl seit der ersten Auflage neun Jahre vergangen sind, schien es nicht notwendig, Grundsätzliches zu ändern. Zwar ist die Sexualität nicht mehr in dem Maße öffentliches, gesellschaftskritisches und pädagogisches Thema wie noch zum Zeitpunkt der Erstausgabe, aber eine zentrale Bedeutung ist ihr in allen Bereichen der Pädagogik doch geblieben.

Sieht man von den öffentlich erhobenen Forderungen politischer Kleingruppen ab, die die Sexualerziehung nicht mehr schwerpunktmäßig auf die Familie ausgerichtet und u.a. Homosexualität der geschlechtsverschiedenen Paarbeziehung gleichgestellt sehen wollen, so scheint sich manche Übertreibung, wie sie in Kindergarten und Schule beobachtet wurde, geklärt zu haben.

Deutlicher hat sich in der Zwischenzeit offensichtlich die Erkenntnis durchgesetzt, daß »wertfreie« Sexualerziehung sich höchstens auf die Vermittlung von biologischen Fakten erstrekken kann und daß die Erziehung zur Beziehungsfähigkeit, Mitmenschlichkeit, Liebesfähigkeit und Verantwortlichkeit die eigentliche Grundlage der Geschlechtserziehung ist. Und damit ist die Familie wieder nachdrücklich gefragt.

Änderungen wurden vor allem im Stichwortverzeichnis vorgenommen, wo u.a. den Neufassungen des Mutterschutzes und des Familienrechts Rechnung getragen werden mußte. Aber auch neue Methoden der Empfängnisregelung waren zu berücksichtigen. Neue Stichworte, wie beispielsweise Sexualethik, wurden eingefügt.

Gusti Gebhardt

HAT DIE SEXUELLE REVOLUTION STATTGEFUNDEN?

Zum Begriff Sexuelle Revolution

Mit dem Begriff »Sexuelle Revolution« wird verschieden umgegangen. Je nachdem, wer ihn gebraucht und in welchem Zusammenhang er gebraucht wird, bekommt er einen jeweils anderen Sinn. Die einen wollen damit zum Ausdruck bringen, daß sich heute in der Auffassung von menschlicher Geschlechtlichkeit und im sexuellen Verhalten alles geändert habe und deshalb auch die Geschlechtsmoral heute ganz anders sei. Sie fordern dementsprechende erzieherische Konsequenzen, sowohl für die Erziehung in der Familie, wie auch für Kindergarten und Schule. Von der Kirche wird erwartet, daß sie ihren Standpunkt überprüfe. Andere können einen solchen Wandel nur mit Bedauern registrieren. Sie sind geneigt, jetzt, »wo doch ohnedies alles anders geworden ist«, der Erziehung keinerlei Chance mehr zu geben. Sie resignieren. Wiederum andere betrachten die »Sexuelle Revolution« als den Versuch, in unseren Tagen politisch-pädagogisch das durchzusetzen, was in der Zeit nach dem Ersten Weltkrieg versucht, aber nicht erreicht worden ist: Die Verschmelzung von freudianischem und marxistischem Gedankengut zu einer neuen, die Menschheit befreienden Gesamtidee.

Die eigentliche Aufgabe, die sich der Sexualerziehung heute stellt, dürfte jedoch sein: Abzuwägen, was aufgrund heutiger naturwissenschaftlicher Erkenntnis und der veränderten soziokulturellen Bedingungen an der Einstellung zur Sexualität und an den Verhaltensnormen geändert werden muß, und woran andererseits als an einem bleibendem Ausdruck menschlicher Sexualität festgehalten werden sollte.

Der Terminus »Sexuelle Revolution« selbst stammt von dem Freudschüler Wilhelm Reich, der unter diesem Titel wesentliche Gedanken seiner jahrzehntelangen wissenschaftlichen Arbeit veröffentlichte. Wilhelm Reich hat 1928 in Wien die »Sozialistische Gesellschaft für Sexualberatung und Sexualforschung« gegründet. Es ging ihm unter anderem darum, auf die Erziehungsprogramme einzuwirken und der bis dahin tabuisierten Sexualsphäre des Kindes und Jugendlichen, ja des Menschen überhaupt, im Rahmen eines gesamten Erziehungskonzeptes zu einer seiner Bedeutung entsprechenden Geltung zu verhelfen. Unter Einbeziehung marxistischen Gedankengutes beschrieb er eine Neuordnung der bio-sozialen Funktionen des Lebens und war überzeugt, hierdurch den Weg zu einer glücklicheren, weil von jeglicher Unterdrückung befreiten Gesellschaft gewiesen zu haben. Anstelle der Menschenrechte sollten die Lebensrechte die menschliche Gesellschaft bestimmen. Welches diese Lebensrechte sind, erhellt das Motto, das Reich seinem Buch »Sexuelle Revolution« vorangestellt hat: »Liebe, Arbeit und Erkenntnis sind die wahren Quellen unseres Lebens. Daher sollen sie es leiten.« Liebe wird hier wesentlich als Geschlechtsliebe zu verstehen sein. Denn, so sagt Reich: »Der Kern des Lebensglückes ist das sexuelle Glück.«

Die neue Jugendbewegung

In Österreich konnte Reich mit seinen Ideen, die nach seiner Meinung eine Revolution der Gesellschaft mit anderen als den bisherigen gewaltsamen Mitteln herbeiführen sollte, keinen Anklang finden. Er ging nach Berlin und wenig später nach Amerika. In Amerika schließlich fanden seine Gedanken Eingang in die fachwissenschaftliche Literatur. Über das angelsächsische Fachschrifttum kamen die Reichschen Ideen nach 1945 wieder auf unseren Kontinent zurück. In den sechziger Jahren, als es in der Bundesrepublik Deutschland, ähnlich wie zuvor in den USA, zu einem ebenfalls von Amerika ausgehenden Aufbruch der Jugend kommt, spielt Reich sowohl in den politischen wie auch in den psychologisch-pädagogischen Programmen eine bedeutsame Rolle. Das Engagement der Jugend gilt dem Ziel, menschliches Glück, hier und jetzt und für jeden gleichermaßen erreichbar, zu verwirklichen. Die Wege hierzu werden in einer Veränderung menschlichen Sexualverhaltens, in einer Veränderung der Arbeitsbedingungen und einer Veränderung der Bildungschancen gesehen.

Überschaut man die Aktivitäten, wie sie sich innerhalb dieser neuen Jugendbewegung organisiert haben, so lassen sich vor allem drei Gruppierungen unterscheiden:

Es gibt die *politisch Aktiven,* die in der Durchsetzung des Sozialismus als staatlicher Lebensform die Verwirklichung ihrer Zielsetzung – Gerechtigkeit und Glück für alle – sehen. In der Bestimmung dessen allerdings, was Sozialismus sei und wie er in politisches Handeln umgesetzt werden solle, gibt es starke Differenzierungen.

Die *sozial Aktiven* nehmen sich vor allem der Randgruppen und der unterprivilegierten Bevölkerungsschichten an, um für diese und mit diesen deren Rechte durchzusetzen. Dies geschieht nicht selten mit einem Engagement, das an Selbstaufgabe grenzt.

Die *»passiv Aktiven«* versuchen, mit dem apersonalen, dem »friedlichen« Mittel der Droge zu einer Erweiterung des Bewußtseins und zum Ruhen im Glück zu kommen. Diese Gruppe ist inzwischen selbst zur Randgruppe geworden, die fürsorgerisch betreut werden muß, sofern sich ihre einzelnen Mitglieder nicht wieder in die bürgerliche Gesellschaft integriert haben.

Alle drei Gruppen betonen das Recht auf sexuelle Freiheit und die Notwendigkeit, kindliche und jugendliche Sexualbedürfnisse anzuerkennen und deren Befriedigung zu ermöglichen. In diesem Sinne ist es nur folgerichtig, wenn das Schwergewicht der Erziehung auf die Geschlechtserziehung gelegt wird. Es geht dabei vor allem auch um eine neue Beschreibung der Geschlechtsrollen und um die Wege, diesen in der Gesellschaft Gültigkeit zu verschaffen.

Diese Gedanken sind in einer Flut von Literatur, in Büchern und Fachzeitschriften, Illustrierten, Handzetteln, Raubdrucken, über Massenmedien, die verschiedensten Bildungs- und Ausbildungsbereiche und nicht zuletzt durch faktisches Handeln verbreitet worden.

Die »drei großen Entlarver« des neunzehnten Jahrhunderts – Nietzsche, Marx, Freud – liefern zusammen mit Feuerbach das Gedankengut, aus dem bereits Wilhelm Reich schöpfte, und mit ihm in unseren Tagen seine wissenschaftlichen und publizistischen Nachfolger. Die weithin aus der Tierverhaltensforschung abgeleitete Verhaltenspsychologie und Lerntheorie liefern die Ansätze, um das Gedankengut methodisch in die pädagogische Praxis umzusetzen. Geschlechtserziehung wird somit nicht nur zum Anlaß, die Frage nach dem Wesen menschlicher Geschlechtlichkeit zu stellen. Es sind vielmehr die uralten Menschheitsfragen dadurch aufgerufen: Was ist die Bestimmung des Menschen? Gibt es eine menschliche Natur, und wie ist sie zu beschreiben? Was ist menschliche Person? Gibt es eine menschliche Entwicklung? Wie verhalten sich biologische Fixierung und milieureaktive Prägung zueinander? Was bedeutet Selbstbestimmung? Was macht das menschliche Glück aus?

Als Antipode dieser skizzierten geistigen Welt werden vor allem die christliche Philosophie und die christliche Morallehre gesehen. Ihr Festhalten am Begriff einer menschlichen Natur und der menschlichen Person, die ihren letzten Sinn durch einen transzendenten Bezug erhält, setzt der Konditionierung des Menschen sowohl hinsichtlich seiner diesseitigen Glücksverwirklichung Grenzen, wie auch im Hinblick auf die sich stetig verändernden Nützlichkeitserwägungen einer Gesellschaft oder bestimmter gesellschaftlicher Gruppen.

Was ist anders geworden?

Hat die »Sexuelle Revolution« also stattgefunden? Oder wurde lediglich der Gebrauchsartikel Sex mit Mitteln der Marktwerbung in Mode gebracht? Ist die geistige Auseinandersetzung auf die wissenschaftliche Ebene zurückverwiesen?

»Revolution bedeutet eine Umdrehung (Umwälzung) aller bestehenden Dinge oder Verhältnisse, sofern sie gewaltsam, gegen Widerstände und in relativ kurzer Frist absichtlich vorgenommen wird.« Hat es in diesem Sinne eine sexuelle Revolution gegeben?

Wer sich im Lande umsieht, wer Kinder im Kindergarten, in der Schule, in den Universitäten hat, wer Illustrierte aufschlägt, wer das Fernsehgerät einschaltet, der kann nicht umhin, bemerkenswerte Neuerungen und Freiheiten festzustellen, die in den 60er Jahren undenkbar gewesen wären. Wer erlebt, wie Eltern heute frei mit ihren Kindern über Sexuelles sprechen, wie junge Menschen ohne Heimlichkeit ihre Zusammengehörigkeit dokumentieren, der muß zumindest sagen, daß sich einiges verändert hat. Verändert zum Besseren? Verändert zum Schlechteren? Verändert vielleicht sowohl in der einen wie in der anderen Richtung? Und geht es dabei überhaupt um das Wesentliche, was menschliche Geschlechtlichkeit ausmacht? Wie viele Menschen denken heute über menschliche Sexualität wesentlich anders? Wie viele haben ihr Verhalten grundlegend geändert? Versuchen wir erst diese Frage zu klären, ehe wir daran gehen, einen konstruktiven Aufriß über den Verlauf von Geschlechtserziehung in der Familie, im Kindergarten und in der Schule zu versuchen. Wir fragen danach, was sich verändert hat

in der Auffassung von Sexualität,
in der Sexualerziehung,
in der Sexualmoral.

Hier stehen wir aber bereits vor einer neuen Schwierigkeit: Wie können Auswirkungen auf die Lebenspraxis festgestellt werden? Helfen uns Umfragen wie die Kinsey-Reporte? Soll man Fachliteratur untersuchen und gegeneinander abwägen? Soll man die Inhalte von Schulbüchern oder von Fernsehprogrammen und Rundfunk registrieren? Soll man Gespräche werten, die am Arbeitsplatz geführt werden? Soll man Reden von Politikern und Bildungsprogramme der Parteien kritisch vergleichen? Soll man fragen, weshalb sich heute junge Menschen in großer Zahl der Kirche entfremden? Oder soll man schlicht der Frage nachgehen, ob junge Leute heute glücklicher sind? – Jeder von uns, der zu einer Sache eine Meinung hat, weiß, daß diese durch vielfältige Erkenntnisse, Erfahrungen und Betroffenheit in den eigenen Gefühlen zustande kommt. Ich nehme dies auch für mich in Anspruch. Ich werde deshalb nicht jede Aussage streng wissenschaftlich belegen. In diesen meinen eigenen Erfahrungshorizont sind Erkenntnisse, Erfahrungen und Gefühle all derer eingegangen, mit denen ich beruflich seit über zwanzig Jahren im Gespräch bin – Kinder, Jugendliche, junge Erwachsene, Eltern und neuerdings ausländische Mitbürger.

ZWANZIG JAHRE SEXUALERZIEHUNG UND SEXUALBERATUNG

stellen sich mir im Überblick – mit aller Einschränkung, die solche Zusammenfassungen immer haben – so dar:

Bildungsarbeit

1954 wurde ich in eine westdeutsche Großstadt gerufen, um dort ein Familienbildungswerk aufzubauen. Die Idee zu einem solchen Bildungswerk war aus der katholischen Frauenarbeit hervorgegangen. Einer meiner ersten Aufträge lautete, Gesprächsabende mit Eltern über das Thema Geschlechtserziehung zu organisieren. Die Ausbildung an den Universitäten sowohl in der Medizin wie der Psychologie und Pädagogik hatte zu diesem Thema wenig beigesteuert. Ich machte mich daran, vorhandene Literatur zu studieren, machte meine eigenen kleinen Kinder zu meinen Lehrern, ging in Schulen und versuchte mich im Gespräch mit Schülern – und trug all dies in die Gesprächsabende mit Eltern, die ihrerseits eigene Erfahrungen mit einbrachten. Das Interesse der Eltern war groß. Ich erinnere mich, daß ich in einem Monat neun solcher Abende neben meiner Praxis in der Erziehungsberatung hatte.

Die Räume für diese Veranstaltungen waren damals noch nicht leicht zu finden, da das ganze Deutschland in der Wiederaufbauphase steckte. Wir nahmen dankbar an, was sich uns anbot: Die Halle eines Nebenbahnhofs, Werkskantinen, Pfarrsäle, Gasthausräume. Die Erfahrungen, die ich in dieser jahrelangen Tätigkeit machen konnte und die immer wieder mit meiner Sprechstundentätigkeit konfrontiert und auch entsprechend variiert werden mußten, machte ich schließlich zur Grundlage meines Buches »Von Fünf bis Fünfundzwanzig – Geschlechtserziehung in Gesprächen«.

Thesen dieses Buches sind

Geschlechtlichkeit ist eine Wesenskomponente des Menschen, der nur als Mann oder als Frau auszureifen vermag. Geschlechtserziehung ist demnach ein Teil der Gesamterziehung, sie beginnt – wie diese – mit der Einstellung der Eltern, insbesondere der Mutter, zu dem Kind bereits vor dessen Geburt. Aufklärung im engeren Sinne über biologische Fakten, über Geschlechtsorgane und Geschlechtsmerkmale und deren Funktionen ist lediglich ein Teil der Geschlechtserziehung.

Eigentliches Ziel der Geschlechtserziehung ist die Erziehung zur Liebesfähigkeit, zur dauerhaften Paarbindung und zur Befähigung, sich in seinem Geschlecht annehmen zu können.

Evolution vor Revolution?

Diese Bildungsarbeit, insbesondere in der Kombination mit Ehe- und Erziehungsberatung und therapeutischen Angeboten, erwies sich als ein Lernfeld für begründete und begründbare Einstellungsänderungen.

Um nur einige Schlaglichter herauszugreifen: Mußte 1954 noch bei jedem Gesprächsabend die Frage diskutiert werden, ob Kinder nicht überhaupt möglichst lange von »allem Geschlechtlichen verschont« werden sollten und es nicht doch richtiger sei, die Kinder mit dem Storchenmärchen auf kindliche Weise in ihrem Fragebedürfnis zu befriedigen, so war 1964 davon keine Rede mehr. Mußte 1954 noch jede Antwort, wie sie einem Kind auf eine Frage gegeben werden konnte, vorformuliert werden, so befanden sich 1964 in jedem Gesprächsabend bereits Eltern, die sagen konnten, wie sie es gemacht hatten. Eine Einstellungsänderung war auch deutlich zu onanistischen Spielereien der Kleinkinder und zur Selbstbefriedigung der Jugendlichen in der

Pubertät festzustellen. Den Fragen der Empfängnisregelung wurde zwar mehr im eigenen Interesse der Eltern, aber auch schon im Hinblick auf die Notwendigkeit der Information Jugendlicher Beachtung entgegengebracht. Deutlich war noch das Gefälle hinsichtlich der Aufgeschlossenheit dem Thema gegenüber zwischen Stadt und Land. Alles in allem: Zu dem Zeitpunkt, als die Jugendrevolte und damit zumindest der Versuch der Sexuellen Revolution anbrach, glich die sexuelle Landschaft in Deutschland keinesfalls mehr der viktorianischen Zeit, in der man auch den Klavierstühlen Röckchen angezogen hatte, um die Beine zu verdecken. Auch die katholische Kirche hatte in der praktischen Seelsorge ihren Standpunkt zur Geschlechtlichkeit, der sich immer schon auch an den biologischen Erkenntnissen mitorientiert hat, modifiziert. Der asexuelle Mensch war keinesfalls mehr das Ideal, wie es zu Zeiten einer stark von der Aufklärung beeinflußten Kirchenmoral scheinen mochte. Die Würde der Frau wurde nicht mehr gleichgesetzt mit Passivität beim Liebesakt und einer großen Kinderzahl. Der Liebesakt wurde als solcher als sinnhaft und nicht ausschließlich auf Zeugung bezogen erachtet. Festgehalten wurde am Phasenmodell der menschlichen Entwicklung und einer Geschlechtserziehung, die damit in Einklang zu bringen ist. Festgehalten wurde daran, daß Erziehung zum Triebverzicht ebenso notwendig ist wie die erzieherische Befähigung zur Triebbefriedigung. Festgehalten wurde auch daran, daß die körperliche Geschlechtsreife nicht der Reife zur Paarbeziehung gleichzusetzen ist, und deshalb für den jungen Menschen eine Phase der Abstinenz in unserem Kulturkreis unabdingbar ist. Festgehalten wurde auch daran, daß Geschlechtserziehung voraussetzt, daß der Erzieher über das Menschenbild Auskunft geben kann, von dem er die Erziehung geleitet sieht. Sexualerziehung kann deshalb nicht wertfrei geschehen, sondern wird immer geprägt von der weltanschaulichen Basis, von der aus Erziehung konzipiert wird. Diese allmähliche Durchsetzung des Gedankens, daß Sexualerziehung ein Teil der Gesamterziehung ist, vollzog sich im Zusammenwirken verschiedenster Aktivitäten. Die Rahmenrichtlinien, die im Laufe der Jahre zur Geschlechtserziehung von den einzelnen Ländern erlassen worden sind, sind auch von der Erwachsenenbildungsarbeit im beschriebenen Sinne mit beeinflußt worden.

Dramatisierung der Erziehungsszene

Die Situation erfuhr jedoch eine plötzliche Dramatisierung. Gegen das Ende der sechziger Jahre schien es so, als ob Geschlechtserziehung schlechthin durch eine radikale Aufklärung, durch eine Detailinformation über sexuelle Fakten, abgelöst werden sollte. Die Autoren, die sich das Prädikat »progressiv« zulegten, benahmen sich, als sei im Bereich der Erziehung seit dem neunzehnten Jahrhundert, das sich durch seine doppelte Moral und die extrem ungleiche Behandlung der Geschlechter ausgezeichnet hatte, nichts geschehen.

Mit derselben einseitigen Absolutheit, mit der damals die Geschlechtlichkeit aus dem öffentlichen Bewußtsein zurückgedrängt wurde, um unterschwellig ein um so unkontrollierteres Dasein zu führen, wurde nunmehr das Gegenteil deklariert und verbalisiert. Es gab Schulen, in denen die Schüler Klassenzimmer mit Kraft- und Saftsprüchen der Vulgär-Erotik beschmierten und bis zur Ermüdung aller erotischer Phantasien darüber diskutierten. Der asexuelle Mensch schien durch den allsexuellen abgelöst. Die Kehrseite der Medaille? Die erzieherische Berücksichtigung der kindlichen Sexualbedürfnisse, auf die Freud so nachdrücklich hingewiesen hat, wird von den Befürwortern einer neuen Erziehung ebenso nachdrücklich gefordert. Dabei scheint es aber nicht mehr darum zu gehen, daß ein Kind sich seiner Entwicklung entsprechend sexuell frei betätigt, daß es seine sexuelle Neugierde befriedigen, daß es lustvolle Körperempfindung in das Gesamt seiner Selbsterfahrung eingliedern kann. Das Kind soll offensichtlich auch so früh wie möglich mit Wissen darüber ausgestattet werden, welche Möglichkeiten die Sexualität für den erwachsenen Menschen bereithält.

Sexualität wird hier vor allem als Quelle der Lust verstanden, die der Mensch sich verschaffen kann, entweder mit sich selbst, mit einem gegengeschlechtlichen oder auch einem gleichgeschlechtlichen Partner. Im Spiel sollen nach dieser Auffassung die Geschlechtsrollen Vater–Mutter hinter denen von Mann und Frau zurücktreten. Das Erregen körperlicher Lustgefühle wird zum Inhalt kindlicher Spiele. Die Kategorien Gut und Böse, Natürlich und Unnatürlich, Altersentsprechend oder Verfrüht scheinen aufgehoben zu sein. Das Verbot onanistischer Spielereien, das Verbot der »Doktorspiele« früherer Zeiten wird umgewandelt zum Gebot für gleiches Tun. Sexspiele gehören zum organisierten Trainingsprogramm in bestimmten Kindergruppen. Manche der solchermaßen progressiven Eltern und Erzieher meinen, daß es nichts gibt, was im Bereich des Sexuellen Kindern vorenthalten werden sollte.

Ich verweise hier nur darauf, daß Kindersendungen über den Rundfunk liefen, in denen sich Erwachsene bemühten, Kindern ab sechs Jahren die verschiedenen Koitusstellungen verbal verständlich zu machen. Kamerateams der Fernsehanstalten arbeiteten mit Erziehungspraktikern in Kindergruppen zusammen, um einen Streifen zustandezubringen, auf dem Kinder bei »sexueller Betätigung« zu sehen sind. Als solche verstehen die Erwachsenen onanistische Spielereien, gegenseitiges Befühlen und Beschauen und die Nachahmung des Liebesspiels Erwachsener. Erzieher, die dies zulassen, anregen oder auch steuern, bemühen sich, Kinder mit einem entsprechenden Sprachschatz auszustatten. Als angemessen wird hier weithin erachtet, was man früher als Vulgärsprache bezeichnet hat. Ein wichtiges Moment für diese progressiven Sexualerzieher ist die Nacktheit. Nacktheit wird dabei nicht nur als ein sich bei bestimmten Lebenssituationen des Alltags ergebender Zustand verstanden, sondern als erzieherisches Prinzip zur Entwicklung der körperlichen Lust. Die Eltern spielen emsig das »Zeig mal«-Spiel der Kinder mit. Die Fernsehkamera machte es uns beispielsweise möglich, einem Vater und seiner Tochter zuzusehen, die sich in der Badewanne vergnügten. Nicht etwa, daß sie sich mit Wasser bespritzt hätten, oder der Vater seiner Tochter geholfen hätte, mit der Brause oder der Haarwäsche fertig zu werden. Die Tochter mußte ihren Vater an dessen Geschlechtsteil mit Fingerfarben bemalen. Nach welcher Logik?

Bisher wurde, soweit ich es übersehen kann, noch nicht die Forderung erhoben, Kinder beim Geschlechtsakt direkt zusehen zu lassen. Für bedenklich oder das Kind schädigend halten manche neuen Erzieher dies aber nicht unbedingt. »Man wird davon nicht blind«, ist dazu in einem einschlägigen Aufklärungsbuch für Kinder zu lesen. Aus der gleichen Richtung kommt die Fragestellung, ob es denn wirklich so schlimm sei, wenn Erwachsene zu Kindern Sexkontakte unterhielten. Verhöre vor Gericht seien das eigentlich schädliche Moment, so wird gesagt.

Nacktheit und Detailinformation durch Bilder und Text bleiben für die sich solchermaßen progressiv verstehenden Sexualerzieher die wesentlichsten Mittel ihrer Geschlechtserziehung. Diese »Erziehungsprinzipien« wurden auch in Ferienfreizeiten, »Ferienerziehung« genannt, praktiziert. Man glaubte richtig zu handeln, wenn halbwüchsige Jungen zusehen durften, wie der Erzieher mit seiner Freundin intim verkehrte, oder junge Mädchen im Rahmen eines Gruppenspiels defloriert wurden.

Mit der »Befreiung« zur sexuellen Betätigung glaubt man in geradezu simpler Weise den Menschen frei von Aggressionen zu halten, daher Kriege unmöglich zu machen und die Welt zum Besseren zu lenken. Freud, auf Taschenbuchausgabe reduziert, konsumiert und nicht verarbeitet, scheint der Erziehung ein ähnliches Quantum an erzieherischer Potenz wieder genommen zu haben, wie er es ihr durch sein Gesamtwerk gegeben hat. In einem einschlägigen Werk zur hier kritisierten Sexualerziehung werden beispielsweise nur zwei Sätze gebraucht, um nachzuweisen, daß die Kriege in der Welt auf den Gebärneid der Männer zurückgehen und die Arbeiter deshalb benachteiligt seien, weil sie weniger Zeit zum »Vögeln« haben. Diese beiden Aussagen werden zum Wissensinventar für fünf- bis sechsjährige Kinder angeboten.

Hinter einer solchen sexualpädagogischen Praxis steht eine bestimmte Theorie, steht eine Auffassung von dem, was der Mensch ist. Der Mensch wird als das höchstentwickelte Säugetier gesehen, das im Rahmen einer bestimmten Bandbreite, die von den physiologischen Determinanten festgelegt ist, zu konditionieren, vereinfacht ausgedrückt, zu dressieren ist. Die Verhaltensnormen werden von dem Sozialgefüge, in das der Mensch durch den Prozeß der Sozialisierung integriert werden soll, gesetzt. Aufgegeben wird bei dieser Auffassung vom Menschen der Begriff der Person. Aufgegeben wird die Vorgegebenheit einer menschlichen Natur, so schwer diese auch im einzelnen zu bestimmen sein mag. Aufgegeben ist weiter der Begriff der Entwicklung, die in Reifungsstufen, in deutlich voneinander abgehobenen Schüben, verläuft. Aufgegeben ist auch der transzendente Bezug des Menschen. Das Kind wird als ein hochdifferenzierter Computer gesehen, der gemäß den Bedürfnissen des Sozialgefüges gefüttert und dessen Speicherung entsprechend abgerufen werden kann. Eine solche Auffassung vom Menschen macht es notwendig, Gefühlsbindungen und Prägungen, wie sie bisher im Gefüge der Familie entstehen, weiterhin zu vermeiden. Es ist von nicht geringer Bedeutung, wenn in Büchern solcher Sexualpraktiker nicht von Vater und Mutter, sondern von Menschenweibchen und Menschenmännchen gesprochen wird. Der Begriff Eltern wird durch »Erwachsene« ersetzt, die vornehmlich die Aufzucht zu besorgen haben. Diese Funktion kann nach dieser Logik ohne weiteres an einen oder auch mehrere andere delegiert werden.

Wie ist nun die Auswirkung, die diese kurz skizzierte Methode der Geschlechtserziehung auf die erzieherische Praxis im allgemeinen hat, einzuschätzen? Nach meinem Eindruck ist die Mehrzahl der Eltern kritischer, als jene wahrhaben wollen, die sich gerne als Erzieher der Nation sehen. Gerade die Übertreibung schreckt ab und macht deutlich, daß es keinen Fortschritt, sondern eher einen Rückschritt bedeutet, wenn man aus Verboten von früher Gebote von heute macht. Dies um so mehr, wenn man seine Vergleichsthesen aus der Mottenkiste der Erziehung im neunzehnten Jahrhundert herbeiholt, offensichtlich aus keinem anderen Grund als dem, besonders wirkungsvoll zu sein. Es gibt zweifellos Eltern, die den neuen Erziehungsstil genau nach Vorschrift zu praktizieren sich bemühen. Sie orientieren sich aber doch, wenn sie nicht in ihrer Realitätserfassung erheblich vom Sendungsbewußtsein beeinträchtigt sind, am Wohlergehen ihrer Kinder und modifizieren ihre Haltung, wo es nötig scheint. Ähnlich verhalten sich auch Lehrer und Erzieher. Eine Gegengruppe ist zutiefst erschreckt und versucht ihr Heil im Sprung rückwärts, weit über die Marken des bereits vor der »Sexuellen Revolution« in der Geschlechtserziehung Erreichten zurück. Sie rufen zu einer Kampfgruppe auf, um »die heilige Unschuld der Kinder« zu verteidigen. Die meisten aber lassen unberücksichtigt, was offensichtliche Übertreibung ist, und untersuchen die anderen Aussagen auf ihre Vernünftigkeit und Brauchbarkeit. Dabei machen sie die Augen keineswegs davor zu, daß die Thesen der sogenannten progressiven Sexualerziehung von den Multiplikatoren in Rundfunk, Fernsehanstalten und Illustriertenpresse weithin aufgenommen worden sind und auch Einfluß an den Schaltstellen unseres öffentlichen Erziehungswesens haben. Für solche Eltern und eine ganze Reihe von Fachwissenschaftlern wird die extreme Haltung und Gebotsmethode der progressiven Sexualkundler aber auch zum Anlaß, gerade über solche Fragen nachzudenken, die im Schrifttum, das vor der Sexwelle auf dem Markt gekommen ist, zu wenig beachtet worden sind. Solche Fragen sind:

Die Rollenfestlegung der Geschlechter im Verlauf der Erziehung, Überprüfung dieser Geschlechtsrollen auf ihre gesellschaftliche Relevanz; Freiraum für sexuelle Vorerfahrungen jugendlicher Paare; vorehelicher Geschlechtsverkehr, Empfängnisregelung für Jugendliche, sexuelle Freiheit junger Menschen und wirtschaftliche Abhängigkeit von den Eltern. Sexualität und Generationskonflikt, Sexualität und Religiosität.

Interessant wird auch sein, was junge Menschen selbst von dem Trend der progressiven Sexualerzieher halten. Sie dürften es weithin begrüßen, daß die Erlaubtheit sexueller Beziehungen nicht mehr unbedingt mit der wirtschaftlichen Unabhängigkeit von den Eltern gleichgesetzt wird. Bei den immer länger sich hinziehenden Schul- und Berufsausbildungen der letzten Jahre ist dies nur zu verständlich. Demgegenüber ist aber zu beobachten, daß gerade jene jungen Menschen, die zu Beginn der Schülerrevolte ihren Eigenstand als Jugendliche in dieser Gesellschaft so stark betonten, bis heute eine merkwürdige Scheu zeigen, erwachsen werden zu wollen. Sie sind tatsächlich Angehörige einer Jugendbewegung. Für ihre Gesamtreifung bedeutet dies, daß sie beispielsweise über Jahre hin eine feste Bindung zu einem Partner unterhalten, ohne sich für die öffentliche bürgerliche Eheschließung entscheiden zu können. In einigen Fällen habe ich miterlebt, daß beide Partner es geradezu als eine Befreiung empfunden haben, wenn trotz aller Verhütungsbemühungen sich ein Kind anmeldete und man einen Anlaß bekam, die Verbindung zu legalisieren.

Als schweren Konflikt empfinden es viele junge Menschen, daß ihre Auffassungen über die Erlaubtheit von Sexualbeziehungen mit den Ansichten ihrer Eltern so stark differieren. Sie fühlen sich bis an die Grenze des Erträglichen zu ihren Eltern in Spannung gesetzt. Zwar ist die Zeit vorbei, zu der in Jugendzeitschriften Kontaktadressen bekanntgegeben wurden für Jugendliche, die von zu Hause ausreißen wollten. Inzwischen hat sich nämlich herumgesprochen, daß eine solche »Befreiung aus der elterlichen Abhängigkeit« die meist noch recht jungen Menschen nicht selten in eine weit erbarmungslosere Abhängigkeit geführt hat. Die Drogenkarriere vieler Jugendlicher begann mit dem Weglaufen von zu Hause. Wohngemeinschaften haben sich anfangs zwar häufig als Ersatzheimat für die noch sehr jungen Mädchen und Jungen angeboten. Die Mitglieder, meist Studenten, mußten aber bald selbst zugeben, daß sie den Erwartungen nicht entsprechen können, die so junge Leute auf sie setzen mußten. Wie sollten sie ihnen zu Schul- oder Berufsausbildung verhelfen? Wie konnten sie ihren eigenen Lebensrhythmus, der weithin Schlafen bis weit in den Tag und Arbeiten bei Nacht bedeutete, mit denen der Halbwüchsigen koordinieren? Oftmals waren es die Studenten selbst, die als Vermittler zwischen Eltern und Kindern auftraten, um diese wieder in das Elternhaus zurückzubringen. Manch einer der Jugendlichen fand selber den Weg zu einer vernünftigen Ablösung von den Eltern. Von ihrer Ausreiß-Periode erzählen sie als von der Zeit, »in der es Mode war, mit seinen Eltern Krach zu haben«.

Der sicherlich auch mit Mitteln der Werbung hochgespielte Generationenkonflikt, der dann kollektiv auf dem Markt ausgetragen wurde und sich als ein Aufbegehren gegen jegliche Autorität äußerte, hat aber mit Bestimmtheit dazu beigetragen, daß viele Jugendliche heute dazu neigen, sich früher selbständig zu machen. Die Eltern haben inzwischen gelernt, dies nicht nur negativ zu sehen. Sie gestatten sich, mit der Planung ihres dritten Lebensabschnittes ebenfalls etwas früher zu beginnen. Sie meinen nicht mehr, es vor Bekannten verheimlichen zu müssen, wenn Sohn oder Tochter, obwohl in der gleichen Stadt lebend, eine eigene Wohnung haben. Für die jungen Menschen spielt dabei sicherlich eine Rolle, daß sie gerade hinsichtlich ihrer Partnerbeziehungen keinen Kontrollen mehr ausgesetzt sind. Jeder aber, der meint, unsere Jugend sei haltlos der Promiskuität verfallen, muß sich eines Besseren belehren lassen. Die Erfahrung, daß unverbindliche Sexkontakte »nichts bringen«, wird schnell gemacht. Gerade weil die Jugend früher die Familie verläßt, sucht sie mehr denn je die feste Bindung. Die Klage eines Rundfunkredakteurs, der soeben eine spritzige Sendung zu Ende gebracht hatte, klingt mir noch in den Ohren: »Nun hat diese Jugend alle Freiheiten, die sie nur haben kann, und sie ist monogamer denn je.«

Diese »Monogamie«, so scheint es, basiert aber in den

wenigsten Fällen auf der Erkenntnis, daß Treue eine Tugend ist, die unabdingbar zur Liebe gehört. Und daß es wichtig ist, sich um diese Tugend zu bemühen und sich in ihr zu üben. Vielmehr sieht es so aus, als stehe die Angst vor dem Alleinsein, vor der Alleinverantwortlichkeit im Vordergrund, und damit das Bedürfnis nach Anlehnung, nach Ich-Verstärkung: Stütze du mich, dann stütze ich dich auch. Die Frage muß hier gestellt werden: Womit stützt ein Schwacher, Geängstigter den anderen?

Oder vorrangiger noch wäre eine Antwort auf die Frage, weshalb die Jugend der späten 70er und frühen 80er Jahre die Angst als beherrschendes Gefühl erlebt oder doch zu erleben vorgibt. Wer oder was hat sie solchermaßen das Fürchten gelehrt? Angst und Unsicherheit entstehen immer dort, wo der Anspruch auf der einen, Selbstsicherheit und Selbstvertrauen auf der anderen in einem krassen Mißverhältnis zueinander stehen. Selbstbewußtsein und Zutrauen in die eigenen Fähigkeiten wachsen und festigen sich im Laufe der Entwicklung vor allem dadurch, daß das Kind, daß der junge Mensch die Möglichkeit erhält, selbst Schwierigkeiten zu bewältigen. Es dürfen Schwierigkeiten demnach nicht einfach aus dem Weg geräumt werden, damit diese Bewältigung stattfinden kann; andererseits dürfen sie auch das Maß der psychischen Bewältigungskraft nicht unverhältnismäßig übersteigen. In diesem Zusammenhang muß die Erwachsenengeneration, besonders in ihren wissenschaftlichen Vertretern, ernsthaft prüfen, ob sie nicht an die Jugend Erwartungen in Hinblick auf Neugestaltung unseres gesellschaftlichen Lebens herangetragen hat, denen diese nicht gerecht werden konnte und kann. Der kollektive Protest gegen alle Autoritäten, wie er Ende der 60er Jahre begann und sich erst gegen Mitte der 70er abschwächte, war vor allem rational begründet. Er richtete sich an den Verstand, weitgehend unter Mißachtung der Gefühle. Das zeigte sich gerade im sexuellen Bereich, wo der Zweierkontakt vorrangig als Bedürfnisbefriedigung auf biologischer Ebene dargestellt wurde. Da der Verstand aber noch nie die Gefühle auf Dauer in ein untergeordnetes Dasein abzudrängen vermochte, meldeten sie sich wieder: als diffuses Gestimmtsein, als Unbehagen, als Sehnsucht. Betrachtet man die jungen Menschen, die sich heute zu Gruppierungen, zu Alterskollektiven zusammenschließen, scheinen sie vor allem durch solche Gefühle zusammengeführt zu werden. Plakatierungen wie »no future« oder »Null-Bock« sind in diesem Zusammenhang so aussagefähig wie die Zunahme von Alkohol- und Drogenabhängigkeit bei den immer jünger werdenden Einsteigern in diese unheilvolle Szene.

Begründet die Überbeanspruchung des Verstandes dieser früheren Jahre bereits allein das Umschlagen in die Überbetonung des Gefühls? Inwieweit werden Einstellungen und Haltungen nicht auch beeinflußt, wenn nicht gar gemacht, beispielsweise durch die Massenmedien?

Es träfe die Sache sicherlich nicht, wenn behauptet würde, daß die Massenmedien Bewegungen – und dazu gehören auch die Jugendbewegungen, wie wir sie in den letzten zwei Jahrzehnten erlebt haben – von sich aus »machten«. Zutreffend ist aber zweifellos, daß sie in der Luft liegende Tendenzen beobachten, aufgreifen und verstärken. Dabei kann eine gewisse Lust daran, Außergewöhnliches, Absonderliches bis hin zum Krankhaften, darzustellen, nicht übersehen werden. Man denke nur an die öffentliche, unter anderem von Professoren vertretene Aufwertung der Drogenkonsumenten, soweit es sich um Hasch-Ideologen handelte.

Für die betroffenen jungen Menschen dürfte es schwer sein zu unterscheiden, welche Gefühle ihre eigenen sind und welche eine Art Spiegelung, aus Songs der Liedermacher, aus Jugendzeitschriften oder den Jugendmagazinen des Fernsehens übernommen. Prüft man die so griffig klingenden Titel zur Kennzeichnung der Jugend, angefangen von der »Verlorenen Generation« der Nachkriegszeit über die »Aufmüpfigen« der Jugendrevolte bis hin zu den »Aussteigern«, der »no-future-Jugend« und schließlich den »Friedens-bewegten«, dann mag man geneigt sein, abzuwinken und zu sagen: Das alles waren und sind doch nur Minderheiten. Die große Mehrheit ist anders, erlebt anders, plant anders. Man sollte dabei aber nicht vergessen, daß Tendenzen wie Ströme sind, die teilweise unterirdisch fließen, aber dennoch den Lebensgrund aller nachhaltig beeinflussen.

Wenn wir also annehmen müssen, daß das Grundgefühl der Angst die jetzige Jugendgeneration in ihrem Verhalten, in ihrer Lebensplanung entscheidend prägt, dann stellt sich die Frage, was dies für das Sexualverhalten bedeuten kann. Sicherlich steigert es nicht die Tendenz zur Enthaltsamkeit. Solche Haltung setzte gesundes Selbstbewußtsein und Vertrauen darauf voraus, daß erst in der Zukunft zur vollen Entfaltung kommen kann, was jetzt nur vordergründig, ohne Zukunftsperspektive, möglich wäre. Angst dagegen verstärkt stets die Anklammerungstendenz.

Befreien müßte sich die Jugend von der Vorstellung, daß sie das von den »Alten« zur »unheilen Welt« gemachte Dasein zur »heilen Welt« zu verändern habe. Unsere Welt ist nicht mehr oder weniger heil, als sie immer war und immer sein wird. Mit dieser unserer Unvollkommenheit leben zu lernen, gehört zur Lebensreife. Diese Unvollkommenheit des menschlichen Daseins anzunehmen wird allerdings um so schwerer, je mehr ein Mensch davon überzeugt ist, daß dieses irdische Leben das einzige ist, das er hat. Die tiefste Wurzel der Angst ist die vor der totalen Vernichtung. Bei der Abwehr aber oder auch der Unfähigkeit der Jugend, zu glauben, die Dimension der Religion überhaupt ernstzunehmen, müßte angesetzt werden, soll den jungen Menschen echte Lebenshilfe geboten werden. Aber gerade hier ergeben sich Konflikte. Die katholische Kirche hält ganz dezidiert an den bekannten ethischen Sexualnormen fest – Enthaltsamkeit vor der Ehe, Empfängnisregelung nur nach »natürlichen« Methoden, Selbstbefriedigung gleich schwere Verfehlung etc. – und konfrontiert junge Menschen hierdurch mit Forderungen, die diese für nicht zeitgemäß halten. Gar mancher Auszug junger Leute aus der Kirche ist ähnlich motiviert wie der Auszug aus dem Elternhaus, sobald die Volljährigkeit erreicht ist: die Autonomie im Sexualbereich wird erstrebt.

Eltern tolerieren heute weithin die Haltung ihrer Kinder, auch wenn sie diese nicht gutheißen. Sie lassen es des sechsten Gebotes wegen nicht zum Bruch mit ihren erwachsenen Kindern kommen. Oft dürfen sie erleben, daß diese auch auf dem Gebiet des Sexuellen aus Erfahrungen lernen und bereit sind, für die spätere Erziehung ihrer eigenen Kinder Konsequenzen zu ziehen. Daß zu frühe Sexualkontakte Abhängigkeiten schaffen, Reifungsschritte hemmen, die Entwicklung eigener Persönlichkeitszüge unterdrücken und so Hypotheken für das Erwachsenenleben werden können, wissen einzelne aus leidvoller Erfahrung. Auch im jüngsten einschlägigen Schrifttum wird dies nicht mehr bestritten. Die Frage von sogenannter wertfreier Sexualerziehung durch die Schulen, die sich nur an die Ratio wenden kann, wird in diesem Zusammenhang neu gestellt. Biologisches Wissen kann wohl vermittelt, wie aber soll Liebe erfahrbar gemacht werden? Allein diese Problematik verweist die Sexualerziehung schon wieder auf die Familie. Nur dort kann das Kind erleben, wie Mann und Frau voller Achtung und Liebe miteinander umgehen und es selbst in diese Vertrautheit eingebettet ist. Altersentsprechend gegebene Sexualinformationen erhalten so den notwendigen Nährboden. Der Redlichkeit halber muß gesagt werden, daß viele Kinder in ihren Familien diesen Nährboden nicht vorfinden. Die Scheidungsziffern sprechen eine so deutliche Sprache wie die Scheidungswaisen.

Menschliches Sexualverhalten ist zweifellos auch abhängig vom Lebenshintergrund eines Menschen, weshalb es notwendig schien, dessen Wandlungen kurz zu skizzieren. Menschliche Sexualität als biologisch-geistige Kraft bleibt immer unverändert. Was ist Sexualität? Wie läßt sie sich beschreiben?

Ist auf dem Hintergrund dieses kurzen Überblicks noch eine Aussage darüber möglich, was menschliche Sexualität ist? Kann sie eventuell zum Ausgangspunkt gemacht werden für die Vorschläge zur erzieherischen Praxis, wie sie in diesem Buch noch vorgesehen sind? Ich denke doch und meine so:

Geschlechtlichkeit ist eine Wesenskomponente des Menschen. Menschliche Geschlechtlichkeit beinhaltet biologische, soziale und kulturelle Faktoren. Sie ist Voraussetzung und Ziel menschlicher Bindungs- und Liebesfähigkeit und Vorbedingung schöpferischen Gestaltens. Geschlechtlichkeit gehört zu den Menschen aller Alters- und Entwicklungsstufen. Sie ist nicht unabhängig von der Lebenssituation, sondern wird gerade auch durch diese geprägt.

Unter biologischer Rücksicht bedeutet dies: Mann und Frau haben eine geschlechtsspezifische Chromosomenstruktur, ein geschlechtsspezifisches Gehirn, einen geschlechtsspezifischen Hormonhaushalt, typisch männliche bzw. weibliche Geschlechtsorgane und Geschlechtsmerkmale, biologisch festgelegte sexuelle Fähigkeiten, wie Zeugung, Empfängnis, Geburt. Mit anderen Worten ausgedrückt: Mann und Frau sind ihre biologischen Geschlechtsrollen auf den Leib geschrieben. Sie sind nicht austauschbar.

Unter sozio-kultureller Rücksicht bedeutet menschliche Geschlechtlichkeit: Die sozialen Rollen von Mann und Frau sind, wenn auch nicht völlig unabhängig von biologischen Voraussetzungen, durch sozio-kulturelle Faktoren entscheidend mitgeprägt worden. Dies betrifft die Stellung der Ehepartner zueinander, die Stellung zu den Kindern; die Stellung von Frau und Mann im Beruf und in der Öffentlichkeit; insbesondere auch die Stellung der unverheirateten und alleinstehenden Frau und auch der unehelichen Mutter.

Soziale Rollen aber sind wandelbar und weithin auch austauschbar. Sie wandeln sich – oft in erheblicher zeitlicher Verschiebung – als Folge gesellschaftlicher Veränderungen.

Unter psychologischer Rücksicht bedeutet menschliche Geschlechtlichkeit: Die Fähigkeit, sich in seinem biologischen Festgelegtsein und in seinem soziokulturellen Gewordensein anzunehmen, ist die Voraussetzung für Selbstgestaltung und Selbstverwirklichung und schließlich die Personreifung des Menschen.

Welcher Stellenwert nun den einzelnen Komponenten zugewiesen wird – der biologischen, der sozio-kulturellen, der psychologischen Komponente –, was zum Wesentlichen und was zum Unwesentlichen erklärt wird, das unterscheidet auch die Theoretiker und Didaktiker der Sexualerziehung und mithin der Erziehung schlechthin.

Wie sollen Eltern aber nun erkennen, ob das, was sich in der Geschlechtserziehung gewandelt zu haben scheint, auch tatsächlich zum Wohle der Kinder ist?

Mit den Vokabeln »progressiv« oder »konservativ« wird man nicht auskommen, will man die Sache nicht bis zur Unerlaubtheit simplifizieren. Das Pro und Contra für den linken bzw. rechten Mann mag bei Fernsehsendungen als Unterhaltungsspiel angehen. Neu–alt; fortschrittlich–beharrend (um progressiv und konservativ einmal zu übersetzen) sind keine Wertaussagen schlechthin, sondern Eigenschaftswörter mit all den Aussagekategorien dieser Wortgruppe. Jeder, der sich mit Stilkritik beschäftigt, weiß allerdings, daß die Epitheta in der Regel mehr über den aussagen, der sie gebraucht, als über die Sache, die sie beschreiben sollen.

Übereinstimmung werden Sexualerzieher aller Fachrichtungen mit Eltern in dem Bemühen erreichen, eine Erziehung zu praktizieren, die den Bedürfnissen des Kindes gerecht wird. Eine Pädagogik, die in ihrem Konzept nachdrücklich die von Freud ins allgemeine Bewußtsein gehobene Tatsache berücksichtigt, daß es so etwas wie kindliche Sexualbedürfnisse gibt, muß sich auch mit der Frage beschäftigen, welches eigentlich diese Bedürfnisse sind. Dabei sollte vorab auf ein Phänomen hingewiesen werden, das Freud, und in seiner Nachfolge alle analytischen Schulen, betont haben: Erziehung ist ein dynamisches Geschehen, das sowohl die Person des Erziehers wie auch die Person des Zöglings mit ihren bewußten und unbewußten Persönlichkeitsschichten umgreift. Bedürfnisse des Erziehers tarnen sich nicht selten als Bedürfnisse des Kindes. Deren Befriedigung wird dann mit entsprechendem Elan gefordert. Das trifft für die Leugnung kindlicher sexueller Bedürfnisse und die daraus resultierende asexuelle Erziehung genauso zu wie für die Überbetonung kindlicher Sexualbetätigung, die weithin der Erlebniswelt der Erwachsenen entnommen zu sein scheint. Um so wichtiger ist es, nach Kriterien zu suchen, an denen die Bedürfnisse eines Kindes gemessen werden können.

Bedürfnisse

Das Wort Bedürfnis leidet in unserer Zeit unter einer gewissen Abwertung. Wie alle Wörter, die durch zu häufigen und unpräzisen Gebrauch in die Wortinflation geraten sind, muß man den Begriff neu vorstellen, ehe man ihn gebraucht.

Angeborene Bedürfnisse (Triebe) sind die Organbedürfnisse, das sind das durch Hunger und Durst angezeigte Nahrungsbedürfnis, das Schlafbedürfnis, das Bedürfnis nach Sauerstoff. Angeboren sind auch ein bestimmtes Neugierverhalten und das Reagieren auf starke Sinnesreize. Die angeborenen Bedürfnisse bilden das sogenannte primäre Motivationssystem. Die im Laufe der Entwicklung hinzuerworbenen Motive und Bedürfnisse bilden das sogenannte sekundäre Motivationssystem, das sich dem primären überlagert. Beide Systeme werden laufend abgewandelt und verändert. Diese Veränderung geschieht in der Regel in Richtung auf das Ziel der Sozialisierung, eben auf das Ziel der Erziehung hin. Der Geschlechtstrieb des Menschen ist biologisch grundgelegt – lokalisiert im Zwischenhirn, wo sich die zentralen Steuerungsorgane des Sexualverhaltens befinden. Gerade diese Lokalisation aber läßt darauf schließen, daß der Mensch in seinem Sexualverhalten nicht festgelegt ist. Die Geschlechtlichkeit des Menschen wird somit sowohl vom primären wie auch vom sekundären Motivationssystem mitbestimmt, ist also ein biopsychischer Vorgang.

Dieser der Verhaltenspsychologie entnommenen kurzen Beschreibung soll, wenn auch nur in Skizze, die Triebtheorie Freuds gegenübergestellt werden:

Freud ordnet der menschlichen Triebstruktur zwei große Triebtendenzen zu, das sind Sexualität und Aggressivität. Die beiden Kräfte versetzen die Person in zahlreiche Konflikte psychodynamischer Art und zugleich in Konflikte mit der Umwelt. In dem Maße, wie diese Konflikte bewältigt werden, erstarkt das Ich und ist in der Lage, eine erträgliche oder sogar fruchtbare Lösung zu suchen.

Die psychoanalytische Auffassung ist es, daß die Person um so ichstärker ist, je umfassender und intensiver der Zusammenhang von Körpergefühlen, psychischer Reaktion und Umwelt wahrgenommen und verarbeitet wird. Dies geschieht unter dem Einfluß der Gesellschaft, insbesondere durch die Identifikationsangebote der Eltern. Nach dieser Theorie wird Sexualität durch Sublimierung Liebe, Aggression wird hingegen zum scharfen Intellekt. Als Niederschlag der langen Kindheitsperiode bildet sich im Ich eine Kontrollinstanz, das sogenannte Über-Ich, mit dem der Mensch sich zeitlebens, besonders aber in der Pubertät, auseinandersetzt.

Freud hat nachdrücklich darauf hingewiesen, daß bereits das Kind sexuelle Impulse hat. Er stellte ein Phasenmodell auf, nach dem die kindliche Entwicklung verläuft, wobei die in der jeweiligen Phase dominierenden Bedürfnisse des Kindes ihr den Namen geben. Mund, After und Genitale bezeichnet Freud als sogenannte erogene Zonen, da das Kleinkind hier in stärkerem Maße als am übrigen Körper lustbetonte Leibgefühle erfahren kann.

Freud betont, daß sich die oralen, analen und genitalen Bedürfnisse in der angeführten Reihenfolge verdeutlichen und entsprechend im Verlauf der Erziehung befriedigt werden müssen.

Bedürfnishierarchie

Aus der Schule der Verhaltenspsychologie kommend, versucht Marlow in seinem 1954 vorgelegten Buch ebenfalls eine Art Bedürfnishierarchie aufzustellen, an der der Erzieher sich orientieren kann, sofern er den kindlichen Bedürfnissen gerecht werden will.

In dieser Bedürfnishierarchie nehmen die physiologischen Bedürfnisse die erste Rangstufe ein. Auf der zweiten Rangstufe folgt das Bedürfnis nach Sicherheit; auf der dritten Rangstufe das Bedürfnis nach Geborgenheit und Liebe und auf der vierten Rangstufe das Bedürfnis nach Geltung. Die Befriedigung dieser Bedürfnisse ermöglicht einem Menschen erst die Selbstverwirklichung. Es wird dabei davon ausgegangen, daß vorrangig die tieferliegenden Bedürfnisse gestillt sein müssen, bevor die höheren Bedürfnisse auftauchen. So können nach Marlow beim Kind nur dann Liebe und Zuneigung entstehen, wenn die dringlichsten Nahrungssorgen beseitigt sind. Der höchsten Kategorie, nämlich der der Selbstverwirklichung, gehen die positiven Erfahrungen bei allen übrigen genannten Bedürfnissen und Zielen voraus. Wer nie Geborgenheit, Liebe und soziale Anerkennung gefunden hat, der zeigt kein Bedürfnis, das eigene Geschick in die Hand zu nehmen und aus sich das Beste zu machen.

Diese sogenannte Dominanztheorie – die durchaus die Querverbindung zu Freud und seiner Sublimierungstheorie offenläßt – macht deutlich, in welchem Maße sich menschliche Entwicklung abhängig von personalen und sozialen Bezügen vollzieht. Die Eltern können daraus für sich den Schluß ziehen: Noch immer sind es die Eltern, die das Schicksal ihrer Kinder weitgehend bestimmen. Daraus leiten sich ihre Verpflichtung und ihre Rechte dem Kind gegenüber ab, ihr Glück und ihre Belastung.

Dieses Schema der Bedürfnishierarchie soll in den folgenden Kapiteln als Orientierungsmarke unterlegt werden, wenn es darum geht, eine den Bedürfnissen des Kindes gerechtwerdende Sexualerziehung in der Familie, im Kindergarten und in der Schule zu praktizieren. Das Wesentlichste, das sich im Bereich der Geschlechtserziehung geändert zu haben scheint, ist meiner Meinung nach der Anspruch, den andere Erziehungsträger als die Eltern erheben – bis hin zur Erziehung über die Massenmedien –, dem Kind, dem Jugendlichen gegenüber einen eigenen Erziehungsauftrag zu haben. Es muß das Interesse aller Verantwortlichen sein, dafür zu sorgen, daß die Kinder und jungen

Menschen nicht in ein Spannungsfeld entgegengesetzter Normsetzungen geraten, das sie nicht mehr verarbeiten können.

Hierzu wird vor allem im Kapitel über Sexualerziehung in der Schule noch etwas zu sagen sein. Es gibt eine Erziehungstheorie, die den Kindern lediglich »wertfrei« Informationen anbieten will, diese aber in großer Zahl. Dem Kind, dem Jugendlichen selbst, sollen dann die Lebensentscheidungen überlassen bleiben. Man wird gründlich darüber nachdenken müssen, ob dies möglich ist. Schließlich treffen die Gefühle längst eine Vorentscheidung, bevor die Erkenntnis das Handeln bestimmen kann. In der Schule sitzen nicht nur kleine Gehirne, sowenig wie im Elternhaus nur die Gefühle der Kinder. Immer hat man es mit der gesamten, nie austauschbaren Person zu tun.

Sexualmoral

In der Sexualmoral, so wird weithin angenommen, hat sich sehr vieles geändert. »Es gibt keine Scham mehr«, lautet der Kommentar zu diesem Ereignis, und es soll verschiedenes damit ausgedrückt werden. Diejenigen, die die Abschaffung sexueller Tabus im Verhalten des einzelnen und in der gesamten Öffentlichkeit begrüßen, betonen nachdrücklich, daß es Scham als ein zur menschlichen Person gehöriges Phänomen nicht gäbe. Sie »entlarven« Scham als typische Prägung einer sexfeindlichen Gesamthaltung. Ihre Forderung nach demonstrierter menschlicher Nacktheit und der Darstellung sexuellen Verhaltens in der Öffentlichkeit muß als Gegenbewegung zu der Forderung nach strikter Verhüllung und Verleugnung der Sexualität in der Öffentlichkeit verstanden werden. Wiederum scheint lediglich eine Umkehrung der Medaille stattgefunden zu haben. Der Stellenwert der Sexualität im Gesamt des öffentlichen Lebens wird dadurch aber in gleicher Weise verfehlt wie früher. Dem Zuwenig folgt ein Zuviel. Dieser Tendenz, den einzelnen und die Öffentlichkeit von anerzogenen Schamgefühlen zu befreien, steht die strikte Ablehnung anderer, solch schamloses Verhalten zuzulassen, gegenüber.

Und sie begründen dies so: Das Schamgefühl, so wird gesagt, gehört zu den Schutzkräften der Person. Die menschliche Person, in jedem einzelnen Menschen als einmalige, unverwechselbare und unauswechselbare verkörpert, hat eine eigene Wertgeltung. Immer, wenn dieser innerste Verfügungsraum des Menschen mit seiner eigenen Wertgeltung verletzt zu werden droht, dann signalisiert das Schamgefühl diese Bedrohung. Dies gilt sowohl für den, der bedroht wird, wie auch für den, von dem die Bedrohung ausgeht. Selbstverständlich anerkannte Haltungen wie die ärztliche Schweigepflicht oder das Hüten des Beichtgeheimnisses bestätigen dies. Es ist des Menschen ureigenste Sache, wieviel von sich er wem preisgibt, oder inwieweit er auf ein solches Angebot der Preisgabe eingeht. Wahrscheinlich kommt manche Falschaussage zum Thema Sexualität und Scham, so meine ich, daher, daß es tatsächlich in der Erziehung Tendenzen gab, die Geschlechtlichkeit des Menschen als etwas darzustellen, dessen man sich zu schämen habe. Die Bezeichnung Schamteile oder Schamgegend für die Geschlechtsorgane konnte zu einer solchen irrigen Auffassung beitragen. Etwas, was zum Schambereich eines Menschen gehört, ist aber nicht gleichzusetzen mit etwas, wofür man sich schämen muß. Liebe, Glück, Schmerz, Trauer gehören ebenfalls zum Schambereich des Menschen. Sie sind ebenso wie die sexuellen Gefühle dem innersten Verfügungsraum des Menschen zugeordnet. Derjenige, der Worte und Benehmen eines Partners aus einer Liebesstunde ausplaudert, ist ebenso schamlos wie der, der sich dies anhört. Schon das Lesen von Liebesbriefen, die für einen anderen bestimmt sind, bringt Peinlichkeit. Ebenso ist es schamlos bis zur Obszönität, ein verzweifeltes oder im Schmerz erstarrtes Gesicht per Filmkamera in Großaufnahme dem Fernsehschirm und somit allen Blicken auszusetzen. Unser Schamgefühl sagt uns in solchen Situationen, daß wir wegschauen sollen. Ähnliches gilt für fotografierte Intimszenen. Die menschliche Anatomie läßt sich im Bild zeigen.

Liebe ist nicht fotografierbar. Man soll das menschliche Schamgefühl weder als störend wegdiskutieren noch als immer gleichbleibende Warnsignale neu etablieren wollen. Man soll es auf unsere Lebenssituation bezogen sensibilisieren.

Weiterhin wird zur Sexualmoral festgestellt, daß es keine verbindlichen Verhaltensnormen mehr gäbe. Die einen begrüßen dies wiederum als eine Chance, zu echter Selbstverwirklichung zu kommen. Die anderen beklagen dies vor allem in Hinblick auf die Erziehung. Zu welchem Verhalten im Sexualbereich sollen Kinder und Jugendliche eigentlich erzogen werden? Die Irritierung bezieht sich vor allem auf die Phase von der körperlichen Geschlechtsreifung bis zum Erreichen der sozialen und psychischen Reifung, nach der eine Paarbeziehung eigentlich erst gelebt werden kann. Um hier schon eine Aussage zu machen, die dann in den entsprechenden Kapiteln dieses Buches noch vertieft werden wird: Ich bin überzeugt, daß die Jugend dazu befähigt werden muß, eine Phase der sexuellen Abstinenz, sofern sie auf den Partner bezogen ist, durchzustehen. Die Forderung, die Ehe als einzige Lebenform anzuerkennen, in der partnerschaftliche Sexualbeziehungen erlaubt sind, muß sicherlich daraufhin überprüft werden, inwieweit hier Schutzformen für die Frau und das Kind vorliegen, die in unserer Zeit nicht mehr geboten sind.

In der Diskussion, besonders bei der intellektuellen Jugend, ist auch die Frage, welches denn die sozialen Rollen von Frau und Mann seien. Man neigt dazu, keinerlei Unterschied gelten zu lassen.

Dies hat Auswirkungen auf den Wunsch nach Kindern, wie er sich bei Paaren, die sich der Dauerhaftigkeit ihrer Beziehung gewiß sind, einstellt. Die Frau möchte auch nach einer Geburt ihren Beruf nicht aufgeben. Der Mann ist nach der Wöchnerinnenzeit aber ebensowenig bereit, die Ammenrolle bei dem gemeinsamen Kind zu übernehmen. So stellt man sich auf eine kinderlose Ehe ein, zumindest vorerst.

Manchem erscheint die sogenannte soziale Elternschaft als ein Ausweg, d. h. die Adoption. Man neigt dazu, ein Kind zu adoptieren, das bereits so alt ist, daß es tagsüber in den Kindergarten gegeben werden kann.

In der Lebenspraxis wird es schließlich, und dies auch noch in anderer Beziehung, darauf ankommen, wie flexibel Eltern sind, ihre Lebensplanung durch die Lebenswirklichkeit korrigieren zu lassen. Übrigens kommt es zur sozialen Elternschaft, auf die in diesem Buch noch näher eingegangen wird, natürlich weit häufiger aus anderen Motiven.

Gewandelt hat sich in der Öffentlichkeit die Einstellung zu den sexuellen Perversionen.

Es gibt Tendenzen, und die Massenmedien kolportieren sie weithin bereits als »gesichertes Ergebnis der Wissenschaft«, die Homosexualität nicht mehr als Perversion anzusehen. Gleichgeschlechtliche Beziehungen zwischen Männern und Frauen werden als Spielarten menschlichen Sexualverhaltens dargestellt. Die Bisexualität des Menschen wird in diesem Zusammenhang betont.

Demgegenüber halten andere – ich zähle mich dazu – daran fest, daß Homosexualität eine neurotische Fixierung auf einer Vorstufe zur vollen menschlichen geschlechtlichen Reife darstellt. Die Prägung geht bis in die frühe Kindheit zurück. Ist die Fixierung einmal erfolgt, so sind die therapeutischen Chancen gering.

Um so aufmerksamer muß man Bestrebungen verfolgen, die Geschlechtsbeziehungen zwischen Erwachsenen und Kindern zu bagatellisieren versuchen. Wenn es schon verschiedene gleichwertige Spielarten menschlicher Sexualität geben soll, dann wäre es eigentlich nur logisch, auch den Päderasten, d. h. denen, die sich vor allem zu Kindern und sehr jungen Halbwüchsigen hingezogen fühlen, ebenso ihre Geschlechtspartner zu erlauben. Man kann nicht nachdrücklich genug darauf hinweisen, daß dies bedeuten würde, Kinder zum abhängigen Objekt zu machen. Alle einschlägige Literatur ist gründlich danach zu hinterfragen, zu wessen Bedürfnisbefriedigung sie dienen soll.

Daß man sexuellen Perversionen den Stempel des Kriminellen

nahm, in dem man sie durch ein entsprechendes Gesetz der Strafverfolgung entzogen hat, ist in der Sache begründet. Anstelle einer entsprechenden Vermehrung der Sexualberatungsstellen und vor allem auch der stationären diagnostischen und therapeutischen Möglichkeiten hat man den bequemsten Weg gewählt: Erweiterung des Kataloges des Normalen! Für andere Formen sexueller Perversionen läßt sich dies nicht so leicht arrangieren. Deshalb werden Fetischisten, Transvestiten, Sadomasochisten dann, wenn sie aufgrund ihrer Zwangshandlungen straffällig werden, nach wie vor im Gefängnis verwahrt. Dabei ginge es gerade bei sexuellen Abirrungen darum, Möglichkeiten der Früherkennung und Frühbehandlung zu haben.

WAS IST DAS BLEIBENDE IM WANDEL?

Diese Frage muß gestellt und eine Antwort darauf gegeben werden, sonst ist eine Erziehungskonzeption nicht möglich. Wenn mit letzter Konsequenz die Lehre vom ständigen Fluß der Dinge, die heute viele Anhänger besonders in der soziologischen Wissenschaft zu haben scheint, in der pädagogischen Praxis ihren Niederschlag fände, dann bedeutete dies, auf jegliches Erziehungsziel und auch auf einen Erziehungsinhalt zu verzichten. Denn wenn der Mensch und das gesellschaftliche Leben einem radikalen ständigen Wandel unterworfen sind, dann lohnt es nicht einmal, für das Heute zu planen, weil es spätestens morgen überholt ist. Änderungen kann man aber üblicherweise überhaupt nur an dem messen, was sich nicht ändert. Deshalb: Was ist das Bleibende im Menschen, das Bleibende in der Erziehung, das Bleibende in der Geschlechtserziehung?

Bleibend ist, daß der Mensch sich nur selbstverwirklichen kann in Zeit und Raum. Seine Zukunft ist immer zugleich der nach vorne projizierte Schatten seiner Vergangenheit. Ein Aussteigen aus diesem Zeit–Raum-Schema ist zwar scheinbar auf Zeit möglich – im Zustand der Ekstase oder so, wie es die Drogenideologen propagiert haben –, nicht aber immer. Auch nicht durch den Versuch, den Generationenkonflikt zum Generationenbruch zu steigern, um so gleichsam die Vergangenheit abzuwerfen wie die Eidechse den Schwanz, wie dies zur Zeit der Schülerrevolte versucht worden ist. Es gibt keine Zukunft ohne Tradition.

Bleibend ist weiterhin, daß der Mensch als »Frühgeburt« zur Welt kommt und schon zur Befriedigung elementarster Grundbedürfnisse der Einordnung in ein personales Sozialgefüge bedarf.

Bleibend ist, daß die Art und Weise, wie diese elementaren Bedürfnisse befriedigt werden, den Menschen über den Bereich der Körpergefühle entscheidend prägt, ehe er über Verstandeskräfte und Willensimpulse erreichbar ist.

Bleibend ist, daß der Mensch biologisch als Frau oder als Mann festgelegt ist und diese nicht auswechselbare Fortpflanzungsfunktion ihn auch psychisch mitprägt – so weit die Bandbreite des Einflusses soziokultureller Faktoren auch sein mag.

Bleibend ist, daß die Annahme seiner selbst in seinem jeweiligen Geschlecht eine der wesentlichsten Aufgaben der Personreifung ist und die Erziehung hierzu die Voraussetzung zu schaffen hat.

GESCHLECHTSERZIEHUNG IN DER FAMILIE

DIE ZEIT VOR DER GEBURT

Wunschkinder

Empfängnisregelung und Familienplanung sind heute weithin »technisch« möglich. Weil Kindern optimale Entwicklungschancen gegeben werden sollen und auch, weil die Überbevölkerung der Erde droht, wird gefordert, daß jedes Kind, das geboren wird, ein Wunschkind sein soll. Inwieweit es im Hinblick auf die Hungernden in der Welt sinnvoll ist, daß die hochzivilisierten Völker die Kinderzahl extrem beschränken, soll hier nicht diskutiert werden. Wohl aber muß hier besprochen werden, was Planung im Hinblick auf die familiäre Situation des einzelnen bedeutet.

Kinder werden bei uns nicht mehr fraglos als ein Segen betrachtet, der sich beliebig vermehren soll. Die Ehepaare überlegen mit Recht, zu welchem Zeitpunkt sie gemeinsam eine Lebenssituation geschaffen haben werden, in der ein Kind zu verantworten ist. Bei Planung des ersten Kindes spielen in der Regel wirtschaftliche Gesichtspunkte eine große Rolle. Bei weiteren Kinderplanungen gilt es dann u. a. zu bedenken, wie belastungsfähig die Eltern, insbesondere die Mutter, sind, wann für das vorhandene Kind der günstigste Zeitpunkt ist, sich mit einem Geschwisterchen auseinanderzusetzen, und für wie viele der Wohnraum reichen wird. Das Wunschkind ist heute zur Norm geworden. In der öffentlichen Diskussion wird das Wunschkind mit dem von vornherein glücklichen und sich reibungslos entwickelnden Kind gleichgesetzt. Andererseits wird das nicht wunschgemäß erschienene Kind ebenso selbstverständlich zum unglücklichen Kind oder doch zumindest zum Problemkind gestempelt.

Die Erfahrung zeigt, daß Theorie und Praxis der Planung nicht immer dasselbe sind. Nach wie vor werden Kinder zum Eheschließungsgrund ihrer Eltern. Nach wie vor geschieht es, daß verheiratete Frauen zu einem anderen als dem geplanten Zeitpunkt schwanger werden. Und es geschieht auch, daß nach einer Zeit der sorgfältigen Verhütungsplanung die Kinder endlich kommen sollen – und sich nicht, oder doch lange Zeit nicht einstellen.

Ehepaare, die sich ohne inneren Spielraum für das Kommen des Kindes absolut auf die Planung verlassen, sind zumindest ebenso problematische Eltern wie jene, die sich vor der Geburt auf den Sohn oder auf die Tochter fixiert haben. Wer nicht mit einem Quäntchen Schicksal rechnet, der begibt sich später aller Flexibilität. Leben ist nie ganz vorausberechenbar. Für das Kind selbst ist es nicht entscheidend, daß es genau zum geplanten Zeitpunkt kommt, sondern daß die Eltern fähig sind, es anzunehmen, so wie es ist: Mit seinem Geburtsdatum, seiner Beschaffenheit und in seinem Geschlecht. Dasselbe gilt auch für Eltern, die sich eine Tochter oder einen Sohn gewünscht haben. Der Wunsch kann sehr verständlich sein, wenn schon ein oder mehrere Kinder eines Geschlechtes da sind. Das dritte Mädchen, den vierten Sohn aber auch noch herzlich annehmen zu können, das ist der erste Liebesakt, den das Kind durch seine Eltern erfahren muß. Je inniger sich die Eltern auch als Ehepaar verbunden sind, um so leichter wird ihnen dieser Akt der Annahme gelingen. Schließlich wird im Kind immer auch der Partner geliebt – und leider häufig auch abgelehnt.

Soziale Elternschaft

Für die sogenannte soziale Elternschaft entscheiden sich die Ehepaare häufig dann, wenn nach längerem Warten oder aus medizinischen Gründen die Ehe kinderlos bleibt oder bleiben muß. Ein Motiv, ein Kind zu adoptieren, kann aber auch sein, einem elternlosen Mädchen oder Jungen das Heimschicksal ersparen zu wollen. Man holt eben zu den eigenen Kindern noch ein fremdes dazu. Es kann aber auch sein, daß Eltern das Risiko scheuen, noch mehr eigene Kinder nur eines Geschlechts zu bekommen. Sie nehmen es mit dem Wunschkind ganz wörtlich und versuchen, zu eigenen Kindern noch ein oder zwei des anderen Geschlechts dazu zu adoptieren.

Manche Ehepaare überlegen, ob ein schon älteres Kind, das bereits den Kindergarten besuchen kann, sich nicht besser mit der Berufstätigkeit der Ehepartner vereinbaren ließe, an der beide festhalten wollen. Und es gibt heute auch junge Paare, die bewußt auf eigene Kinder verzichten wollen, weil es nach ihrer Meinung bereits viel zuviel unglückliche Kinder in der Welt gibt.

Für Adoptiveltern gilt das gleiche wie für leibliche Eltern. Auch sie müssen offen dafür sein, ihren Familienplan an den Bedürfnissen des Kindes zu messen und ihn gegebenenfalls zu revidieren.

Eltern–Kind-Verhältnis

Die erste Prägung des Eltern–Kind-Verhältnisses erfolgt während der Schwangerschaft. Die Schwangerschaft der Mutter, ihre Einstellung zum kommenden Kind, aber auch die Art und Weise, wie der Ehepartner die Schwangerschaft seiner Frau miterlebt, macht den ersten Teil der Geschichte eines Kindes aus. Sie ist zugleich aber auch das erste Kapitel der Geschichte dieses Elternpaares.

Auch Adoptiveltern machen eine Art Schwangerschaft, eine Zeit der Erwartung durch. Sie ist gekennzeichnet durch den Entschluß zur Adoption, durch vielfältige bürokratische Wege, durch Vorbereitungen in der Wohnung – und nicht selten durch mancherlei Enttäuschungen: Ein bereits in Aussicht gestelltes Kind wurde schließlich doch nicht vermittelt. Auf zehn adoptionswillige Ehepaare kommt in der Regel nur ein Kind, das zur

Adoption freigegeben ist. Hat man das Kind dann schließlich im Haus, müssen weitere drei Monate bangen Wartens und Hoffens vergehen, weil während dieser Zeit die leibliche Mutter noch das Recht hat, ihr Kind zurückzuholen.

Ein wesentlicher Unterschied zwischen der natürlichen und der sozialen Elternschaft liegt gerade in der frühen Prägung des Eltern–Kind-Verhältnisses. Das adoptierte Kind bringt ein Kapitel seiner eigenen Lebensgeschichte bereits ein. Sie ist entstanden in Wechselwirkung mit seinen leiblichen Eltern und all den Bezugspersonen, die in seinem Leben bisher eine Rolle gespielt haben. Ähnliches gilt übrigens auch für die Kinder, die ihre ersten Lebensjahre bei den Großeltern verbracht haben, ehe sie von den leiblichen Eltern »übernommen« worden sind.

Für leibliche und für Adoptiveltern gilt: Je offener sie für die Möglichkeiten und die Prägung eines Kindes sind, je weniger sie sich selbst im Kind suchen – ihre Erwartungen, ihre Wünsche, die Verwirklichung ihrer Sehnsüchte, den Ausgleich eigener Enttäuschungen, um so eher werden sie dem Kind gerecht. Kinder ihrerseits haben unterschiedliche Möglichkeiten, die Eltern für sich zu gewinnen. Diese Erfahrung bestätigen alle Eltern, die mehrere Kinder haben. Hier liegt auch eine der Ursachen für die Geschwisterrivalität. Ein krankes Kind beispielsweise hat nichts anderes anzubieten als seine bleibende Hilflosigkeit, um sich die Eltern geneigt zu machen.

Kinder als Besitz

Eine gängige These lautet heute, daß das Eltern–Kind-Verhältnis grundsätzlich geändert werden sollte. Eltern, die laut Gesetzbuch die Verfügungsgewalt über ein Kind haben, sollten von vornherein kein Abhängigkeitsverhältnis zwischen sich und den Kindern aufkommen lassen. Die Eltern, so wird geraten, sollten sich nicht mehr mit Vater und Mutter, sondern mit den Vornamen anreden lassen. Die Kleinfamilie, so wird weiter gesagt, biete den Kindern kein zureichendes Angebot, Bezugspersonen zu wählen. Als Alternative wird die organisierte Großfamilie angeboten. Dort wäre man nicht in Versuchung, von »meinem« Sohn und »unserer« Tochter zu sprechen, sondern eben von Klaus und Ursula. Was ist hierzu zu sagen? Was in einigen Fällen gelingen mag, kann noch lange nicht zur Norm erhoben werden. Aus eigener Erfahrung weiß ich, daß der Versuch, Kinder in weit unverbindlicheren Sozialgefügen groß werden zu lassen, als die Familie es ist, diesen die gleichen Symptome bescherte, wie Heimkinder sie zeigen.

Das elementarste Sicherheitsbedürfnis der Kinder – es rangiert nach dem Schema der Bedürfnishierarchie unmittelbar nach den physiologischen Bedürfnissen an zweiter Stelle – wird am besten zwischen Vater und Mutter abgedeckt. Die Fürwörter ›mein‹ und ›dein‹ kennzeichnen nicht nur den Besitz im Sinne von verfügbarem Eigentum, sondern vor allem die Zuordnung. Und diese Zuordnung erfolgt primär durch Gefühle. Deshalb ist es auch richtig, daß die soziale Elternschaft eine vollgültige, eine »echte« ist, und nicht ein Ersatz, sofern es zu einer Gefühlsbindung zwischen Adoptiveltern und ihren Kindern kommt. Unbestritten bleibt, daß in einer Vielzahl von Familien das existentielle Sicherheitsbedürfnis der Kinder auch nicht abgedeckt wird. Es gibt zu viel Streit zwischen den Eltern, die Kinder werden vom Vater oder der Mutter zugunsten eines anderen Partners verlassen, oder aber die Eltern wenden sich ihren Kindern nicht gleichmäßig zu. Zugegeben: Die Familie ist eine Schicksalsgemeinschaft. Aber gerade weil sie dies ist, weil in ihr so starke Gefühle investiert sind, können diese Gefühle auch mobilisiert und zielgerichtet eingesetzt werden, so daß aus der Schicksalsgemeinschaft eine Chancengemeinschaft wird. Gleiche Chancen für jedes Kind? Das Leben bietet, wohin wir auch sehen, keine gleichen Chancen. Die Eltern, die ihre Kinder lieben, weil sie sie in Liebe geboren, weil sie sie angenommen und verantwortet haben, werden für diese ihre Kinder den Weg finden, ihnen ihre eigenen Lebenschancen zu zeigen und ihnen zu helfen, diese zu nutzen. Gerade meine Arbeit mit drogenabhängigen Jugendlichen hat mir gezeigt, daß es nach tausenderlei Mühen all der Fachleute in vielen Fällen doch die Eltern waren, die ihre Kinder aus der Umklammerung der Sucht herausgeführt haben. Nicht etwa durch ihre untadelige Familienstruktur oder ihr fehlerfreies Erziehungskonzept, sondern schlicht durch ihre Treue.

Ein Kind annehmen heißt, ihm ein Liebesangebot zu machen, das die Treue einschließt. Diesen Akt müssen leibliche Eltern und Adoptiveltern leisten. Er ist die Basis der Eltern–Kind-Beziehung. Er ist der Grundakt der Liebe und der Erziehung zur Liebesfähigkeit – dem Ziel aller Erziehung und der Geschlechtserziehung im besonderen. Wer selbstverständlicher mit seinen Gefühlen umgehen kann, der erzieht leichter. Wer sich im Rahmen der Familienerziehung seine Einstellung allzu sehr denkend und diskutierend erarbeiten muß, der ist immer in Gefahr, das Gehirn zu treffen, aber nicht den Menschen. Dies sowohl bei sich wie beim Partner, besonders aber beim Kind. Wir werden in der ganzen Erziehung, vor allem auch in der Erwachsenenbildung, daran denken müssen, daß wir den Verstand nicht zum Diktator der Gefühle werden lassen, sondern dafür sorgen, daß er das bleibt, was immer seine Aufgabe war: Wohlwollender Kontrolleur.

Die sozialen Geschlechtsrollen von Mann und Frau

Ob es – über die anatomischen Unterschiede hinaus – wesenstypisch Weibliches oder wesenstypisch Männliches gebe, ist heute in der Diskussion. Die Geschlechtsrollen sollen deshalb neu definiert werden, besonders im Hinblick auf die Beziehung zum Kind, zum Beruf und zur Stellung in der Öffentlichkeit. Inwieweit die biologische Festlegung auf typisch männliche und weibliche Geschlechtsrollen auch das Wesen von Mann und Frau psychisch prägen, ist nicht eindeutig zu sagen. Man muß annehmen, daß diese Vorprägung nicht ohne Auswirkung ist. Andererseits ist der Einfluß der soziokulturellen Faktoren weit höher zu veranschlagen. Immer zeigte sich zu Zeiten, in denen beispielsweise durch Kriege die Lebensverhältnisse plötzlich verändert wurden, wie gut Frauen »ihren Mann« standen. Es wird deshalb gut sein, beide Faktoren zu beachten, wenn die Eltern daran gehen, für ihre eigene Lebenssituation die vernünftige Rollenverteilung zu suchen.

Die weitverbreitete Berufstätigkeit der Frau hat in allen Schichten unserer Gesellschaft bereits einen Wandel in der Rollenfestlegung bewirkt. Mit der Erkenntnis, daß die Ehe für Mädchen keine Versorgungsgarantie mehr ist, hält die daraus resultierende Konsequenz noch nicht Schritt, diesen Mädchen auch die gleichqualifizierte Schul- und Berufsausbildung zu geben wie den Jungen. Ungeachtet der häufigeren Berufstätigkeit der Frau gilt es in unserer Gesellschaft als weithin selbstverständlich, daß Kinderpflege und Kindererziehung mehr der Frau zukommen als dem Mann. Es sind die Frauen, die sich darauf einstellen, auch nach der Geburt die Kinder zu versorgen oder ihre Versorgung zusammen mit anderen zu organisieren. Selbst wenn zugegeben werden muß, daß auch ein Mann Babys versorgen kann, ist nicht einzusehen, warum im Regelfall nicht der die Rolle übernehmen soll, der von der biologischen Natur her besser dafür ausgestattet ist. Mutter und Kind verbinden von der Schwangerschaft her Gefühle leiblicher Zugehörigkeit, die durch die Geburt nicht erlöschen, sondern im Stillakt für die Frau noch gesteigert werden können.

Ob nun die Frau im Interesse des Kindes ihre eigene Berufstätigkeit aufgibt oder nicht, wird weithin davon abhängen, welchen Beruf sie hat, was er für sie bedeutet und ob die wirtschaftliche Lage der Familie dies erlaubt. In jedem Fall wird ein Arrangement zwischen den Eheleuten, evtl. auch noch mit den Großeltern oder befreundeten Familien nötig sein, wenn die Mutter weiterhin berufstätig bleiben will oder muß. Die Entscheidung muß sich an den Bedürfnissen des Kindes orientieren. Diese sind: Regelrechte Ernährung und Pflege, Sicherheit in einem stabilen Personalgefüge, Bestätigung des Kindes als erwünscht, auch in seinem Geschlecht. Am ehesten finden jene Eltern zu einem für alle tragbaren Arrangement, die selbst mit ihrem Geschlecht ausgesöhnt sind. Der meisten Hilfe bedürfen zur Zeit in unserem Land die ausländischen Mitbürger. Sie kommen zumeist aus Kulturkreisen, in denen die Geschlechtsrolle der Frau ausschließlich auf Kinderpflege und Haushalt ausgerichtet ist. Für sie, aber auch für die Männer und vor allem für die Kinder, ist es überaus schwer, mit der neuen Lebenssituation zurecht zu kommen.

Noch eines soll bedacht werden: Im Zeichen der Emanzipation der Frau wird auch die These vertreten, daß die Männer gleich gute Mütter sein können wie Frauen. Die Männer hätten demnach das gleiche Recht und die gleiche Pflicht, sich an der Aufzucht der gemeinsamen Kinder zu beteiligen wie die Frauen auch. Solange dieser Standpunkt vertreten wird, ohne die Frauen zu diffamieren, die gerne »Nur-Hausfrauen« und »Nur-Mütter« – zumindest auf Zeit – sind, mag es angehen. In der Regel vergessen jene frauenrechtlerisch kämpfenden Feministinnen nämlich, daß nicht alle Frauen einen akademischen oder schöpferischen Beruf haben, wie zumeist sie selber. Sie können sich offensichtlich schwer einfühlen in die Situation einer Frau, die lieber den Haushalt macht und die Kinder versorgt, als die Stanzmaschine oder das Fließband bedient. Diesen Frauen wäre vermutlich mehr damit gedient, politisch um das bezahlte Babyjahr zu kämpfen als damit, zu beweisen, daß Frauen noch bessere Männer sein können.

Eines ist aber von allen Eltern zu beachten: Sie dürfen nicht zulassen, daß die Kinder ihr einziges Interesse ausmachen, daß die Kinder ihre gesamte Freizeit beanspruchen. Sie müssen es so einrichten, daß auch Zeit für sie, für ihre Ehe, für ihre Liebe bleibt. Mehr als die Kenntnis aller anatomischen Details verhilft einem Kind zur Sicherheit in seinem Geschlecht das Erlebnis, daß Vater und Mutter als Mann und Frau miteinander zufrieden sind. Deshalb brauchen die Eltern ein Eigenleben, an dem die

Kinder nicht direkt teilhaben, von dem sie aber wissen. Die geschlechtliche Beziehung der Eltern ist ein Teil dieses Eigenlebens, erschöpft sich aber nicht darin. Die vernünftige Geschlechtserziehung wird sich nicht einfallen lassen, die Kinder am Eigenleben der Eltern mehr teilnehmen zu lassen, als zur Befriedigung einer natürlichen Wißbegierde notwendig ist. Im übrigen wird die Erziehung, auch die Geschlechtserziehung, so angelegt, daß Kinder und Jugendliche erfahren, daß sie selbst zunehmend mehr Eigenleben zugebilligt bekommen.

GEBOREN ALS MÄDCHEN ODER ALS JUNGE

Die Lust zu leben

Die Lust zu leben, zu sein, ist die Grundlage aller Lusterfahrung. Das Vergnügen, das Eltern an ihrem Kind haben und ihm zeigen, wird zur Grundlage für seine eigene Lebensfreude. Wer die Welt nicht bejahen kann, trotz all der Mängel, die man als erwachsener Mensch sehen und erleiden muß, der wird ein problematischer Erzieher. Der Lustkreis, den der »Radius« Penis schlägt, reicht nicht aus, um gegen den Weltpessimismus anzukommen. Im Gegenteil, er verkehrt den Liebesakt in einen Verzweiflungsakt.

Der Quell der Lust

Der Quell der Lust ist für einen Säugling immer noch das Saugen an der Mutterbrust. Das besondere Verhältnis, das sich gerade dadurch zwischen Mutter und Kind ausbildet, hat nichts mit Muttermythos zu tun, wie heute bisweilen behauptet wird. Auch für die Mutter kann das Stillen ein Vergnügen sein, wenn sie entsprechende Brustwarzen, Zeit und Ruhe und genügend Milchvorrat hat. Das Stillen verhilft ihr nicht nur rascher zu ihrer früheren Figur, sie kann dabei sogar Lustgefühle bis zum Orgasmus bekommen. Für andere Frauen wird das Stillen eine schmerzhafte Angelegenheit. Sie tun besser daran, dem Kind die Flasche zu geben. Die Schmerzen, die das Kind der Mutter beim Saugen an der Brust zufügen muß, könnnten sich negativ auf ihre Gefühle für es auswirken. Welche Körpergefühle ein Kind beim

Saugen erlebt, kann der Erwachsene nicht sagen. Es genügt anzunehmen, daß der Säugling an der Mutterbrust rundherum Wohlbehagen einsaugt. Körperwärme, Körpernähe, Berührung der Mutter steigern diese Lust des Saugens. Nicht unwichtig ist dabei vermutlich aber auch, daß die Muttermilch dem Kind am angemessensten ist. Muttermilch verursacht am wenigsten Blähungen und ähnliche Drangzustände. Ein Brustkind kann bis zu drei Tagen ohne Stuhlgang sein, weil die aufgenommenen Nahrungsstoffe so gut verarbeitet werden.

Trotzdem hängt die glückliche Entwicklung eines Kindes nicht davon ab, ob es gestillt wird oder nicht. Wichtig ist in jedem Fall, daß das Essen ein zärtliches Vergnügen bleibt. Die Eßfreudigkeit auch des älteren Kindes wird in diesem frühen Stadium mit grundgelegt. Ernährungsstörungen im Säuglingsalter gefährden nicht nur die physische Gesundheit des Kindes. Orale Befriedigung ist mehr als turnusmäßige Kalorienzufuhr. Die Dominanz des Oralen wird später durch das Sexuelle abgelöst.

Die zärtliche Berührung

Die zärtliche Berührung, das Lächeln, der zärtliche Klang der Stimme, der vertraute Geruch – all das gehört zu den Mitteln, mit denen Eltern ihre Kinder in die Welt locken können. Das Gestreicheltwerden verhilft dem Baby zu lustvollen Körperempfindungen und zu einer Erfahrung über sich selbst. Mit Hilfe des Tastsinnes lernt es sich zu orientieren, auch über sich selbst. Bei Berührungen des eigenen Körpers erlebt es manche Körperteile als besonders berührungsempfindlich. Eltern stellen bisweilen mit Verwunderung fest, daß das winzige Glied eines Jungen durch Berührung bereits steif werden kann. Wer nicht darüber Bescheid weiß, daß es sich dabei um einen ganz natürlichen Vorgang handelt, der mag vielleicht befürchten, daß es sich um ein besonders »triebhaftes« Kind handle. Je strenger nun darüber gewacht wird, daß das Glied »in Ruhe gelassen« werde, um so lustbesetzter wird die Handlungsweise. Zum Vergnügen an der körperlichen Berührung kommt nunmehr auch noch der Reiz des Verbotenen und schließlich die neugierige Erwartung, dahinter zu kommen, weshalb so harmlose Dinge so strenge Maßnahmen erfordern.

Bei kleinen Mädchen, die sich an der Scheide berühren, läuft bisweilen die gleiche Reizreaktionskette ab. In dieses »Selbstbegreifen« eines Kindes soll man so wenig wie möglich eingreifen. Es ist genausowenig klug, es strikt verbieten zu wollen, wie es unvernünftig ist, Geschlechtsteile besonders hervorzuheben. Früher neigte man zu striktem Verbot, heute zur Überbewertung der Erregung von körperlichen Lustgefühlen.

Die Körperpflege

Die Körperpflege des Kindes bezieht sich natürlich auch auf seine äußeren Geschlechtsorgane. Beim Jungen muß man besonders darauf achten, daß sich unter der Vorhaut des Gliedes kein sogenannter Vorhauttalg bildet. Dieser besteht aus abgestoßenen Vorhautzellen, Flüssigkeiten der Vorhauttalgdrüsen und evtl. Harnresten. Man schiebt die Vorhaut so weit zurück, daß der Kopf des Gliedes, die Eichel, freiliegt. Mit einem Wattebausch und klarem Wasser kann sie dann gesäubert werden. Ebenso sorgfältig ist die Scheide der Mädchen, insbesondere die Klitoris (Kitzler) zu reinigen.

Mädchen und Jungen sollen angehalten werden, so früh wie möglich die Körperpflege zur eigenen Sache zu machen. So wenig es sinnvoll war, die Kinder vor der Berührung ihrer Genitalien beim Waschen zu warnen oder diese gar zu verbieten, so wenig angebracht ist es heute, daraus einen »entscheidenden Akt« der Geschlechtserziehung zu machen. Die Mutter muß im übrigen die Sauberkeit der Geschlechtsteile ihrer Kinder genausowenig penetrant überwachen wie die der Ohren oder des Halses.

Kryptorchismus

Frühzeitig sollten sich die Eltern jedoch davon überzeugen, daß mit den Hoden ihres Jungen alles in Ordnung ist, d.h., daß die Hodensäcke nicht leer sind. Bei Kindern, die regelmäßig dem Kinderarzt vorgestellt werden, achtet dieser darauf. Bei zehn Prozent der Jungen liegt nämlich bei der Geburt ein sog. Kryptorchismus vor, d.h., ein Hoden oder auch beide befinden sich nicht in dem Hautbeutel, sondern stecken noch in der Leistengegend oder in der Bauchhöhle des Jungen. Die Hoden, die sich beim ungeborenen Kind in der Leistengegend befinden, senken sich vom siebten Schwangerschaftsmonat an im Regelfall in den Hodensack herab. Dabei müssen sie durch den Leistenkanal, das ist ein enger Muskelspalt im Beckenboden, hindurch. Sind die Hoden nach der Geburt noch im Leistenkanal, dann wird von Leistenhoden gesprochen. Sind sie noch in der Bauchhöhle, so spricht man vom Bauchhoden. Wichtig für die Entwicklung des Jungen ist, daß der Reifungsrückstand, der das von der Hypophyse aus gesteuerte Drüsensystem betrifft, rechtzeitig erkannt und behoben wird. Dies soll durch geeignete ärztliche Maßnahmen bis zum sechsten Lebensjahr geschehen sein. Man weiß heute, daß Hoden, die länger in der Bauchhöhle stecken, funktionsunfähig werden können, d.h., diese Jungen werden später möglicherweise nicht zeugungsfähig. Das hängt damit zusammen, daß die Körpertemperatur in der Bauchhöhle etwa um drei Grad Celsius höher liegt als in den Hodensäcken und dies für die Entwicklung der Hoden schädlich ist.

Phimose

Phimose ist die Bezeichnung für die Vorhautverengung oder Vorhautverklebung, mit der Jungen ebenfalls häufig zur Welt kommen. Während ein Junge im Mutterleib heranwächst, ist die Innenseite der Vorhaut seines Gliedes mit der Schleimhaut der

Eichel, das ist der Kopf des Gliedes, verklebt. Normalerweise löst sich diese Verklebung vor der Geburt. Geschieht dies nicht, dann muß diese Verklebung nach der Geburt gelöst werden. Eichel und Vorhaut verwachsen sonst immer fester, und dies führt zu den verschiedensten Schwierigkeiten. So kann es beispielsweise geschehen, daß ein Mann nur unter Schmerzen Geschlechtsverkehr vollziehen kann.

Glaubt man eine der Auffälligkeiten an seinem Sohn bemerkt zu haben, so sollte man raschestens mit dem Arzt besprechen, welche wirkungsvollen Maßnahmen man ergreifen kann, die dem Kind am wenigsten Unbehagen oder Schmerzen zufügen. Es muß alles vermieden werden, was dem Jungen das Gefühl vermitteln kann, daß »etwas mit ihm nicht stimme«. Solch ein Gefühl kann späterhin das Selbstwertempfinden eines Mannes beeinträchtigen, ohne daß mit Vernunftgründen dagegen angegangen werden kann. Heute ist es übrigens an manchen Kliniken üblich, die Jungen sofort nach der Geburt zu beschneiden. Damit ist jede Gefahr einer Vorhautverengung und ihrer Folgen ausgeschaltet.

Kleinkinder-Onanie

Die Eltern müssen sich heute mit der Frage auseinandersetzen, welche Bedeutung onanistische Spielereien kleiner Kinder haben können. Es ist bekannt, daß schon sehr kleine Kinder sich körperlich bis zum Orgasmus reizen können. Wie kommen sie dazu? Häufig geschieht dies aus einem vordergründigen Anlaß: Ein solcher kann der Juckreiz sein, der entsteht, wenn das Glied oder die Scheide nicht richtig gereinigt werden und sich Vorhauttalg gebildet hat. Nicht selten ist aber auch – besonders bei Mädchen – Wurmbefall die Ursache eines starken Juckreizes, der durch Reiben beseitigt werden soll. So kommt es zur Erfahrung körperlicher Höhepunktsgefühle, die man sich von Zeit zu Zeit verschaffen möchte. Auch Harnverhaltung, weil man gerade ein

Spiel oder Zusammenspiel nicht aufgeben will, kann dazu führen.

Am häufigsten geschieht bei kleinen Kindern die Selbstbefriedigung als Trosthandlung. So sehr es zutrifft, daß kleinen Kindern der menschliche Körper nicht in anständige oder unanständige Zonen eingeteilt werden soll, so sehr es auch zutrifft, daß Kinder bereits am Wickeltisch damit beginnen, sich auch über die lustvollen Körpergefühle als Ich zu erfahren, so sicher trifft es nicht zu, daß die Selbstbefriedigung bis zum Orgasmus zur Kleinkindersexualität schlechthin gehört. Kinder, die dies mit Regelmäßigkeit tun, sollten immer daraufhin angesehen werden, welchen Spannungszustand, welchen Unmut, welche Verlassenheitsgefühle, welche Trauer sie damit auszugleichen versuchen. Man sollte nicht vergessen, daß es immer schon die Kinder aus wenig persönlich geführten Heimen waren, die der zwanghaften Onanie, einer Form der Sucht, anheimgefallen sind. Es muß auch heute zu denken geben, daß Kinder bevorzugt dann onanieren, wenn sie ein Geschwisterchen bekommen, das ihnen vermeintlich die Liebe der Eltern nimmt, wenn die Eltern viel streiten, wenn sie plötzlich von den Eltern getrennt werden oder in der Schule eine Leistung erbringen müssen, zu der sie nicht fähig sind. Handelte es sich bei der kindlichen Onanie nur um einen körperlichen Reizvorgang, so brauchte man als Erzieher nicht allzuviel dazu zu überlegen. Ein Kind verbindet solche Reizbewegungen am Körper aber doch mit Phantasien. Ein Kind, das sich zurückgesetzt fühlt, hat möglicherweise während des Onanierens Rachegedanken an Vater oder Mutter oder dem Geschwister. Oder es kompensiert seinen Jammer während der Selbstbefriedigung mit Größenideen. Man weiß, wie verheerend die körperliche Züchtigung gerade deshalb wirkt, weil sie durch die stärkere Durchblutung des Unterleibes zu sexueller Reizung führen kann, die schließlich nur noch im Zusammenhang mit Schlagen oder Geschlagenwerden erlebt wird.

Geschlechtserziehung hat dafür zu sorgen, daß ein Kind Liebeserfahrungen als eine Einheit von körperlichen und seelischen

Empfindungen machen kann. Einem Kind kommt es zu, Zuwendung und Zärtlichkeit von seinen Eltern zu erfahren. Sie sollen es in den Arm nehmen und trösten, ehe es diese Zärtlichkeiten nicht mehr annimmt, weil es in die »Selbstversorgung« gegangen ist. Die Erfahrung von Körpergefühlen bis hin zum Orgasmus helfen dem Kind nicht, die Enttäuschung darüber zu verkraften, daß sich die Liebe der Mutter scheinbar stärker einem Geschwister zuwendet. Sie helfen ihm so wenig wie später dem jungen Mann oder der jungen Frau der Versuch, die Enttäuschung darüber, daß es nicht gelingen will, eine dauerhafte Partnerschaft einzugehen, durch Masturbation zu überwinden. Bei Durchsicht bestimmter Sexliteratur ist man geneigt, darauf hinzuweisen, daß Liebe kein physikalischer Vorgang ist, der sich durch Reibung erzeugen läßt. Sextechnik gehört am allerwenigsten zur Kleinkindersexualität.

Erziehung zur Sauberkeit

Die Erziehung zur Sauberkeit ist heute zum öffentlich diskutierten Thema geworden. Es gibt beispielsweise kaum eine Sendung im Fernsehen zum Thema Kleinkindererziehung, in der Kinder nicht zum Schmieren aufgefordert werden und es begeistert tun. Es macht den Kindern lange Spaß, zu schmieren und zu moddern. Und auch Erwachsene können noch ein Vergnügen daran haben. Was hat diese Schmierlust damit zu tun, daß Kinder zur Kontrolle der Ausscheidungsfunktion gebracht werden, d.h., nach altem Sprachgebrauch, sauber werden sollen? Die Sauberkeitserziehung fällt bei uns mit dem Alter der Kinder zusammen, in dem auch der erste Gestaltungstrieb, der Schmiertrieb, sich meldet. Kinder greifen nun zu dem Material, das sie selber produzieren, und verfahren damit nach eigenem Gutdünken. Sie müssen dazu gebracht werden, den Kot als nicht taugliches Material zu erkennen und samt dem Urin einem bestimmten Ort zuzuführen. Je mehr man sie daran selber beteiligt, je regelmäßiger sie die Ausschüttaktion selbst mit vornehmen dürfen und man vielleicht »das Ziehen«, vor dem sich viele Kinder zuerst fürchten, in einen Spaß umwandelt, um so schneller verstehen die Kinder, wie das Ganze gemeint ist. Sie trennen sich um so leichter von dem, was sie als ihre eigene Produktion auffassen, wenn sie Ersatz dafür bekommen. Ein solcher Ersatz sind neben dem Lächeln der Mutter Sand und Wasser, Fingerfarben, Knetmasse, aber auch das Mitkneten des Kuchenteiges.

Die volle Kontrolle der Ausscheidungsfunktion kann ein Kind eigentlich erst nach dem vollendeten zweiten Lebensjahr haben, denn zu diesem Zeitpunkt ist der Markscheidenreifungsprozeß des Rückenmarks abgeschlossen. Wenn die Eltern mit der Sauberkeitserziehung zu früh anfangen oder aber zu strenge Forderungen stellen, dann kann sich dies in verschiedener Weise negativ auf die Entwicklung des Kindes auswirken. Das gleiche gilt, wenn die Körperzone der Ausscheidungsorgane insgesamt als »bäh«, als unsauber, abgewertet wird. – Das Kind macht keinen Unterschied zwischen Ausscheidungsorganen und Sexualorganen. Wenn das eine schmutzig ist, dann ist es das andere auch.

Die zu stark geförderte Sauberkeitserziehung kann zu einem Machtkampf zwischen dem Kind und dem Erzieher führen. »Wollen sehen, wer darüber verfügt, du oder ich!« Da die Ausscheidung für das Kind eine der frühesten Erfahrungen im Geben und Nehmen ist, wird es auch verständlich, wieso falsche Sauberkeitserziehung beim Erwachsenen zu Pedanterie, Geiz und auch depressiver Grundstimmung führen kann.

Großzügigkeit in der Sauberkeitserziehung schadet einem Kind in der Regel nicht, sofern darunter nicht Nachlässigkeit und Unregelmäßigkeit in der Pflege und Ernährung verstanden werden. Bei einem Kind, das auf einen geregelten Tagesablauf eingestellt wird, reguliert sich auch die Ausscheidungsfunktion, ohne daß allzuviel dazu getan werden muß. Eine sanfte Gewöhnung dann, wenn das Kind ohne Mühe sitzen kann, schadet nicht, sondern entspricht dem Regelbedürfnis des Kindes.

KINDER UND ELTERN SCHAUEN SICH AN

Der nackte Mensch

Nach den Vorschlägen, die heute den Eltern zur Geschlechtserziehung gemacht werden, scheint es von großer Wichtigkeit zu sein, daß sich die Eltern vor ihren Kindern nackt zeigen. Bisweilen wird dies sogar zur strikten Forderung erhoben. Wenn man nun wissen will, was das Kind am Menschen interessiert, dann braucht man nur seine Zeichnungen anzuschauen. Das Kind, das über die Kritzelstufe, also über das dritte Lebensjahr hinaus ist, malt den Kopffüßler. Der Kopf, der immer Augen, manchmal auch Haare hat, bewegt sich auf langen Beinen. Bald wachsen aus ihm auch die Arme. Das Kind hat die Fähigkeit, aus dem realistisch Vorgegebenen das für die eigene Person Wichtige herauszugreifen und deutlich ins Bild zu setzen. Mancher Künstler beneidet die kleinen Kinder um diese ungebrochene Fähigkeit zur Abstraktion. Alles, was die Kinder dieser Altersstufe als Menschsein, insbesondere auch an seelischen Qualitäten empfinden, wird in diesem Kopffüßler ausgedrückt. Kinder, die vernachlässigt werden, die wenig Liebe erfahren, erreichen die Entwicklungsstufe des »Kopffüßlers« sehr viel später. Die Kinderzeichnung kann somit als Test des Entwicklungsverlaufs eines Kindes genommen werden. Vor allem im fünften Lebensjahr wendet sich das Interesse des Kindes dem Detail seines eigenen Körpers zu. Es wird dadurch auch viel neugieriger in bezug auf den Körper anderer Menschen, anderer Kinder und auch anderer Erwachsener. Bedeutet dies nun, daß man etwa vom fünften Lebensjahr an dem Kind nackte Menschen zeigen soll, damit es seinen Erfahrungshorizont erweitern kann? Ganz sicherlich vollzieht sich Erziehung, insbesondere die Geschlechtserziehung, in der Familie nicht in gezielten Demonstrationen.

Die Nacktheit hat in unserem Alltag ihren Platz, genauso wie das Bekleidetsein. Lange ehe sich das Kind für körperliche Details interessiert und z.B. bei der Menschenzeichnung den Kopf auf den Bauch setzt, der einen deutlichen Nabel eingezeichnet bekommt, wächst es mit dem Wissen auf, daß man beim Waschen, beim Baden nackt ist und evtl., je nach Gepflogenheit in der Familie, auch beim Schlafen. Ein Kind übersteht das erste Eintauchen in die große Badewanne viel leichter, wenn die Eltern dabei sind und gemeinsam mit ihm baden. Aus der Nacktheit einen Kult oder gar einen Zwang zu machen, hieße die Medaille der einst prüden Erziehung nur wieder umzudrehen. Wie weit man die Gepflogenheit, sich in der Familie nackt zu bewegen, auch dann beibehält, wenn die Kinder größer geworden sind, wird daran zu messen sein, welchen Eigenraum Eltern und Heranwachsende auch in der Familie zunehmend für sich beanspruchen. Wenn man schon das Schlafzimmer, das Wohnzimmer und auch die allgemeinen Interessen nicht mehr voll teilt, warum eigentlich dann das Badezimmer? An die ästhetischen Empfindungen Jugendlicher, die in der Pubertät meist in hohem Maße sensibel sind, sollte man genauso denken wie daran, daß Eltern niemals Identifikationsobjekte für die Sexualbeziehung werden dürfen. Die überstarken Mutter–Sohn-Bindungen und Vater–Tochter-Übertragungen sind Ehebelastung genug, wie jeder Eheberater weiß. Man muß nicht noch mehr dazu tun.

Die Geschlechtsorgane

Selbsterkenntnis ist immer auch ein Stück Selbsterfahrung, d.h., man weiß etwas mehr davon, wer man ist, und wer man sein soll. In diesem Sinne ist es auch für das Kind ein Aha-Erlebnis, wenn es erkennt, worin sich Mädchen und Jungen und Mann und Frau körperlich unterscheiden. Die wichtigste Erfahrung, die ein Kind dabei machen muß, und auch machen will, ist die, daß mit ihm alles seine Richtigkeit hat. Inzwischen ist es fast schon zum selbstverständlichen Allgemeinwissen geworden, wie verheerend es auf die Gesamtentwicklung, nicht nur in bezug auf die Geschlechtsentwicklung eines Menschen, wirken kann, wenn er sich über die Geschlechtsorgane bedroht oder herabgewürdigt fühlt. »Wenn du da herumspielst, dann bricht es ab«, wurde kleinen Jungen früher bisweilen gesagt. Oder gar dem Mädchen, das neidisch auf den Bruder blickte, der so herrlich mit seinem kleinen angewachsenen Schlauch spritzen konnte: »Das hast du auch gehabt. Bei der Geburt ist das eben abgebrochen.« Jungen durften sich dann bisweilen noch vor der vermeintlichen Wunde, die die Mädchen »da unten« von dieser Verletzung zurückbehalten hatten, entsetzen. Ein solches Entsetzen konnte dann so nachhaltig sein, daß auch der junge Mann sich ekelte, ein Mädchen »da unten« zu berühren. Bei allen Erklärungen, die man seinen Kindern auf die Frage geben muß, kann man sich von zwei Gedanken leiten lassen: Das Kind braucht die Bestätigung, daß es genau das hat, was es braucht. Und daß es notwendig ist, daß Junge und Mädchen nicht den genau gleichen Körper haben, weil sie sich später, wenn sie erwachsen sind, sonst nicht so lieben können, wie dies für Mann und Frau schön ist, und weil sie sonst nicht Vater bzw. Mutter von Kindern werden könnten. Mit der nachdrücklicheren Erkenntnis, Träger eines bestimmten Geschlechts zu sein, das einem auch bestimmte Aufgaben zuweist, kann ein Kind natürlich nur dann richtig umgehen, wenn es über einen entsprechenden Sprachschatz verfügt. Der Mensch muß sich Dinge und Zusammenhänge, die er vorher bereits vage über Gefühle und unreflektierte Einstellungen hingenommen hat, sprachlich aneignen, um sie ganz zu haben und damit umgehen zu können.

Die Eltern kommen gar nicht umhin, mit ihren Kindern eine Bezeichnung für die Ausscheidungsvorgänge zu finden. Häufig sind dies kindertümelnde Formulierungen: »Bächlein machen«, »Pillermann« herausholen usw. Diese Ausdrücke werden dann bisweilen auf die ganze Körperzone übertragen, also auch für die Geschlechtsorgane verwendet. In manchen vorliegenden Büchern zur Geschlechtserziehung werden den Eltern Vorschläge gemacht, wie sie mit ihren Kindern sprechen sollen. Für das männliche Glied schlagen die einen den Vulgärausdruck »Schwanz« vor, die anderen den lateinischen Terminus »Penis«. Keinem will das deutsche Wort Glied gefallen. Es wird als Begründung dafür angeführt, daß der Mensch viele Glieder habe. Das stimmt. Offensichtlich hat der Mann aber nur ein Glied, das sonst keines Namens bedarf. Ich wüßte eigentlich nicht, was der Bedeutung dieses zentralen männlichen Geschlechtsorgans mehr entsprechen könnte. Man sollte den Jungen so selbstverständlich mit der Bezeichnung für sein Geschlechtsorgan vertraut machen, wie mit den Begriffen Ohr und Auge.

Das gleiche gilt für die Scheide des Mädchens. Auch das Mädchen wächst mit dem Wort auf und lernt, es als Bezeichnung für einen Körperteil zu gebrauchen. Die Bezeichnungen für die Geschlechtsorgane gehen auf diese Weise ganz selbstverständlich in den Sprachschatz der Kinder ein. Sie werden so befähigt, auch in der Kindergruppe, unter Geschwistern, im Kindergarten, in der Nachbarschaft und später auch in der Schule über sich zu reden. Das wird aber nicht verhindern, daß Kinder immer wieder kindertümelnde Ausdrücke anderer oder auch Bezeichnungen der Vulgärsprache für die Geschlechtsorgane aufnehmen, interessant finden und mit nach Hause bringen. Jedes Kind macht eine Zeit durch, in der es besonderen Spaß an deftigen Ausdrücken findet, die zu Hause nicht üblich sind. Je weniger Aufhebens davon gemacht wird, um so rascher geht ein Kind zum normalen Sprachgebrauch über. Ich halte nichts davon, Kindern von vornherein die Zotensprache als Umgangssprache beizubringen, wie dies in einigen der neueren Publikationen zur Sexualerziehung vorgeschlagen wird. Auf welches Niveau müssen Kinder dann noch ausweichen, um einmal tun und sagen zu dürfen, was nicht die Billigung der Eltern findet? Man soll doch bei allen Bemühungen um eine kindgemäße Erziehung nicht vergessen, daß das Kind die Harmonie, die Übereinstimmung mit den Eltern zwar grundsätzlich, aber doch nicht permanent demonstrieren will! Das Nein-sagen-Können unterscheidet den Menschen ganz wesentlich von allen anderen Geschöpfen. Haben wir doch Verständnis dafür, daß die verschiedensten Übungsbereiche dafür ausgesucht werden.

Woher kommen die Kinder?

Das neugierige Erfragen der Umwelt führt, wie jeder weiß, der mit Kindern umgeht, auch zu den Warum-Fragen. Ist das häusliche Klima nicht so steril oder distanziert, daß überhaupt keine persönlichen Fragen gestellt werden, dann fragt das Kind eines Tages: Woher kommen eigentlich die kleinen Kinder? Warum gibt es mich?

Will man dem Kind mit seiner Antwort gerecht werden, dann muß man bedenken, daß das Kind mit seinem Interesse primär auf sich gerichtet ist. Das Kind erwartet keinen sachlichen Biologieunterricht, sondern will das erste Kapitel seiner eigenen Lebensgeschichte hören. Die biologischen Details werden dabei als interessante Aufklärung über die eigene Person mit Spannung aufgenommen. Sie tragen bei zur Festigung des Sicherheits- und Selbstwertgefühls.

Der Kern der Lebensgeschichte eines Kindes erscheint simpel: Kinder werden vom Vater gezeugt, von der Mutter ausgetragen und geboren. Der Akt der Annahme der geborenen Kinder durch Erwachsene, die sie lieben und versorgen, so lange sie dessen bedürfen, erfolgt in der Regel durch die Eltern. Bisweilen aber nur durch die Mutter oder den Vater allein. Gelegentlich durch Ehepaare, die Kinder an Kindes Statt annehmen – bisweilen auch durch Berufserzieher.

Wie dieses erste Kapitel der eigenen Lebensgeschichte einem Kind erzählt wird, trägt entscheidend dazu bei, ob sich im Kind das Grundgefühl festigen kann, in dieser Welt willkommen gewesen zu sein oder doch zumindest jetzt zu jemandes Freude zu leben. Dieses Grundgefühl ist die Voraussetzung dafür, daß ein Kind glauben kann, daß es einen Gott gibt, der es in unwandelbarer Treue liebt, und auf den hin das Leben des Menschen ausgerichtet werden soll. Diese Sicherheit, in Gott zu ruhen, ist die umfassendste Sicherheit, in der ein Kind leben kann. Seit drei bis vier Jahren erlebe ich in der Erziehungsberatung ein bis dahin in dieser Häufigkeit unbekanntes Phänomen: Kinder äußern ihre Angst vor dem Tode als eine Lebensangst, die sie ständig begleitet. Die Frage des Kindes nach seiner Herkunft ist immer auch die Frage nach seiner Zukunftsbestimmung. Die Kinder lassen es nicht zu, daß man ihr Sein auf die Gegenwart verkürzt. Die Frage bleibt offen, offen auch die Möglichkeit, die Existenzangst zu bewältigen, solange die Eltern sie nicht für sich und auch für ihre Kinder beantworten. Die Situation, in der das Kind seine Frage anbringt, wird meistens von ihm selbst bestimmt. Oft finden die Eltern im Augenblick die Frage unplaziert oder auch unbequem. Man sitzt gerade im Zug, im Wartezimmer des Arztes, andere Kinder sitzen mit um den Kaffeetisch, oder auch Erwachsene, die es doch eigentlich nichts angeht, wie man mit seinen Kindern über so eine wesentliche Frage reden will. Das Kind muß aber eine Antwort bekommen. »Woher kommen die Kinder?« »Sie wachsen in der Mutter.« »Wie kommen sie hinein?« »Die Mutter hat alles, was dazu nötig ist, immer schon im Bauch. Der Vater muß noch etwas dazu tun.« »Und wie kommen sie heraus?« »Die Mutter hat zwischen den Beinen, in der Scheide, eine Öffnung, die sich so weit dehnen kann, daß ein Kind mit seinem Kopf zuerst hindurch kann.«

Diesen mageren Text kann man Kindern auch dann sagen,

wenn man Zuhörer hat, die man lieber nicht dabei hätte. Immer muß man aber seinen Kindern in Aussicht stellen, daß man ihnen so bald wie möglich alles ganz genau erzählen wird, wie dies alles bei ihnen selbst zugegangen ist. Man kann Bilder zur Verdeutlichung nehmen, die heute in der Aufklärungsliteratur für jeden Geschmack angeboten werden. Bei der Auswahl der Bilder muß vor allem darauf geachtet werden, daß der Vorgang der Geburt für Kinder, insbesondere für Mädchen, nichts Schockierendes hat. Geburten, die heute im Regelfall in Kliniken erfolgen, werden von den entbindenden Frauen selbst nicht als eine blutige Angelegenheit empfunden. Wenn Kindern, wie dies in verschiedenen Bildbänden der Aufklärungsliteratur der Fall ist, Neugeborene als blutverschmierte schreiende Bündel präsentiert werden, dann kann dies zu einem traumatisierenden Erlebnis werden.

Wichtiger als jegliche Verdeutlichung anatomischer Details durch Bilder ist es für Kinder, daß ihnen das erste Kapitel ihrer Lebensgeschichte so erzählt wird, daß es zum Erlebnis wird, das diese Eltern – oder deren Vertreter – mit diesem Kind teilen. Auf dieses Erlebnis sollten Kinder auch dann nicht verzichten müssen, wenn die ersten Antworten auf die Frage, woher die Kinder kommen, ein anderer als die Eltern, vielleicht die Kindergärtnerin oder Lehrerin gegeben hat. Keiner außer den Eltern kann das grundlegende Gespräch zur Geschlechtserziehung mit den Kindern so führen, daß Gefühle und Verstand in der für das einzelne Kind richtigen Weise angesprochen werden. Die Eltern sollen ihre Chance nützen. Sie haben sonst keinen Grund, sich zu beschweren, wenn andere ersatzweise tun, was die Eltern versäumen.

Die Geschichte vom Leben

Ich will versuchen, hier eine Art Rahmengeschichte zu erzählen. Diese Geschichte vom Leben ist ähnlich wie der goldene Schnitt der Schneiderin gedacht. Man kann ihn auf jede Größe, auf jede Situation hin passend machen:

Mit den Kindern ist das so: Wenn Mädchen auf die Welt kommen, dann bringen sie schon alles in ihrem Körper mit, was sie einmal brauchen, wenn sie Kinder haben wollen. Weil die Mädchen noch klein und keine fertigen Frauen sind, ist auch all dies, was sie zum Kinderkriegen brauchen, noch winzig und unfertig. Da ist vor allem ein riesiger Vorrat an winzigen Eiern. Es sind Hunderttausende, von denen eines dann, wenn es reif ist, nicht größer ist als ein Nadelstich. Die Eier liegen in den sogenannten Eierstöcken im unteren Bauch. Sie heißen so, weil in ihnen die Eier so dicht beieinanderliegen wie die Bienen im Bienenstock. Wenn das Mädchen wächst, dann wachsen auch die Eierstöcke. Sie werden ungefähr so groß wie Walnüsse. Auch die Eier wachsen. Außer den Eierstöcken braucht die Frau noch einen Platz in ihrem Bauch, in dem das Kind neun Monate lang leben kann. Denn so lange braucht ein Kind, bis es so fertig und groß ist, daß es außerhalb des Bauches der Mutter leben kann. Dieser Raum, in dem das Baby heranwachsen kann, heißt Gebärmutter. Nicht, daß dort eine kleine Mutter säße, die das Kind schaukelt. Es ist vielmehr so: Die Gebärmutter sieht aus wie eine hohle Birne, die wie vieles am Menschen aus Haut und Blutgefäßen gemacht ist. Die Gebärmutter ist ein Hohlmuskel. Ob nun Eier, Eierstock, Gebärmutter und was sonst noch alles dazu gehört, bald so weit sein werden, daß alles groß und reif genug ist, sieht man dem Mädchen auch äußerlich an. In den Bauch kann man ja nicht hineinschauen. Das Mädchen wächst und bekommt äußerlich das Aussehen einer Frau. Sie bekommt Haare unter den Armen und unten am Bauch, dort wo die Scheide angeht. Und sie bekommt einen Busen. Die Brüste braucht sie auch, um später einmal die Babys daraus die Milch trinken zu lassen.

Eines Tages merkt das Mädchen aber noch an etwas ganz anderem, daß ein Ei in ihm reif geworden ist. Das ist, wenn es zwischen zwölf und fünfzehn Jahren alt ist. Wenn seine Eltern ihm nicht schon jahrelang vorher gesagt hätten, daß dies so kommen wird, dann würde es vielleicht erschrecken und Angst bekommen. So aber freut es sich. Es merkt nämlich, ohne daß es weh getan hätte, daß aus der Scheide ein bißchen Blut fließt. Und nun weiß es, daß aus ihm das erste reife Ei gekommen ist. Es konnte kein Kind aus dem Ei werden und es konnte deshalb auch nicht im Bauch des Mädchens bleiben. Warum? Das Mädchen hatte noch keinem Mann erlaubt, in es hineinzugießen, was es braucht, damit aus dem Ei in ihr ein Kind werden kann. Die Frau kann nämlich niemals allein ein Kind bekommen. Sie braucht immer einen Mann dazu. Deshalb hat auch jedes Kind seinen eigenen Vater. Man sieht das oft schon äußerlich daran, daß Kinder nicht nur der Mutter, sondern auch dem Vater ähnlich sehen. Ein Mädchen erlaubt erst dann einem Mann, ihm zu einem Kind zu verhelfen, wenn es erwachsen genug ist und genügend gelernt hat, um ein Kind auch versorgen und erziehen zu können. Und auch der Mann muß so tüchtig und klug sein, daß er weiß, was ein Kind braucht und dafür sorgen kann, daß es dies bekommt. Mädchen und Jungen schauen sich deshalb ihre Freunde genau an. Und wenn sie sich gut genug kennen und sich auch gerne haben, und wenn sie wissen, wo sie wohnen und wo sie arbeiten, dann wünschen sie sich oft auch ein Kind. Die allermeisten Eltern heiraten vorher, oder zumindest dann, wenn sie wissen, daß ein Kind kommt. Manches Mal klappt es nicht so, und das Kind lebt dann meist später mit der Mutter allein. Diese heiratet vielleicht später einen anderen Mann, der dann alles das für das Kind tut, was ein Vater eben macht. Oft gibt er ihm auch seinen Namen. Was der Vater nun eigentlich machen muß, damit aus der Frau ein Kind kommt? Er sorgt dafür, daß der Samen, den er im Körper hat, in die Frau so hineinkommt, daß Same und Ei verschmelzen können. Man sagt dazu, daß das Ei befruchtet worden sei. – Auch ein Junge braucht nun viele Jahre, um den Körper eines Mannes zu bekommen und noch länger, um so erwachsen zu sein, daß er ein Vater werden darf. Wenn er zur Welt kommt, dann bringt auch er schon alles, wenn auch noch unfertig, mit auf die Welt, was er braucht, um Kinder zu zeugen. So nennt man es, wenn ein Mann einem Kind zum Leben verhilft. Beim Jungen kann man die Körperteile, die dazu wichtig sind, die männlichen Geschlechtsorgane also, besser sehen als beim Mädchen. Sie sitzen außen auf dem Unterbauch und sind nicht innen im Unterbauch, wie das beim Mädchen der Fall ist. Es sind dies die Hoden und das Glied. Die Hoden liegen rechts und links vom Glied in den Hautsäckchen. In ihnen liegen winzige Samen, so klein, daß man sie mit bloßem Auge nicht sehen kann. Wird der Junge größer, dann wächst alles an ihm, auch die Geschlechtsorgane wachsen. Und eines Tages bemerkt der Junge, daß aus seinem Glied eine andere Flüssigkeit herausgekommen ist, als er dies vom Wasserlassen her gewöhnt war. Meist geschieht dies das erste Mal im Schlaf und der Junge hat dabei ein sehr schönes Gefühl. Er weiß nun, daß sein Körper reife Samen hat, die nur mit einem Ei, das in der Frau ist, zusammenkommen müßten, dann könnte es ein Kind geben. Mann und Frau, die sich so gern haben, daß sie immer miteinander leben möchten, die sind auch zärtlich miteinander. Wenn sie nun ein Kind wollen, dann sorgen sie dafür, daß sie sich so nahe kommen, daß das Glied des Mannes in die Scheide der Frau eindringen kann. Dies ist deshalb möglich, weil das Glied steif und groß werden kann, wenn der Mann sich auf seine Frau und das Zusammensein mit ihr freut. Die Samen, die dabei aus dem Glied herauskommen, fließen dann direkt in den Bauch der Frau. Dort kann ein Samen in ein reifes Ei kommen, und dann entsteht ein Kind. In seltenen Fällen kommen auch einmal zwei Samen zur gleichen Zeit in zwei Eier, dann entstehen Zwillinge, die sich aber gar nicht ähnlich sehen müssen. Das vom Samen befruchtete Ei kann durch einen Schlauch, den Eileiter, in die Gebärmutter wandern. Diese hat sich schon darauf vorbereitet, das Ei aufzunehmen. In der Frau, die Mutter wird, verändert sich nun mancherlei. So braucht das Kind eine Möglichkeit, etwas von dem Essen abzubekommen, das die Mutter ißt. Es könnte sonst nicht wachsen. Ein Kind im Mutterleib kann natürlich nicht essen wie ein Kind, das schon geboren ist. Und auch Babys brauchen eine ganze Zeit die Brust der Mutter oder die Flasche. Im Bauch der Mutter wächst noch etwas, das heißt »Mutterkuchen«. Natürlich ist das kein Kuchen, wie ihn der Bäcker macht. Er besteht vor allem aus Blutgefäßen. Denn das Wichtigste von dem, was die Mutter ißt, das geht in ihr Blut. Das Blut trägt die winzigen Essensteilchen überall im Körper dahin, wo sie gebraucht werden. Das Blut der Mutter kommt auch zum Mutterkuchen. Der läßt nur so viel durch, wie das Kind gebrauchen kann. Weil das Nikotin der Zigaretten und der Alkohol von Wein und Bier auch durch den Mutterkuchen zum Kind kommen können, deshalb rauchen Frauen, die ein Baby bekommen, nicht und trinken auch keinen Alkohol. Die Babys mögen das nicht. Wie sehr es dem Kind schmeckt und wie groß es in der Mutter wird, sieht man der Frau auch äußerlich an. Sie bekommt einen immer größeren Bauch. Je näher die Zeit herankommt, zu der das Kind auf die Welt kommen soll, um so mehr merkt die Frau, daß das Kind immer schwerer wird. In der Straßenbahn fällt es ihr oft schwer zu stehen, und sie kann auch nicht mehr so schwer tragen. Frauen, die arbeiten gehen, dürfen deshalb acht Wochen vor der Entbindung zu Hause bleiben. Sie bekommen weiterhin das Geld, das sie sonst auch verdienen. Sie haben jetzt Zeit, alles, was noch nötig ist, für ihr Kind vorzubereiten und zu besorgen. Sie schauen sich das Krankenhaus an, in dem das Kind auf die Welt kommen soll. Sie lernen den Arzt und die Frau, man nennt sie Hebamme, kennen, die dabei sein werden, wenn das Kind zur Welt kommt. Ob die Frau krank ist? Die Abteilung im Krankenhaus, in der die Babys geboren werden, ist eine lustige Abteilung. Den ganzen Tag quäken irgendwo Kinder, die Mütter freuen sich, weil sie endlich haben, worauf sie neun Monate gewartet haben, die Väter, Großeltern und Nachbarn kommen mit Blumensträußen für die Mutter und Babysachen für das Kind und machen Besuche. Im Krankenhaus ist die Abteilung deshalb, weil die Frau immer jemanden braucht, der ihr hilft, das Kind gut zur Welt zu bringen. Früher haben das die Großmütter oder die Nachbarinnen gemacht. Aber sie haben es nicht so gut gekonnt, wie die Frauen, die das gelernt haben. Und der Arzt ist deshalb da, weil es manchmal doch sein kann, daß das Kind sich etwas falsch herumdreht und den Ausgang aus der Mutter nicht findet. Da muß der Arzt helfen. Und der Mutter tut es gut, wenn sie sich einige Tage ausruhen kann und gepflegt und verwöhnt wird. Wenn das Kind aus der Scheidenöffnung herausgekommen ist, dann sieht man erst richtig, wie Kind und Mutter miteinander verbunden sind. Vom Mutterkuchen ist nämlich ein Schlauch direkt zum Bauch des Kindes gewachsen. Dieser Schlauch aus Blutgefäßen heißt die Nabelschnur. Diese muß durchgetrennt werden, sonst kann das Kind nicht selbständig zu leben anfangen. Das spüren weder die Mutter noch das Kind. Sofort nach der Geburt aber fängt das Kind zu schreien an. Dieser erste Schrei ist der Begrüßungsschrei des Kindes in dieser Welt. Es gebraucht dazu erstmals seinen eigenen Atem, dem ihm die Lungen verschaffen. Dieser Schrei zeigt der Mutter und auch dem Vater, wenn er dabei ist, daß das Kind lebt. Deshalb macht er sie auch glücklich.

Hat man die Geschichte bis hierher erzählt, dann kommt erst das Wesentliche. Das Kind erfährt nun, was für sein eigenes Leben wichtig ist: Wie lange man auf den Sohn oder die Tochter gewartet hatte. Ob man ungeduldig geworden war oder etwas überrascht worden ist. Wie alt die Eltern damals waren. In welcher Stadt man damals gelebt hat. Ob man das Krankenhaus einmal aufsuchen kann, in dem das Kind den ersten Lebensschrei von sich gegeben hat. Wann eventuell die Großeltern davon gehört haben. Wieviel das Kind gewogen hat, wie lang es war. Was der Vater als erstes gesagt hat. Warum ihm gerade der und kein anderer Name gegeben worden ist – und was einem noch alles einfallen kann.

In dieser Weise findet man auch den Ansatz, den man braucht, um Ausnahmen von der Regel zu erklären: Daß Eltern sich getrennt haben oder es nicht zur Ehe kam. Daß Kinder in ein Heim gegeben werden mußten, daß sie adoptiert worden sind oder einen Pflegevater oder eine Pflegemutter gefunden haben. Das Kind muß erfahren, daß die Zeit nach der Geburt die eigentlichen Schicksalsstunden für das Kind sind, wenn es nämlich von den leiblichen oder anderen Eltern ganz angenommen werden muß. Für adoptierte Kinder ist dieser Akt der Aufnahme natürlich von zentraler Bedeutung. Die Eltern dieser Kinder müssen es verstehen, ihren Kindern begreiflich zu machen, daß sich Elternschaft auch auf zwei Elternpaare erstrecken kann. Daß diejenigen, die einem Kind das Leben geben, nicht immer auch die sein können, die einem Kind durch das Leben die Treue halten. So bewahren sie sich selbst vor der ungerechtfertigten Abwertung, »nur« Ersatz zu sein. Gleichzeitig können sie unbefangener über die leiblichen Eltern eines Kindes mit ihm sprechen. Sie verstehen und machen verständlich, daß die leiblichen Eltern zum allerersten Kapitel der Lebensgeschichte ihrer Kinder gehören und daß es Aufgabe der Eltern ist, den Kindern zu helfen, dieses Kapitel auch zu bewältigen. Allen Eltern, aber besonders alleinerziehenden Müttern tut es gut, wenn sie in einen Kreis von Eltern finden, die sich über Erziehungsfragen und Lebensprobleme unterhalten. Sie entgehen dann leichter der Gefahr, ihre Kinder nicht nur zu Gesprächspartnern, sondern auch zu Problempartnern zu machen. Kinder können aber weder in diesem noch im anderen Sinne Lebenspartner ihrer Eltern sein. Sie müssen sich im Gegenteil von ihnen lösen, um partnerschaftsfähig zu werden. In unserer Zeit, die die partnerschaftliche Erziehung als die kindgemäße propagiert, wird dieser Zusammenhang nicht selten verwischt.

Noch ein Wort zum Vokabular

Die Rahmengeschichte, die ich hier erzählt habe, eignet sich natürlich nicht zu einer einmaligen Information im Sinne biologisch verstandener Aufklärung. Sie bietet lediglich den Stoff und einige Formulierungsvorschläge für ein Gespräch, das zwischen

Eltern und Kindern in Gang gekommen ist, und das über Monate und Jahre hin immer wieder aufgenommen wird. Dabei wird sich zeigen, daß das Kind einen Gedanken, einen Erfahrungsbereich immer wieder umkreist und jeweils neue Fragen dazu stellt, bisweilen auch alte Fragen wieder aufgreift. Das Kind erarbeitet sich Neues nicht in der Denk-Geraden, sondern in Spiralen. Es denkt wie der Philosoph. Bei diesen Gesprächen müssen auch Begriffe verwendet werden, die dem Kind erst verständlich gemacht werden müssen. Vielen Autoren, die heute Bücher zur Geschlechtserziehung vorlegen, erscheinen die deutschen Bezeichnungen für die Geschlechtsorgane nicht sinnvoll verwendbar zu sein. Den einen sind sie zu wenig anschaulich, den anderen zu bildhaft. Übereinstimmend vertrauen fast alle der Bildhaftigkeit der Sprache weniger als der Aussagekraft der Fotografie oder der realistischen Zeichnung. Der Transparenz der Gefühle durch das Wort wird weniger Bedeutung beigemessen, als der wertfreien Information durch das anatomische Detail. Das Gespräch wird reduziert auf Kommentare zu Bildern. Der Primitivität der Bilder entspricht nicht selten die der Kommentare. So, wenn beispielsweise die Erektion des Gliedes – mehrfach fotografiert – schließlich als ein so steif gewordener Schwanz beschrieben wird, daß man eine Handtasche daran hängen kann. Zu welchen Diensten sich doch die Ritter unserer Tage verstehen müssen!

Andere lehnen die üblichen deutschen Bezeichnungen für die Geschlechtsorgane ebenfalls ab. Sie wollen sie nicht durch die Vulgärsprache, sondern im Gegenteil durch die Fachsprache der Medizin ersetzen: Glied–Penis; Gebärmutter–Uterus; Mutterkuchen–Placenta; Eierstöcke–Ovarien; Jungfernhäutchen–Hymen. Man staunt, wie man auf verschiedenen Wegen immer wieder zum gleichen Ergebnis kommen kann. Die prüden Erzieher früherer Zeiten mochten die deutschen Namen für die Geschlechtsorgane nicht gebrauchen, da sie zu deutlich waren. Sie retteten sich in die Fachsprache der Medizin und wiesen die Geschlechtlichkeit des Menschen damit der Anatomie zu. Den

Modernen vermitteln die deutschen Bezeichnungen offensichtlich zu viel Gefühlswerte. Man greift ebenfalls zur Medizinersprache, die sich anscheinend exakter für Bildunterschriften eignet.

Wenn wir einmal damit anfangen wollten, die Anschaulichkeit, die Bildhaftigkeit aus der Sprache herauszufiltern, dann müßte sich selbst die Sprache der Technik eine Säuberung gefallen lassen.

Ich bin sicher, daß dort, wo Eltern und Kinder überhaupt miteinander im Gespräch sind, wo sie Gefühle und Gedanken austauschen, sie auch die richtigen Worte finden, um die Wirklichkeit zu beschreiben, wie sie sie kennen und fühlen. Die Fähigkeit, auch Gefühltes sagen und begreifen zu können, ist ein wesentlicher Beitrag zur Geschlechtserziehung. Wie weit muß einer von seinen Gefühlen weg sein, der mit anderen »über die Motive diskutiert, die zur Lösung der libidinös besetzten Beziehung zu einem Mädchen führte, das sich einen anderen Kommunikationspartner gewählt hat.« Wer nicht zu lachen und nicht zu weinen wagt, der kann auch nicht lieben. Dies sollten auch die Eltern bedenken, die ihre Söhne zu gefühlsbeherrschten Männern erziehen und die Gefühle lediglich den Frauen gestatten wollen.

Bis zur Einschulung der Kinder haben die Eltern deren Erziehung noch weitgehend in der Hand. Zwar spielt in vielen Fällen der Kindergarten bereits eine entscheidende Rolle als Miterzieher. Bislang war es auch nicht möglich, immer einen Kindergarten zu wählen, dessen Erziehungsziel und Erziehungsstil mit dem des Elternhauses übereinstimmte. Man mußte den Platz dort annehmen, wo es ihn gab.

Im Hinblick auf die Förderung der sozialen Reife eines Kindes vor dem Eintritt in die Schule ist es wünschenswert, daß ein Kind nach dem vierten Lebensjahr zu einer Kindergruppe in einem Kindergarten gehört. Der Miterzieher Kindergarten soll nunmehr befragt werden, welche Ziele im Bereich der Geschlechtserziehung verfolgt werden.

Dabei wird es selbstverständlich sein, immer wieder auf die Familienerziehung zurückzublenden. Ein Kind pflegt seine Erfahrungen, gleich wo es sie macht, in seinen eigensten Lebensbereich miteinzubringen, auszuleben und zu verarbeiten. Dies kann direkt und indirekt geschehen. Die Eltern müssen dies wissen und beachten.

WAS KÖNNEN ERZIEHER UND ERZIEHERINNEN IM KINDERGARTEN VON DEN ELTERN ERWARTEN?

Es ist heute weithin keine Frage mehr, ob Kinder den Kindergarten besuchen sollen oder nicht. Die Geschwistergruppen in den Familien sind selten geworden, seitdem die Einkind- und Zweikinderfamilien die Regel geworden sind. Zudem fehlt in den meisten Fällen ausreichender Spielraum in den eigenen vier Wänden und außerhalb der Wohnung, um den Kleinkindern ein bewegungsreiches und kreatives Spielen zusammen mit anderen, vor allem den Nachbarskindern, zu ermöglichen. Aber auch die selten gewordene kinderreiche Mutter wird kaum darauf verzichten wollen, ihre Kinder im entsprechenden Alter dem Kindergarten anzuvertrauen. Sie braucht dies schon zu ihrer eigenen Entlastung. Die berufstätige Mutter ist ohnehin in den meisten Fällen auf den Kindergarten angewiesen.

Übrigens ist hier der Unterschied zwischen Stadt und Land vergleichsweise gering.

Mit diesen Bemerkungen soll nun aber keinesfalls der Eindruck erweckt werden, als sei die Kindergartenerziehung lediglich ein Ersatz, ein Ausgleich für fehlenden häuslichen Spielraum oder diene nur der Entlastung der überforderten Mutter. Der Kindergarten stellt vielmehr die erste Kollektiverziehung – vor der Schule – dar und ist deshalb von großer Bedeutung für das Kleinkind, zugleich auch ein Prüfstein, ob es mit der Gemeinschaft zurechtkommt. Die Kindergruppen sind von der Größe und Zusammensetzung her dem Entwicklungsstand des Kleinkindes angepaßt oder sollten es zumindest sein, und unterscheiden sich dadurch grundsätzlich von der Geschwistergruppe. In der Geschwistergruppe haben es die Jüngeren in der

Regel schwer, sich gegen die Älteren durchzusetzen, und den Großen mißlingt nicht selten die ihnen abverlangte Rücksichtnahme auf die Kleinen und Schwächeren.

Wie nun die Einschulung des Kindes die Schulreife voraussetzt, so muß ein Kind auch kindergartenreif sein, wenn es dort bestehen und sich behaupten soll. In der Regel sollte ein Kind nicht vor dem vollendeten vierten Lebensjahr in den Kindergarten gegeben werden. In den Zeiten, in denen man Kinder bereits kurz nach der Geburt für einen Kindergartenplatz vormerken lassen mußte, war die Gefahr verfrühter Aufnahme in den Kindergarten recht gering. Heute mag dies, regional verschieden, wieder anders sein. Ob auch ein jüngeres Kind bereits in den Kindergarten gegeben werden kann, hängt natürlich auch davon ab, ob es einen ganzen Tag oder nur einige Stunden in dieser Gemeinschaft verbringen soll. Auch davon natürlich, wie groß die Kindergruppe, wie groß die Anzahl der Erzieher ist. Auch die Persönlichkeit des Kindes spielt eine Rolle. Gewisse Eingewöhnungsschwierigkeiten des Kindes sind in den meisten Fällen zu erwarten und normal; sollte ein Kind aber über einen langen Zeitraum in der Kindergemeinschaft auffallen, durch Aggressivität, Ängstlichkeit oder Rückzugsverhalten beispielsweise, sollte den Ursachen der Auffälligkeit nachgegangen werden. Im Kindergarten zeigen sich bei einzelnen Kindern Tendenzen zu Fehlentwicklungen, die später in der Schule zum Problem, auch zum Leistungsproblem, werden können. Das Kind, das beispielsweise nicht ausdauernd und sinnvoll spielen kann, tut sich späterhin schwer, zu lernen und zu leisten. Je frühzeitiger eine Schwierigkeit erkannt und ergründet wird, um so nachhaltiger kann sie beseitigt, kann geholfen werden.

Von Bedeutung ist auch die Wahl des Kindergartens. In der Regel wird sie danach getroffen, wie leicht die Einrichtung von der Wohnung aus zu erreichen ist. Wäre es doch geradezu ideal, wenn das Kind nach einer gewissen Trainingszeit den Weg alleine meistern könnte.

Von Bedeutung sind auch die Erziehungsziele, die die Träger der Kindergärten entsprechend ihrer Verschiedenheit anstreben, auch wenn diese sich in der Praxis meist nicht ganz konsequent verwirklichen lassen. So nehmen auch sogenannte konfessionelle Kindergärten nahezu durchwegs Kinder verschiedenster Konfessionen oder konfessionslose auf. Die muslimischen Kinder unserer türkischen Mitbürger machen das Bild noch farbiger.

Wohnungsnähe allein sollte daher nicht das Kriterium sein, das die Wahl des Kindergartens bestimmt. Gerade im Hinblick auf die Geschlechtserziehung, die im Kindergarten bereits ein wichtiger Teil der Gesamterziehung ist, sollte gewährleistet sein, daß Familienerziehung und Kollektiverziehung einigermaßen harmonisch aufeinander abgestimmt sind.

Sozialisation

Wie wichtig Kollektiverziehung als Ergänzung zur Familienerziehung im Leben eines Kindes ist, und wie notwendig, daß Eltern sich darum kümmern, wie diese praktiziert wird, haben uns nicht zuletzt jene Initiativen gezeigt, die als Kinderläden bekannt geworden sind. Beispielhaft ist dort die Mitbeteiligung der Eltern. Ihr Engagement zeigt, wie wichtig sie die Zeit vor der Einschulung in bezug auf die Erziehung ihrer Kinder einschätzen. Als Vertreter einer progressiven Erziehung sprechen sie – wie viele Berufserzieher und Lehrer an den Ausbildungsstätten übrigens auch – nicht mehr von Erziehung, sondern von Sozialisation. Dieser Begriff ist der Verhaltenspsychologie entnommen, die heute weithin zur Grundlage der Pädagogik gemacht wird. Als Sozialisation wird der psycho-soziologische Prozeß verstanden, mit dem sich der Einzelne in die Gesellschaft eingliedert. Diese Sozialisation beginnt und vollzieht sich weithin im Rahmen der Familie. Das Kind ist bei der Geburt keineswegs, wie beispielsweise die Tierjungen, mit den meisten jener Mechanismen ausgestattet, die es braucht, um überleben zu können. Die Familie hilft ihm, sich den täglichen Lebensbedingungen anzupassen. Sie formt das Kind in seinem Verhalten, in seinen Gefühlen, seinem Denken und seinem Handeln. Es lernt nach und nach, das Lustprinzip dem Realitätsprinzip unterzuordnen. Realität meint hier auch menschliche und soziale Realität im weitesten Sinne – funktionelle und affektive Beziehungen zwischen den Individuen, zu den Institutionen, den Sitten und Gebräuchen und den Gesetzen. Diese Prägung durch den ersten Sozialisationsprozeß bringt das Kind in andere Sozialisierungsbereiche mit ein: Der wesentlichste neben der Schule dürfte heute der Kindergarten sein. Sofern die Konditionierungsprinzipien zwischen den einzelnen Sozialisierungsbereichen nicht übereinstimmen, werden dem Kind verschiedene Verhaltensmuster zur Bewältigung des Lebens vorgestellt. Dies betrifft seinen Rollenstatus in der Kindergruppe, sein eigenes Rollenverständnis, seine Beziehungen zum anderen Geschlecht und seine Einstellung zur dauerhaften Paarbindung, zum Beruf, zum Staat, zur Kirche. Auch die Geschlechtserziehung ist so verstanden ein Sozialisationsprozeß, der von der autoerotischen Haltung des Kleinkindes über die vorrangige Befriedigung der eigenen Bedürfnisse hinausführt zur Befähigung des jungen Erwachsenen zur körperlichen und seelischen Vereinigung in der Paarbeziehung.

Es muß Eltern interessieren, welches Sozialisationsprogramm der Kindergarten hat, in den sie ihre Kinder schicken. Sie müssen sich dafür interessieren, wie dies theoretisch lautet und wie es praktisch durchgeführt wird. Sie müssen wissen, ob sich ihr eigenes Erziehungsprogramm mit dem des Kindergartens in Übereinstimmung bringen läßt. Dabei geht es um die grundsätzliche Einstellung zur Familie, zur Gesellschaft und um die Vorbereitung auf Schule und Arbeitswelt.

Zweifellos können die Eltern nicht annehmen, daß die Erzieherinnen und Erzieher, die in Kindergärten tätig sind, sich nur als Vollstrecker der erzieherischen Absichten der Eltern verstehen. Besonders wenn diese sich weithin nur auf das Einhalten bestimmter Spielregeln im Tagesablauf und etwa auf die Sauberkeit von Händen und Kleidern erstrecken.

Andererseits müssen Eltern schon gründlich darüber nachdenken, wohin es führen wird, wenn Kindergärten ähnlich wie die Schulen einen eigenständigen Erziehungsauftrag für sich in Anspruch nehmen. Denn das könnte bedeuten, daß dem Kind bereits im vierten Lebensjahr geschehen kann, wovon es heute in der Grundschule bedroht ist: Leben in zwei divergierenden Sozialisationsfeldern. Das Kind formt sein Bild von der Welt und von sich selbst nicht, wie heute vielfach der Anschein erweckt wird, dadurch, daß es verschiedenste Informationen über Fakten und Spielregeln des Lebens sammelt, sondern dadurch, daß es sich Eigenschaften und Verhaltensweisen jener Menschen einverleibt, mit denen es in starker Gefühlsbeziehung steht. Die Psychoanalyse benennt diesen Vorgang Identifikation, die Lerntheoretiker sprechen von Selbstverstärkung, Christen sprechen davon, daß das Gewissen gebildet wird und das Bild von der Welt sich formt. Es kann Eltern nicht gleichgültig sein, welche Identifikationsangebote ihren Kindern gemacht werden. Noch wichtiger scheint es mir aber zu sein, daß das Kind bereits zu diesem Zeitpunkt die von Gott geschaffene Welt als lebenswert begreift – und dies trotz all ihrer Unzulänglichkeit.

Abgesehen davon, daß Kindergartenplätze zunehmend mehr zur Verfügung stehen und deshalb unter dem Angebot gewählt werden kann, haben die Eltern rechtlich gesehen die Möglichkeit der Mitbestimmung. In den meisten Ländern gibt es ein Gesetz, das jedem Träger eines Kindergartens die Verpflichtung auferlegt, einen Beirat zu wählen. In diesem Beirat müssen die Eltern angemessen vertreten sein.

Eine weitere Möglichkeit der Einflußnahme besteht in den Elternabenden. Noch immer klagen Erzieherinnen darüber, daß die Eltern so schwer zu solchen Gesprächsabenden zu gewinnen sind.

Wenn beispielsweise in Entwürfen zu Richtlinien für die Erziehung in Kindertagesstätten davon die Rede ist, daß der Sozialisierungsprozeß die Kinder zu kritischem Handeln, zur Solidarisierung, Selbstbestimmung und Selbstverwirklichung befähigen soll, dann sind das vorerst Leerformeln – wie weithin

»christliche Erziehung« auch. Man muß sich zusammensetzen und miteinander reden. Man muß seine Vorstellungen von Erziehung formulieren und gegebenenfalls auch Konsequenzen ziehen.

Wer überzeugt ist, daß gerade über die Geschlechtserziehung eine entscheidende Prägung des Kindes erfolgt und daß andererseits diese Prägungen auch das sexuelle Verhalten und das Lebensglück eines Menschen mitbestimmen, dem kann es nicht gleichgültig sein, was in dieser Hinsicht in einem Sozialisationsbereich geschieht, in dem die drei- bis sechsjährigen Kinder täglich mehr aktiv anwesend sind als im Elternhaus.

Aufgeschlossenheit

Auch heute gibt es noch junge Eltern, die meinen, sich um Geschlechtserziehung nicht kümmern zu müssen. Sie fassen es dann fast als eine Zumutung auf, wenn das Kind aus dem Kindergarten mit einem Wissen nach Hause kommt, das sie selbst als unbequem empfinden. Aufgeschlossenheit für das, was die Kinder angeht und was sie interessiert, ist aber das mindeste, was Erzieher von Eltern erwarten können. Dabei muß es keineswegs so sein, daß das Interesse der Kinder von den Erziehern direkt angestoßen wird. Kinder tauschen untereinander ihr Wissen aus. Erzieher müssen an diese Erfahrungen anknüpfen. Sie müssen beobachten, ob eines der Kinder sein Wissen in der Gruppe ausnützt, um damit anzugeben, weil es vielleicht sonst nicht angesehen ist. Und sie müssen darauf achten, daß sich das eine oder andere Kind nicht seiner Unwissenheit wegen zurückgesetzt und herabgemindert fühlen muß. Das heißt aber in der Praxis, daß das Thema Geschlechtserziehung sich schon deshalb auch im Kindergarten stellt, weil die Kinder es einbringen. Aber auch aus einem anderen Grund gehört Geschlechtserziehung zum Aufgabenbereich der Erzieher im Kindergarten.

Hinführung zur Schulreife

Die Hinführung zur Schulreife ist eines der erklärten Ziele der Vorschulerziehung. Dieses Erziehungsziel akzeptieren Eltern in der Regel sofort. In der Zeit, in der vorschulische Lernprogramme wie Frühlesemethode und Mengenlehre öffentlich diskutiert wurden, konnten die Erzieher im Kindergarten das höchste Interesse der Elternschaft vermerken. Zur Schulreife gehören aber noch viele andere, sogar wesentlichere Dinge. So zum Beispiel die Fähigkeit, sich in der Gruppe sowohl zu behaupten wie auch nachgeben zu können. Einen Auftrag als solchen zu erkennen und durchzuführen, ohne Rücksicht darauf, ob es Spaß macht; durch Mißerfolge nicht entmutigt, sondern vielmehr zu neuem Versuch und Durchhalten bei einer Sache angespornt zu werden. Das Realitätsprinzip muß das Lustprinzip mehr und mehr ablösen. Und es gehört ein klares Wissen über die Herkunft der eigenen Person und das Wissen über Zeugung und Geburt im allgemeinen zur Ausstattung eines Kindes, das man zur Schule schicken will. Immer wieder trifft man in der Sprechstunde der Erziehungsberatung sogenannte unkonzentrierte Kinder, die Schulschwierigkeiten haben. Vom Erziehungsberater wird nun erwartet, daß er dem Kind die Konzentrationsfähigkeit vermittelt. Am liebsten wäre dabei noch vielen Eltern, wenn diese Konzentrationsfähigkeit per Rezept aus der Apotheke besorgt werden könnte. Schaut man sich die Kinder näher an, so stellt man fest, daß bei ihnen keineswegs eine Störung der Konzentration vorliegt. Sie sind sogar im höchsten Maße auf eine Sache konzentriert, die sie aber leider mit den Eltern nicht besprechen können. So grübeln nicht wenige schon lange darüber nach, weshalb sie in der Schule plötzlich anders heißen, als sie zu heißen gewohnt waren – auf einmal ist der Name der Eltern nicht mehr ihr eigener Name. Es genügt nicht, einem solchen Kind zu sagen, daß die Mutter früher auch so geheißen habe. Man muß ihm in allen Einzelheiten seine Lebensgeschichte erzählen. Und man sollte, wenn man schon zugelassen hat, daß das

Kind den Namen seiner Mutter und seines vermeintlichen Vaters geführt hat, prüfen, ob der Stiefvater nicht eine Namensgebung veranlassen kann. Die erste Voraussetzung dafür, daß ein Kind leistungsfähig wird, ist, daß es sich sicher fühlt. Das setzt voraus, daß es seiner selbst sicher ist: in seinem Namen, in seinem Geschlecht, in seinen Familienbeziehungen, in seinem Freundeskreis. Hier schon deutet sich an, in welchem Maße Leistungsfähigkeit auch etwas mit Geschlechtlichkeit und deren sicherer Einordnung in das Personganze zu tun hat.

Zusammenarbeit von Eltern und Erziehern

Je jünger ein Kind ist, um so weniger Irritierung verträgt es. Es braucht sichere Verhaltensmuster. Mit diesem der Verhaltenstherapie entnommenen Begriff verträgt sich durchaus die alte Definition von Erziehung: Gute Gewohnheiten bilden. Deshalb ist es notwendig, daß Eltern und Erzieher ihre Erziehungsvorstellungen zumindest austauschen, damit man darüber sprechen kann. Der richtige Ort dafür ist der regelmäßige Elternabend. Sollte es vorkommen, daß der Kindergarten solche Elternabende nicht anbietet, dann müßten Eltern sie fordern. Man kann es beispielsweise nicht hingehen lassen, wenn im Kindergarten Jungen und Mädchen gemeinsam duschen, während zu Hause die Geschwister nach Geschlechtern getrennt das Badezimmer benützen müssen. Man kann es nicht einfach auf sich beruhen lassen, wenn ein Kind im Kindergarten erfährt, daß alle Kinder einen Vater haben, ihm selber ist bislang aber gesagt worden, daß es keinen habe. Erzieher können aber auch nicht die Kleinen über den Intimverkehr der Eltern unter Verwendung von Bildmaterial aufklären, ohne daß die Eltern davon wissen und mitbestimmen können, wie dies geschehen soll.

»Kinderfreunde«

Ein wichtiges Thema, das gemeinsam überlegt sein will, ist auch das der »Kinderfreunde«.

Obwohl man heute in der Öffentlichkeit sehr zurückhaltend gegenüber sexuellen Perversionen geworden ist, kommt man doch nicht umhin, die Kinder rechtzeitig darauf vorzubereiten, daß es solche Anomalien gibt. Man kann nicht zulassen, daß Kinder aus Unwissenheit Opfer von Menschen werden, die sexuell abnorm reagieren. Die *sexuelle Neugierde* ist ein Motiv für Kinder, sich von den »Kinderfreunden« etwas zeigen zu lassen. Je sicherer ein Kind ist, daß es weiß, was es wissen sollte, um so weniger Reiz haben andere Aufklärungsangebote.

Ein weiteres Motiv ist das *Verlassenheitsgefühl* eines Kindes. Ein Kind, das sich einsam, das sich nicht geliebt fühlt, geht schließlich auf jedes Angebot ein. Und es freundet sich nur zu willig auch mit dem an, der es als Opfer anlockt.

Angst kann ein ebenso starkes Motiv sein. Dies trifft besonders dann zu, wenn die Kinderverführer keine Fremden sind, sondern zur Familie oder zum Freundeskreis gehören. Es ist bekannt, daß die Zahl der Sittlichkeitsdelikte, die sich in diesem Rahmen abspielen, ungleich höher ist als bei Zufallsbegegnungen.

Die materielle Verlockung spielt eine besondere Rolle dann, wenn ein Kind sich ohnedies im Materiellen trösten muß, weil es zu wenig geliebt wird, aber auch dort, wo es nicht gelernt hat, auf Lustbefriedigung auch verzichten zu können. Wer etwas »um jeden Preis« haben will, der bezahlt eben auch jeden Preis. Ich habe den Eindruck, daß zumindest in den Großstädten das Strichjungengewerbe bereits jüngere Altersgruppen erfaßt als die bisherige Prostitution.

Wie werden die Kinder geschützt?

Die wichtigste Frage, auf die Eltern und Erzieher eine gemeinsame Antwort finden müssen, ist: Wie sind Kinder wirksam zu schützen?

Welche Verhaltensanweisungen prägen wir ihnen ein? Hierzu einige Vorschläge:

1. Für Kinder darf das nackte Aussehen von Kindern und Erwachsenen kein Geheimnis sein.
2. Kinder lernen, daß sie sich nur im vertrauten Kreis ausziehen.
3. Kinder lernen, daß ihre Geschlechtsorgane besonders wichtig und auch empfindlich sind. Deshalb sind sie meist bedeckt und niemand darf sie anfassen, der nicht auch sonst das Kind pflegt.
4. Kinder lernen, daß sie niemals zu jemandem oder mit jemandem gehen, ohne daß die Eltern oder Erzieher dies wissen. Das trifft auch für sehr kurze Zeitspannen mit guten Freunden zu. Bekanntlich nützt das Verbot »nicht mit Fremden zu gehen« deshalb nichts, weil man sich mit Kindern sehr rasch vertraut machen und so auch schnell zum »Kinderfreund« werden kann.
5. Kinder lernen, daß sexuelle Beziehungen zwischen Erwachsenen und Kindern verboten sind, weil Kinder hierzu noch zu klein sind, weil sie den Kindern schaden und auch Schmerzen bereiten.
6. Kinder lernen, daß sie weglaufen, wenn ein Erwachsener ihnen die Geschlechtsorgane zeigt und will, daß sie diese anfassen.
7. Kinder lernen, daß sie immer ihren Eltern und Erziehern Bescheid sagen, wenn ein Erwachsener sie am Geschlechtsteil berührt oder möchte, daß sie mit ihm heimlich in die Wohnung kommen.
8. Eltern lernen, daß sie ihren Kindern zwar natürlich, aber nicht in nackter Aufdringlichkeit begegnen. Eltern lassen sich von den Kindern nicht spielerisch an den Geschlechtsteilen be-

rühren. Ein Kind lernt, daß dieser Bereich kein Kontaktbereich zwischen Kindern und Eltern und sonstigen Erwachsenen ist.

9. Erzieher lernen wieder, Perversion als solche zu benennen. Wer selbst in Zweifel zieht, ob der sexuelle Mißbrauch von Kindern diesen überhaupt schadet, der kann sie auch nicht schützen.

10. Ob ein Vorkommnis der Polizei gemeldet wird, muß danach bemessen werden, ob irgendwelche Aussichten bestehen, daß ein Kinderverführer auch überführt werden wird. Sonst steht die Beunruhigung eines Kindes während eines Verfahrens tatsächlich in keinem Verhältnis zu dem Ergebnis. Kinder in Widersprüche zu verwickeln ist bekanntlich eines der einfachsten Dinge. Es ist bisweilen besser, die Polizei ohne Einbeziehung des Kindes darauf aufmerksam zu machen, daß in einer bestimmten Gegend ein Mann, der so und so beschrieben werden kann, aufgefallen ist.

11. Den Sexuell-Abwegigen, den Opfern ihrer eigenen Perversion, sollte nicht unser Zorn gelten, sondern die Bereitschaft, ihnen beizeiten zu helfen. Dies kann sicherlich eher in einer Klinik als in einem Gefängnis der Fall sein. Und das Gefängnis, wir vergessen dies zu oft, ist nicht billiger als eine Spezialbehandlung – aber erheblich weniger wirksam.

WAS DÜRFEN ELTERN VON DEN ERZIEHERN IM KINDERGARTEN ERWARTEN?

Solidarisierung für und nicht gegen die Familie

Es ist in den letzten Jahren bei uns Mode gewesen, gegen die Familie als Institution zu polemisieren und zu agitieren. Bereits Kinder sollten erkennen, daß die Eltern ihre eigenen Interessen auf Kosten der Kinder durchsetzen. Besonders die wirtschaftliche Abhängigkeit der Kinder wurde als Machtinstrument der Eltern »entlarvt«. Auch der soziale Status von Eltern, sofern er über dem von Arbeitern rangierte, wurde zum Problem der Kinder gemacht. »Interessen wahrnehmen, Verbündete suchen und durchsetzen«, wurde zum Lernziel nicht nur in den Schulen erklärt, sondern bereits im Kindergarten. Erzieher organisierten mit den kleinen Kindern Demonstrationen für die Durchsetzung von neuen Erziehungsformen (mehr Dreck!) und mehr Lebensraum (mehr Spielplätze!). Ein Happening der Demokratie oder Verschiebung der Verantwortlichkeiten?

Eltern, die ihre Kinder Gruppenerziehern anvertrauen, dürfen von ihnen erwarten, daß sie den für das Kind neuen Lebens- und Sozialisationsraum nicht gegen die Eltern stellen, sondern ihn als eine Erweiterung des Lebens- und Erfahrungsraumes des Kindes betrachten.

Anweisung zum kritischen Verhalten darf nicht bedeuten, daß dem Kind existentielle Sicherheit genommen, daß sein Vertrauen in die Eltern untergraben wird. Mißtrauen der Kinder ihren Eltern gegenüber vergiftet jedes Lebensklima. Eltern dürfen auch erwarten, daß der Erzieher im Kindergarten fähig ist, ein Kind mit seiner Umwelt – dazu gehören u. a. die Eltern und deren sozialer Status – anzunehmen. Er muß gelernt haben, seine eigenen Sympathie- und Antipathiegefühle richtig einzuschätzen und mit ihnen umzugehen. Das Kind darf nicht zum Objekt eines ideologischen Machtkampfes zwischen Erziehern und Eltern werden.

Vielmehr dürfen Mütter und Väter erwarten, daß die Berufserzieher im Kindergarten ihnen helfen, wenn das Verhältnis zwischen Eltern und Kindern gestört zu sein scheint. Das setzt gute Kontakte zwischen dem Kindergartenpersonal und einer Erziehungsberatungsstelle voraus, so daß Eltern dorthin weitervermittelt werden können. Eine Erzieherin wäre überfordert, wenn sie auch noch Familienberatung oder gar Familientherapie betreiben sollte.

Inhalt der Geschlechtserziehung im Kindergarten

Inhaltlich unterscheidet sich die Geschlechtserziehung im Kindergarten kaum von der, die im Elternhaus praktiziert wird. Das Kind erfährt die Fakten über Zeugung, Schwangerschaft und Geburt, lernt verstehen, weshalb es Jungen und Mädchen, Frauen und Männer gibt.

Der Unterschied zwischen den beiden Erziehungsbereichen liegt aber wesentlich in den verschiedenen Erwartungen, die Kinder an die jeweiligen Erwachsenen – an die Eltern in der Familie, an die Bezugspersonen im Kindergarten – herantragen.

Die Erwartung des Kindes an die Eltern heißt: Klärt mich auf über meine eigene Lebensgeschichte, mit der ihr in besonderer Weise etwas zu tun habt.

Sagt mir, zeigt mir, was es bedeutet, euer Junge oder euer Mädchen zu sein. Macht mir begreiflich, was es heißt, geliebt zu werden. Gebt mir die Chance, euch zu lieben. Lebt mir vor, wie man eine zufriedene Frau, wie man ein zufriedener Mann wird, wie man gerne Vater und gerne Mutter wird.

Die Erwartung, die das Kind an den Erzieher im Kindergarten hat, lautet: Zeigt mir, wie ich mit anderen Kindern, von denen jeder eine eigene Geschichte hat, zusammenleben kann. Zeigt mir, wie wir mit unserem Wissen von uns selbst, von der Welt, in der wir leben, von Gott, an den wir glauben, oder von dem wir gehört haben, in der Kindergruppe umgehen.

Je weniger allerdings die Eltern den Kindern gegenüber ihrer Rolle gerecht werden, um so mehr versuchen die Kinder, die Mutter- oder Vaterrolle der Erzieherin oder dem Erzieher im Kindergarten zuzuspielen.

Es gibt nicht wenige Kinder, für die die Kindertagesstätte zum eigentlichen Zuhause und das Elternhaus lediglich zur Schlafstelle geworden sind. In der Regel ist ein solcher Rollentausch jedoch nicht zum Besten aller Beteiligten. Die Erzieher können – um nur eines herauszugreifen – das Maß an körperlich spürbarer Zärtlichkeit, dessen ein Kind bedarf, für den einzelnen nicht aufbringen. Sie können und dürfen dem Anspruch auf ausschließliche Zuwendung, wie Kinder ihn eigentlich auf Eltern richten, nicht entsprechen. Andernfalls mobilisieren sie die Eifersucht der Gruppe und setzen das bevorzugte Kind den Aggressionen der anderen Kinder aus. Erzieher sollen niemals die Eltern ersetzen wollen, sondern lediglich dazu beitragen, daß diese ihre Aufgabe deutlicher sehen und besser erfüllen können.

Methodischer Unterschied

Die Geschlechtserziehung des Kleinkindes vollzieht sich in der Familie vor allem über die gelebte Beziehung zwischen Eltern und Kind, zum anderen über die erlebte Beziehung zwischen Vater und Mutter, sowie über das informierende Gespräch, das an die eigene Lebensgeschichte anknüpft.

In der Kindergruppe agiert das Kind Erlebtes und Erfahrenes aus. Dies vor allem im Spiel und hier insbesondere im Rollenspiel. Den Erziehern wird auf diese Weise nicht selten deutlich, welche Probleme das Kind zu Hause zu bewältigen hat; so können sie ihm entsprechende Hilfestellung leisten. Das Kind demonstriert im Spiel aber auch etwas von dem Erziehungsstil, der zu Hause geübt wird. Es zeigt beispielsweise etwas von der Frustrationstoleranz, die es hat, und die Erzieher können angemessen darauf reagieren. Es geht schließlich weder bei der Familienerziehung noch bei der Gruppenerziehung allein darum, Bedürfnisse zu befriedigen, sondern auch um das Training, Bedürfnisspannung auszuhalten.

Das Thema »Ein Baby kommt zur Welt« wird bevorzugt dann in der Kindergruppe gespielt, wenn eines der Kinder ein Geschwisterchen erwartet. In der Familie macht jedes der Mitglieder eben seine eigene Schwangerschaft durch. Dem Kind, das die werdende Mutter spielt, wird ein Kissen unter das Kleid gestopft, damit die Schwangerschaft auch augenfällig ist. Die Rollen der Hebamme, des Arztes werden bestimmt und nicht zuletzt die des werdenden Vaters und der bereits vorhandenen Kinder. In diesem Rollenspiel äußern die Kinder etwas von dem Wissen um Schwangerschaft und Geburt, das sie bisher erworben haben. Noch immer geschieht es dabei, daß eines der Kinder, das den Arzt spielt, sich mit einem symbolischen Messer – dem Lineal beispielsweise – ausstattet, um der »Mutter«, die man vorsorglich im umgedrehten Tisch zu Bett gebracht hat, den Bauch aufzuschneiden. Man kann beobachten, daß selbst sachgerecht informierte Kinder an diesem grausig-schönen Spiel eifrig mitwirken. Wie kommt das? Kinder lieben kräftige Farben, sie lieben die Übertreibung. Kinderbilder, stark abstrahierende Kinderzeichnungen zeigen uns dies. Gleichermaßen haben die Kinder ihre Freude an der dramatisch erzählten und dargestellten Geschichte. Wir wissen, daß es im Märchen kein bißchen zimperlich zugeht und beispielsweise dem Wolf der Bauch aufgeschnitten wird, damit die Geißlein herausgeholt werden können. Solche Spiele können aber auch eine Anfrage an die Erzieher sein, wer denn nun eigentlich Recht habe: Die Eltern, die sagen, daß das Kind bei der Geburt aus einer Öffnung herauskommt, die die Mutter in der Scheide hat, oder der kleine Junge, der so energisch das Messer schwingt und tut, was andere

Kinder erzählen. Es gibt schließlich auch Kinder, die mit Kaiserschnitt zur Welt gebracht worden sind, und sie erzählen in der Kindergruppe das, was sie über das Geborenwerden erfahren haben. Es können in diesem Spiel aber auch Ängste ausgelebt werden, die dadurch entstehen, daß die Kinder nicht oder nicht zutreffend aufgeklärt worden sind. Ihre Phantasie erarbeitet dann, was die Eltern ihnen schuldig geblieben sind.

Es ist beruhigend zu wissen, daß es heute kaum mehr Erzieher im Kindergarten gibt, die solche Spiele nicht zulassen. Es wird vielmehr so sein, daß die Erzieherin sich in das Spiel mit einläßt, ebenfalls eine Rolle übernimmt, um als Mutter, Vater, Hebamme oder Arzt richtigzustellen, was richtigzustellen ist. Schließlich geht es bei aller Erziehung, auch bei der Geschlechtserziehung darum, dem Kind die Sicherheit zu geben, mit der es einmal seine Lebensrollen befriedigend spielen kann. Es kann sein, daß während eines solchen Spiels gefragt wird, ob man bei den Mädchen nicht einmal nachschauen könne, wo das kleine Loch sei, aus dem später einmal Kinder kommen können. Haben Kinder ihr Spiel bereits auf diese Erkundung ausgedehnt, so sollte man ihnen bestimmt keine Vorhaltungen machen, oder ihnen gar sagen, daß sie unanständig seien. Das Doktorspiel wird immer wieder Anlaß sein, anatomische Forschungen zu betreiben. Grundsätzlich sollten Kinder voreinander aber so wenig zum Demonstrationsobjekt gemacht werden wie Eltern vor ihren Kindern. Um die Neugierde der Kinder zu befriedigen, genügt es, neben der anschaulichen Beschreibung eine ästhetisch vertretbar gezeichnete oder fotografierte Darstellung des Geburtsvorganges vorzulegen und zu erläutern. Es sind heute genügend Bücher zur Geschlechtserziehung im Vorschulalter auf dem Markt. Man kann geeignetes Material beschaffen. Eltern sollten sich dafür interessieren, welches Bildmaterial im Kindergarten verwendet wird. Besondere Vorsicht ist bei farbigen Bildern geboten. Alle Darstellungen, die suggerieren, daß es sich beim Gebären um eine »blutige Angelegenheit« handelt, ängstigen das Kind in der Regel stark und machen es besonders

Mädchen unmöglich, sich auf die Mutterrolle positiv einzustellen. In jedem Fall ist es wichtig, Kinder im Sexualbereich verbalisierungsfähig zu machen. Hier hat die Kindergartenerziehung besonders bei jenen Kindern eine Aufgabe zu erfüllen, deren Eltern zu einer solchen Verbalisierung selbst nicht in der Lage sind. Wir sind allesamt in der Gefahr, dem Anschauen, den visuellen Bildungsangeboten den Vorrang vor der verbalen Übermittlung zu geben. Aber muß das Volk der Fernseher sprachlich tatsächlich einem Verkümmerungsprozeß unterliegen? Gerade im Hinblick auf die emotionale Erziehung stellt sich dem Erzieher im Kindergarten die Aufgabe, Kinder nicht zu sprachlosen, sondern zu Menschen zu erziehen, die sich auch im Wort mitteilen können.

Dies ist ein wichtiger Aspekt der Sozial-Erziehung. Kultivierung der Gefühle ist nicht möglich ohne Kultivierung der Sprache. Wer allerdings meint, daß er den einfachen Menschen – der Unterschicht, wie es heute meist recht undifferenziert mit einem Lehnwort aus der soziologischen Fachsprache heißt – dann besonders nahe ist, wenn er zotig und ordinär redet, der ist nie mit einfachen Menschen umgegangen. Einfache Menschen haben es oft schwer, jemandem, dem sie zugetan sind, ihre Gefühle zu zeigen, weil sie nie gelernt haben, die richtigen Worte dafür zu gebrauchen. Sie empfinden aber sehr deutlich, daß die besonderen Gefühle auch der besonderen Worte bedürfen. Und sie bleiben eher stumm, als sich unpassend auszudrücken. Übrigens ist hiermit nicht etwa die Frage nach Dialekt oder Schriftsprache angesprochen. Auch in der Mundart kann man Gefühle ausdrücken – die Mundartdichter beweisen es. Umgekehrt bewahrt die Schriftsprache keineswegs davor, primitiv und inadäquat am Sachverhalt vorbei zu verbalisieren. Bei der Auswahl sexualkundlicher Literatur für das Vorschulalter sollte dem sprachlichen Ausdruck große Aufmerksamkeit geschenkt werden.

Das Vater- und Mutter-Spiel gehört noch immer zu den beliebten Rollenspielen der Kinder. Dabei wird in der Regel ausgespielt, wie das Kind die Beziehung zu seinen eigenen Eltern empfindet – oder aber, wie es sich sie wünscht. Für den Erzieher ist das Spiel auch deshalb interessant, weil es etwas davon verrät, mit welcher sozialen Rolle sich ein Kind bevorzugt identifiziert. Man wird nach dem Warum fragen müssen, wenn ein sechsjähriges Kind sich niemals die Rolle von Vater oder Mutter zutraut und statt dessen immer die Baby- und Kleinkindrolle für sich in Anspruch nimmt. Das gleiche gilt für den Fall, wenn ein Junge stets danach drängt, die Rolle der Mutter zu übernehmen. Er deutet dadurch möglicherweise an, daß seine an die Mutter gerichteten Bedürfnisse von ihr nicht beachtet oder abgewehrt werden. In einer Art Selbsthilfeversuch identifiziert er sich mit der Mutter und teilt sich spielerisch das zu, was er entbehrt. Daß dies zwar eine momentane Spannungsabfuhr, aber keine dauerhafte Lösung sein kann, liegt auf der Hand.

Im Vater–Mutter-Spiel spielt das Kind auch etwas von dem aus, wie Eltern miteinander als Ehepaar umgehen. Sie reden und arbeiten miteinander, sie gehen aus, sie streiten und sind auch zärtlich. So ist der Alltag. Der Zärtlichkeitsaustausch zwischen Eltern, den Kinder miterleben, unterscheidet sich erheblich von dem Liebesspiel eines Paares. Dieses duldet keine Zuschauer und keine Zuhörer. Diesem Sachverhalt wird in der Familie dadurch Rechnung getragen, daß Eltern dafür sorgen, die Kinder so früh wie möglich aus dem gemeinsamen Schlafzimmer auszusiedeln. Es besteht demnach kein Anlaß, das gemeinsame Schlafzimmer über das Spiel wieder in das Leben des Kindes zurückzubringen und die Kinder im Rollenspiel Liebesszenen Erwachsener mimen zu lassen. Man konnte solch verkrampfte Versuche vor einiger Zeit im Fernsehen beobachten. Ebenso unnötig und unsinnig ist es, eine Art »verbales Schlafzimmer« zu etablieren in der Weise, daß Vorschulkindern Details des Intimverkehrs beschrieben werden. Mit dem Angebot detaillierten Biologieunterrichts versucht offensichtlich die Schule einen Vorgriff bereits über die Kindergartenerziehung. In der Welt des kindlichen Spiels geht es, wie jeder weiß, der mit Kindern umgeht, nicht um realistische

Genauigkeit, sondern vielmehr um die Zuordnung. Ob das Kind glücklich ist, weil auch die Eltern glücklich sind, ist von Bedeutung. Ob Eltern dem Kind gegenüber ungerecht und verdrossen sind, weil sie sich selbst nicht gut sind, das hat Belang. Wer ein Kind verstehen will, der darf es nicht in Rollen drängen, die der Erwachsene vielleicht für sich gerne sieht. Er muß sich schon die Mühe machen, das Agieren des Kindes als dessen eigene Sprache zu deuten. Geradezu unerträglich ist es, wenn Erwachsene sich mit ihrer Erwachsenenphantasie in die Welt der Kinder eindrängen und ihnen Rollen aufzwingen, die sie weder spielen wollen noch können.

Zur erzieherischen Methode im Kindergarten gehört es auch, daß alles, was in der Kindergruppe geschieht, auch mit der Gruppe besprochen werden kann. Wenn in einem Kindergarten das Thema Sexualität über einen längeren Zeitraum das Thema Nr. 1 darstellt, dann sollten sich die Erzieher fragen, ob nicht sie selber es sind, die ihre Probleme ins Gespräch einbringen. Nichts bietet sich nämlich willfähriger an als eine Kindergruppe, die Probleme der Erwachsenen aufzunehmen. Und nichts ist unergiebiger, als ein Erzieher, der seine Probleme in das Gruppengeschehen eingräbt, um dann – in voller Distanz zu sich selbst – an der Oberfläche daran herumzuschaufeln. Nur die Methoden haben gewechselt. Wo früher kein Wort zugelassen wurde, redet man jetzt permanent. Ähnliches gilt für die Schule. Aber auch dies gilt für beide Bereiche: Die meisten Erzieher bemühen sich unter großem persönlichen Einsatz, die Kinder so zu erziehen, daß sie die Geschlechtlichkeit in das Personganze einbeziehen können. Sie wünschen sich in der Regel noch ein Mehr an Austausch und Zusammenarbeit mit den Eltern. Eltern sollten dem im Interesse ihrer Kinder entsprechen.

SEXUALERZIEHUNG IN DER SCHULE

EMPFEHLUNGEN UND RICHTLINIEN ZUR SCHULISCHEN SEXUALERZIEHUNG

Für Eltern, die sich kritisch mit der in der Schule praktizierten Sexualerziehung auseinandersetzen wollen, ist es wichtig, sich vorab mit den Empfehlungen und Richtlinien zu beschäftigen, die die Kultusministerien für die Durchführung der schulischen Sexualerziehung erlassen haben und an denen sich der Lehrer orientieren wird.

Zur vergleichenden Betrachtung sollen hier herangezogen werden:

1. Empfehlungen zur Sexualerziehung in den Schulen der ständigen Konferenz der Kultusminister der Länder von 1968.
2. Rahmenrichtlinien Gesellschaftslehre, vorgelegt 1972/73 vom Hessischen Kultusminister.
   Rahmenrichtlinien Biologie 1972 vom gleichen Ministerium vorgelegt.
3. Richtlinien für die Sexualerziehung in den Schulen des Landes Nordrhein-Westfalen von 1974.

Der Vergleich soll nach folgenden Gesichtspunkten erfolgen:

Bedeutung und Stellung der Sexualerziehung in der Gesamterziehung.
Zusammenarbeit mit den Eltern.
Stellung und Aufgabe des Lehrers.
Beitrag zu den Unterrichtsfächern.

BEDEUTUNG UND STELLUNG DER SEXUALERZIEHUNG IN DER GESAMTERZIEHUNG

In den Empfehlungen der Kultusministerkonferenz von 1968 wird gesagt, daß das »Ziel dieser Erziehung eine vernünftige Auffassung des geschlechtlichen Lebens und eine den Gesetzen der Sittlichkeit entsprechende Lebensführung sein« soll. Weiterhin wird betont, daß die geschlechtliche Erziehung »im Zusammenhang mit der gesamten Erziehung der Kinder stehen« muß. »Den Alters- und Entwicklungsstufen des Kindes entsprechend muß die Erziehung ein stufenweises Einführen in klares Wissen sein; denn Wissen ist von da ab notwendig, wo Unwissenheit Gefahr bringt.«

Auch die 1974 erlassenen Richtlinien für Nordrhein-Westfalen betonen den Doppelaspekt schulischer Sexualerziehung: Einmal den Beitrag zur Persönlichkeitsentwicklung und andererseits die stufenweise Information über sexualbiologische und sexualhygienische Fakten. Es heißt dazu wörtlich:

»Sexualerziehung kann nur in einer kontinuierlichen Gesamterziehung verwirklicht werden ... Sexualerziehung ist Erziehung zu verantwortlichem geschlechtlichen Verhalten ... Die menschliche Sexualität ist als positive Kraft zu sehen, die Liebe und Partnerschaft in besonderer Weise einschließt, zur Persönlichkeitsentwicklung und Selbstverwirklichung beitragen kann und die Fortpflanzung ermöglicht. Die Erziehung zur Liebesfähigkeit und Partnerschaft ist wesentlicher Teil der Sexualerziehung. Wird die geschlechtliche Begegnung als eine personale Liebesgemeinschaft, als Ausdruck menschlicher Kultur verstanden, trägt die Sexualerziehung zu einer Humanisierung der Sexualität bei: Der Schüler wird frei für sittliche Entscheidungen, er entwickelt ein Bewußtsein für die Grenzen dieser

Freiheit in Verantwortung vor dem Partner, vor der Familie, der Gesellschaft und vor sich selbst. Eine Sexualerziehung, die die biologischen Phänomene der Sexualität isoliert von ihrer ethischen, sozialen und personalen Bedeutung sieht, kann nicht Gegenstand schulischer Erziehung sein ... Sexualität selbst ist in der Schule nicht konkret demonstrierbar, vielmehr muß das Verständnis für die Komplexität des menschlichen Sexualverhaltens geweckt werden. Die Information in der Sexualerziehung ist deshalb der pädagogischen Intention untergeordnet, dem Schüler bei der für die personale Entwicklung wichtigen Reifung seiner Geschlechtlichkeit zu helfen.«

In Hessen gelten zwar zur Zeit noch immer die 1967 erlassenen und weitgehend mit den Empfehlungen der Kultusministerkonferenz 1968 übereinstimmenden Richtlinien zur Sexualerziehung in hessischen Schulen. Seit jedoch 1972 Richtlinien für die Fächer Gesellschaftslehre, Biologie und Deutsch zur Erprobung freigegeben worden sind, wird die Unterrichtspraxis stark davon geprägt und dies nicht nur an den Schulen, die offiziell im Einverständnis mit dem Elternbeirat die Erprobung durchführen. Auch das Schulfernsehen steht von Anfang an im Dienst dieser »Erprobung«. In den »Rahmenrichtlinien Gesellschaftslehre« heißt es u.a.:

»Es geht nicht um Aufklärung im engeren Sinne. Vielmehr wird im Vergleich mit historischem und vor allem ethnologischem Material die Art, wie Sexualerziehung in einer Gesellschaft stattfindet, selbst zum Lerngegenstand. Die dadurch angestrebte Befähigung der Schüler, unmittelbare Erfahrungen zu durchdenken, ist angesichts der gefühlsbetonten Einstellung zur Sexualität besonders wichtig. In diesem Zusammenhang wird es unumgänglich sein, auch Schülern der Sekundarstufe I in Ansätzen verschiedene Theorien ... über die gesellschaftliche Dimension menschlichen Sexualverhaltens zu erschließen ... Auf jeden Fall sollte vermieden werden, Schüler auf eine der hier zu diskutierenden Theorien bzw. Theorieansätze ›festzulegen‹ ... Was in der Wissenschaft umstritten ist, sollte auch den Schülern umstritten dargestellt werden ... Auch bei den zu diskutierenden Problemen wie: Onanie – Petting – Geschlechtsverkehr, Orgasmus – Potenzangst – Pornographie – Schwangerschaftsverhütung – Partnerwahl, geht es nicht vorrangig um biologische Aufklärung ..., vielmehr sollten solche Probleme im Lernbereich Gesellschaftslehre im Zusammenhang gesehen werden mit: ethisch-religiösen Normen, bezogen auf Sexualverhalten (Sexualmoral) und deren Auswirkungen auf rechtliche Regelungen und auf sexuelle Verhaltensformen von Jugendlichen in verschiedenen Epochen und Kulturen.«

Wie sehr anders die »Rahmenrichtlinien Gesellschaftslehre« Sexualerziehung in der Schule praktiziert sehen wollen, wird an dem Satz deutlich: »... wie Sexualerziehung in einer Gesellschaft stattfindet (wird) selbst zum Lerngegenstand.« Obwohl gesagt wird, daß Schüler auf keine der zu diskutierenden Theorien und Theorieansätze festgelegt werden sollen, wird gleichzeitig verlangt, daß »ethisch-religiöse Normen, bezogen auf Sexualverhalten (Sexualmoral) und deren Auswirkungen auf rechtliche Regelungen und auf sexuelle Verhaltensformen von Jugendlichen in verschiedenen Epochen und Kulturen« zu besprechen sind. Dies soll wiederum dazu führen, daß Schüler befähigt werden, angesichts der gefühlsbetonten Einstellung zur Sexualität »unmittelbare Erfahrungen zu durchdenken«.

Im Klartext heißt dies doch wohl, daß Kinder durch die schulische Sexualerziehung befähigt werden sollen, bereits übernommene sexuelle Verhaltensformen wieder aufzugeben. Und daß durch das unterrichtliche Angebot verschiedenster, durch Geschichte, Kulturen, Religionen und Gesellschaftsstrukturen geprägter Verhaltensformen, sowie das von unmittelbaren Erfahrungen ausgehende Durchdenken neue und eigene Vorstellungen gefunden werden sollen.

Offenbar wird hiermit eine neue Form vorgestellt, »wie in einer Gesellschaft Sexualerziehung betrieben werden soll« und wir müssen uns alle damit auseinandersetzen.

In den Hessischen Rahmenrichtlinien wird im Vorwort davon

gesprochen, daß es bei den bisherigen Diskussionen um die Sexualerziehung vor allem um das Verhältnis von Elternhaus und Schule gehe. Zu diesem Verhältnis werden keine näheren Angaben gemacht. Man findet jedoch unter der Rubrik »Situationen, in denen Schüler gesellschaftliche Wirklichkeit erfahren«, u.a. auch »... die Erziehung als das Recht und die Pflicht der Eltern, deren Verantwortung für die Entwicklung des Kindes bis zum 21. Lebensjahr geht«. (Nach neuer Gesetzesregelung ist das Volljährigkeitsalter auf 18 Jahre herabgesetzt.)

Die Einschätzung der Rolle der Eltern im sexualerzieherischen Geschehen durch die Schule scheint sich seit dem Jahre 1968 doch entscheidend gewandelt zu haben. Während 1968 die Hauptverantwortung der Eltern offensichtlich noch unbestritten war – die Schule baut auf der individuellen Erziehung auf, setzt sie fort, ergänzt sie – wird 1974 in den Richtlinien für Nordrhein-Westfalen klar gesagt, daß die Schule einen eigenen Erziehungsauftrag hat. Zwar ist man bemüht, mit den Eltern zu einer Übereinkunft zu gelangen. Es kann aber nicht ausgeschlossen werden, daß das Lehrerkollegium in puncto Sexualerziehung verschiedene Meinungen vertritt, die der Auffassung von Eltern stark entgegenstehen können. Das Recht sichert jedoch eindeutig den Lehrer. Weder den Eltern noch den Schülern wird, wie das beispielsweise im Fach Religion möglich ist, das Recht eingeräumt, Sexualerziehung durch die Schule abzulehnen. Dies hängt schon damit zusammen, daß die Schule den Anspruch erhebt, Sexualerziehung fächerübergreifend zu praktizieren, Sexualkunde als Fach eben deshalb nicht existieren soll. Die Frage, die sich den Eltern stellt, ist, ob ein derart fächerübergreifender Unterricht, der anderseits vom Anspruch her und de facto, derart stark die Persönlichkeitsentfaltung eines Menschen beeinflußt, nicht notwendigerweise zum Weltanschauungsunterricht werden muß. Gerade bei einer Unterrichtspraxis nach den Hessischen Rahmenrichtlinien Gesellschaftslehre, bei der als Partner des Lehrers im Unterrichtsgeschehen offensichtlich das »autonome« Kind gesehen wird, muß man sich fragen, wodurch es eigentlich zu neuen, von den Gefühlen getragenen Einstellungen zur Sexualität kommen soll. Durch kritisches Denken? Seit wann werden Gefühle gedacht und nicht gefühlt?

ZUSAMMENARBEIT MIT DEN ELTERN

Gerade im Hinblick auf die in den Hessischen Rahmenrichtlinien geforderte neue Sexualerziehung wird es interessant sein, herauszuarbeiten, welchen Stellenwert die Zusammenarbeit der Schule mit den Eltern der Schüler bekommt:

Die Empfehlungen der Kultusminister von 1968 weisen darauf hin, daß sich die Sexualerziehung im Elternhaus in einer privaten Sphäre vollzieht, die in der Schule hingegen im Rahmen einer öffentlich-rechtlichen Ordnung und daß die »Erziehung erst zur vollen Wirkung kommen kann, wenn sie auf der individuellen Erziehung aufbaut, sie fortsetzt und ergänzt. Zusammenarbeit von Elternhaus und Schule auf dem Gebiet der Sexualerziehung ist notwendig.«

In den Richtlinien für die Sexualerziehung in den Schulen des Landes Nordrhein-Westfalen von 1974 heißt es zu diesem Punkt:

»... Die Schule ergänzt die Bemühungen des Elternhauses, die sich in der Regel als Individualerziehung versteht, um die Sexualerziehung in der Klassengemeinschaft oder in der Gruppe. Die Eltern müssen zu Beginn des Schuljahres im Rahmen der Klassenpflegschaftsversammlungen über die Lernziele und Inhalte der Sexualerziehung, sowie über den beabsichtigten Einsatz von Medien unterrichtet werden. Sie sollen Gelegenheit erhalten, zu den sexualpädagogischen Maßnahmen der Schule Stellung zu nehmen. Bei dieser Gelegenheit sollte der Klassenlehrer darauf hinweisen, daß nicht auszuschließen ist, daß in einem Lehrerkollegium zu Einzelfragen unterschiedliche Auffassungen vertreten werden. Dennoch sollten Erziehungsstile und -methoden so aufeinander abgestimmt werden, daß ein

Höchstmaß an Übereinstimmung erreicht wird ...« An anderer Stelle heißt es: »Nicht auszuschließen ist, daß besorgte Eltern in Wahrung ihres Entscheidungsrechtes der Schule diesen Erziehungsauftrag nicht übertragen wollen, weil sie befürchten, ihr Kind nehme bei der Behandlung sexualkundlicher Inhalte Schaden an seiner seelisch-geistigen Entwicklung, oder weil sie sich mit einzelnen Lernzielen und Inhalten der schulischen Sexualerziehung nicht einverstanden erklären können. Es sollte versucht werden, etwaige Bedenken dieser Art in einem offenen Gespräch auszuräumen. Gegebenenfalls muß der Lehrer die Eltern darüber informieren, daß ein Anspruch auf Befreiung der Kinder vom sexualkundlichen Unterricht nicht besteht.«

STELLUNG UND AUFGABE DES LEHRERS

In den Empfehlungen zur Sexualerziehung von 1968 heißt es, daß Sexualerziehung in der Schule wissenschaftlich fundiert und methodisch durchdacht dargeboten werden soll. Dabei soll sich der Lehrer nicht auf den Vortrag beschränken, sondern das Gespräch mit den Schülern suchen.

Die Rahmenrichtlinien zur Sexualerziehung, wie sie seit 1974 für Nordrhein-Westfalen gelten, beschreiben die Rolle des Lehrers ausführlicher. Unter anderem wird dort gesagt:

»Der Lehrer ist – auch nach der Rechtsprechung – berechtigt, die Sexualerziehung in den Unterricht mit einzubeziehen ... Es obliegt dem Lehrer, den Sexualkundeunterricht wissenschaftlich fundiert und methodisch durchdacht zu erteilen ... Der Lehrer ist nicht berechtigt, seinen Schülern bestimmte Werthaltungen und Normen aufzuzwingen ... Der Lehrer muß unterscheiden zwischen der Wahrnehmung amtlicher Aufgaben und der Verbreitung seiner persönlichen Überzeugung ... Der Lehrer sollte nie über eigenes sexuelles Verhalten berichten. Er sollte vielmehr seine Schüler in rechter Weise darauf hinweisen, daß es einen Intimbereich gibt, der schutzbedürftig ist.«

In den »Rahmenrichtlinien Gesellschaftslehre« des Hessischen Kultusministeriums ist die Stellung des Lehrers durch die Lernziele, die erreicht werden sollen, indirekt bestimmt. Unter der Rubrik »Unterrichtspraktische Hinweise« ist dazu folgendes gesagt: »... dazu müßte z. B. gefragt werden, inwieweit die Erscheinungsformen frühkindlicher Sexualität in einer Gesellschaft etwas zu tun haben mit der Art, in der in dieser Gesellschaft Partnerbeziehungen institutionalisiert werden. Ebenso könnte untersucht werden, inwieweit Sexualverhalten von Jugendlichen sowohl durch Formen der Erziehung während der

Kindheit als auch durch gesellschaftliche Regelungen für die Partnerwahl bestimmt wird. Bei diesen Fragen nach Zusammenhängen zwischen Sexualerziehung und den gesellschaftlichen Regelungen der Partnerbeziehungen sollten auch Auffassungen herangezogen werden, denen zufolge die jeweils geforderten Normen und Verhaltensformen direkt und indirekt in Beziehung mit Anforderungen am Arbeitsplatz stehen.« Des weiteren sollten »Formen frühkindlicher und kindlicher Sexualität Unterrichtsgegenstand bilden...«

Der Anspruch, den die Empfehlungen und Richtlinien zur Sexualerziehung an den Lehrer stellen, ist hoch. Er reicht von der Hilfe zur Persönlichkeitsgestaltung für den einzelnen bis hin zur kritischen Analyse unserer gesellschaftlichen Situation und der jedes einzelnen Schülers, aus der Impulse zu Veränderung und Neugestaltung hervorgehen sollen. Außer daß der Unterricht wissenschaftlich fundiert und methodisch durchdacht sein soll, gibt es vor allem Hinweise darauf, was der Lehrer nicht tun soll: Keine persönlichen Werthaltungen vermitteln, keine Theorien oder Theorieansätze mit Verbindlichkeitsgehalt ausstatten.

Nun sind Richtlinien natürlich keine unterrichtspraktischen Handanweisungen für Lehrer. Trotzdem müssen sich Eltern die Frage stellen, wie Lehrer einen Lebensstoff zum Lerngegenstand machen sollen, wenn sie sich selbst in ihren Gefühlen weder einbringen noch die Gefühle der Schüler in einer bestimmten Weise mit in das Lerngeschehen einbeziehen sollen. Es geht darum, wie man Kinder, die in ihrer Einstellung zu sexuellem Verhalten durch die »sachliche« Behandlung durch die Schule in Gefühlsbewegung geraten sind, in eben diesen Gefühlen wieder absichert. Durch Rationalisierung des Themas Sexualität wird dies nicht möglich sein. Jeder, der sich mit dem Seelenhaushalt des Menschen beschäftigt, weiß vielmehr, daß eine Rationalisierung im Sexuellen auf der einen Seite eine Steigerung der Triebängste auf der anderen Seite bringt. Für das einzelne Kind ist wichtig, daß es durch die Sexualerziehung nicht in seinem Denken und Fühlen auseinanderdividiert, sondern harmonisiert wird.

Ich bestelle aus Ihrem Verlag
durch die Buchhandlung

Name und genaue Adresse:

Postkarte

Werbeantwort

An den

Verlag Josef Knecht

Liebfrauenberg 37

6000 Frankfurt am Main

DER BEITRAG DER UNTERRICHTSFÄCHER

Nachdem es das Fach Sexualkunde gemäß den Empfehlungen und Richtlinien nicht geben soll, muß es Eltern interessieren, welcher Beitrag von den einzelnen Unterrichtsfächern zur Sexualerziehung geleistet werden soll. Hier wird im folgenden nur näher auf die Fächer Biologie und Sozialkunde, bzw. Gesellschaftslehre eingegangen. Aber auch der Unterricht in Deutsch, Kunsterziehung, Sport, Hauswirtschaft bietet Gelegenheit, Sexualerziehung zu leisten, und soll gemäß den entsprechenden Verlautbarungen dazu genutzt werden.

In den Empfehlungen der Kultusministerkonferenz der Länder heißt es:

»Sexualerziehung in der Schule ist nicht an ein bestimmtes Fach gebunden, sondern vollzieht sich in verschiedenen Unterrichtsfächern und in außerunterrichtlichen Schulveranstaltungen. Es ist darauf zu achten, daß die Beiträge der Unterrichtsfächer und die sonstigen Bemühungen um Sexualerziehung in der Schule so aufeinander abgestimmt werden, daß die oben angegebenen Unterrichtsziele für die verschiedenen Alters- und Klassenstufen erreicht werden.«

In den Rahmenrichtlinien Biologie, die der Hessische Kultusminister 1972 erlassen und zur Erprobung freigegeben hat, heißt es zum Situationsfeld »Sexualität«:

»Sexualität ist einerseits ein allgemein biologisches Prinzip. Darüber hinaus kommt ihr im Rahmen der zwischenmenschlichen Beziehungen eine besondere Bedeutung zu, die sowohl im Individuellen, als auch im Partnerbezug und in den verschiedenartigsten gesellschaftlichen Bereichen wirksam ist.«

Die Rahmenrichtlinien sind seit 1972 in verschiedensten Lehrgängen und durch entsprechend zusammengesetzte Arbeitsgruppen überarbeitet worden. Gleichzeitig wird über die offiziell genehmigten Versuchsschulen hinaus in der Schulpraxis damit experimentiert. Einem Entwurf für einen Lernzielkatalog für das fünfte Schuljahr ist der folgende Beitrag entnommen:

(Zieleinheit) *Sexualität: Zeugung, Schwangerschaft, Geburt und Entwicklung beim Menschen.*

Koordinative Lernziele

1. Erläutern können, daß Sexualität sich nicht nur auf die Geschlechtsorgane bezieht, sondern vielfältige Beziehungen zwischen den Geschlechtern umfaßt.
2. Den Rollenaspekt und seine Variabilität aufzeigen können.
3. Angeben können, wie man sich »Kinderfreunden« gegenüber verhalten soll.
4. Sexualität als ein wesentliches Phänomen des Sozialverhaltens beschreiben können.

Formale Lernziele

1. Mit Hilfe von Medien Informationen – hier über Bau und Funktion der Geschlechtsorgane – beschaffen und auswerten können.
2. Über biologische – hier sexuelle – Sachverhalte sachlich reden können.

Materiale Lernziele

1. Zwischen Geschlechtsorganen und zusätzlichen (sekundären) Geschlechtsmerkmalen unterscheiden können.
2. Angeben können, daß »Triebe« Ursachen bestimmter Verhaltensweisen sein können.
3. Die Lage und die Funktion der männlichen Geschlechtsorgane beschreiben können.

4. Die Vorgänge der Erektion und Pollution erläutern können.
5. Die Lage und die Funktion der weiblichen Geschlechtsorgane beschreiben können.
6. Den Vorgang der Menstruation erklären, Verhaltensregeln angeben können.
7. Spermazelle und Eizelle als Geschlechtszellen bezeichnen können.
8. Den Geschlechtsverkehr beschreiben können.
9. Den Befruchtungsvorgang schildern können.
10. Angeben können, daß die »Pille« einen Eisprung verhindert.
11. Die Entwicklung einer befruchteten Eizelle beschreiben können.
12. Die Versorgung des Embryos durch das Blut der Mutter erläutern können.
13. Den Geburtsvorgang schildern können.
14. Angeben können, wie ein- bzw. zweieiige Zwillinge entstehen.
15. Angeben können, daß Merkmale der Eltern den Kindern vererbt werden.
16. Angeben können, inwiefern eine enge »Mutter–Kind-Beziehung« im Säuglingsalter die körperlich-seelische Entwicklung des Kindes fördert.
17. Angeben können, daß vieles am kindlichen Verhalten durch die soziale Umwelt festgelegt wird.
18. Angeben können, daß die Entwicklung der sekundären Geschlechtsmerkmale in der Pubertät durch Hormone bewirkt wird.
19. Angeben können, daß der Geschlechtsverkehr auch zur Partnerbindung, zum Lustgewinn und zur Triebbefriedigung beiträgt.
20. Durch Sexualität bedingte Formen des Sozialverhaltens bei Kindern, Jugendlichen und Erwachsenen beschreiben können.
21. Formen des Sexualverhaltens bei Kindern, Jugendlichen und Erwachsenen beschreiben können.

Die Richtlinien für die Sexualerziehung in den Schulen des Landes Nordrhein-Westfalen von 1974 ordnen dem Biologieunterricht der Klassen 5–6 folgende Lerninhalte zu:

»Im Rahmen der Menschenkunde wird das bei den Schülern bereits vorhandene Wissen über die Geschlechtlichkeit des Menschen geordnet und so ergänzt, daß eine abgeschlossene Grundinformation erreicht wird. Die Schüler sollen den eigenen Körper und die körperlichen Merkmale des anderen Geschlechts kennenlernen. Das Wissen über die geschlechtliche Reifung kann ihnen helfen, die spätere Erfahrung von Pollution bzw. Menstruation in ihr Selbstverständnis einzuordnen. Mit der Bezeichnung für die Geschlechtsorgane und ihre Funktionen lernen die Schüler, sich über diese Sachverhalte angemessen auszudrücken. Gleichzeitig sollen sie begreifen lernen, daß Rücksicht auf die Empfindungen anderer im Gespräch über das Geschlechtliche notwendig ist.«

Folgendes Detailwissen wird den Klassen 8–10 zugeordnet: »Eingehende Darstellung des Baues der Geschlechtsorgane und der hormonalen Steuerung, Empfängnisverhütung, Geburtenregelung und Sterilisation. Dabei darf die Frage nach den individual- und sozialethischen Wertungen nicht umgangen werden; vorgeburtliche und nachgeburtliche Entwicklung des Menschen, humangenetische Zusammenhänge.«

Grundsätzlich heißt es zum Sexualkundeunterricht im Rahmen des Biologieunterrichts noch: »Sowohl Trieb und Lustgewinn als auch Liebe, Partnerschaft, Ehe und Familie können nur im Rahmen einer anthropologischen Gesamtschau in ihrem Eigenwert und in ihrer Zuordnung verstanden werden. Der Biologielehrer muß deshalb die Zusammenarbeit mit anderen Fachlehrern anstreben und um eine enge Koordinierung bemüht sein.«

Das Fach Sozialkunde, bzw. Gesellschaftslehre ist für die Sexualerziehung von besonderer Bedeutung. Bereits 1968 heißt es in den »Empfehlungen ... der Kultusminister der Länder« dazu:

»Der Unterricht in Sozial- oder Gemeinschaftskunde behandelt die gesellschaftlichen und rechtlichen Gegebenheiten und Probleme des menschlichen Geschlechtslebens und die dabei junge Menschen besonders betreffenden Fragen.«

Der Ausführlichkeit wegen zitiere ich an dieser Stelle aus den »Richtlinien für die geschlechtliche Erziehung in Hessischen Schulen« von 1967.

»Im Sozialkundeunterricht, insbesondere im Sozialkundeunterricht des 8. und 9. Schuljahres, sind einschlägige Fragestellungen zu behandeln ... Solche sind: Familienrecht, Pflichten der Eltern, Rechte des Kindes, insbesondere die Situation des unehelichen Kindes, der Kinder aus geschiedenen Ehen und der Kinder getrennt lebender Eltern, strafrechtliche Bestimmungen, insbesondere § 218 und (damals noch) § 175.

In den Berufsschulen und auf der Oberstufe der Gymnasien:
- das Verlöbnis und die rechtlichen Folgen §§ 1297–1302
- die unverheiratete Mutter und das uneheliche Kind
- die Frage der ehelichen Treue
- Promiskuität
- Prostitution
- Sinn und Problematik sexueller Verhaltensformen der heutigen Gesellschaft
- Probleme sexueller Minderheiten
- abnormes geschlechtliches Verhalten.«

Die Rahmenrichtlinien Gesellschaftslehre des Hessischen Kultusministers, vorgelegt 1972/73 weisen dem 5. und 6. Schuljahr als Lernzielschwerpunkt zu: Einführung in den Rollencharakter von Verhaltensformen. Dazu wird grundsätzlich gesagt:

»Im Arbeitsbereich Sozialisation beziehen sich Lernziele und Unterrichtsgegenstände in der Regel unmittelbar auf den Erfahrungsbereich der Schüler. Lernen schließt ein, daß die Schüler befähigt werden, ihre unmittelbaren Erfahrungen zu durchdenken. Dazu müssen diese Erfahrungen den Charakter der Selbstverständlichkeit verlieren. Daß heißt, die Art, in der Schüler erzogen werden, die Tatsache, daß sie eine öffentliche Schule besuchen, daß sie sich als Kinder, als Junge, als Mädchen in bestimmten Formen verhalten, müßten frag-würdig werden. Alle Versuche, die Schüler zum Nachdenken über ihre Erfahrungen zu bringen, werden voraussichtlich auf Widerstand stoßen, solange Schüler die vorgeschlagenen Themenstichworte als eine Aufforderung verstehen, im Unterricht persönliche Probleme zu behandeln. Als Möglichkeit bietet sich die Einführung des Rollenbegriffs über Beispiele an, an denen Schülern erfahrbar wird, in welchem Ausmaß individuelle Verhaltensformen in ihrem Spielraum festgelegt sind. Um zu verhindern, daß diese Prägung vorwiegend als Ausdruck einer unveränderlichen menschlichen Natur aufgefaßt wird, sollen gegenwärtige Formen kindlichen Verhaltens verglichen werden mit denen in anderen Kulturen und historischen Zeiten. Dem entsprechen folgende Lernziele:

- erkennen, daß individuelles Verhalten durch Rollenerwartung mitgeprägt wird.
- lernen, daß Sozialisationsformen historisch bedingt, das heißt unter besonderen gesellschaftlichen Bedingungen entstanden und im Rahmen dieser Bedingungen bzw. mit ihnen veränderbar sind.
- eigenes Verhalten als Gegenstand von Reflexion akzeptieren.«

Der dem Lernzielschwerpunkt 1 zugeordnete *Rollenwechsel* soll in der 9. und 10. Jahrgangsstufe behandelt werden. Unterrichtsgegenstand ist hier u. a.: Orale, anale, genitale Phase; Latenzphase, Pubertät, Problem der sog. Akzeleration.

»Hier sollen Schüler Argumente kennenlernen, mit denen die frühkindliche und kindliche Entwicklung der Sexualität behauptet und belegt wurde und wird. Eine besondere Rolle spielt dabei die Freudsche Theorie und ihre Weiterentwicklung. Einmal legt der Popularitätsgrad, den diese Auffassungen in oft verkürzter Form erreichte, eine Auseinandersetzung mit ihr im Unterricht nahe, zum anderen leiten sich aus dieser Theorie eine Vielzahl von Untersuchungen ab, die nachdrücklich neue Konzeptionen zur Kleinkind- und Kindererziehung beeinflußt haben und beeinflussen (Abkehr von der Sauberkeitsdressur, Lockerung traditioneller Rituale bei der Ernährung, Betonung der Bedeutung von Zärtlichkeit und Geborgenheit für die Persönlichkeitsentwicklung u. a.).

Zur Frage nach der Abhängigkeit dieser Entwicklungsstufen kindlicher Sexualität von Sozialisationseinflüssen sollten unter Heranziehung von ethnologischem und historischem Material Formen kindlicher Sexualität bezogen werden auf:

Familie–Produktionsformen
Arten der Zuwendung der Bezugspersonen
Initiationsriten
Zeitpunkt und Formen der Aufnahme von sexuellen Beziehungen
Rolle/Dauer der Bindung der Kinder an die Eltern
Formen der Triebunterdrückung/Kompensierungsangebote/Sublimierungsangebote.«

In den *Richtlinien für die Sexualerziehung in den Schulen des Landes Nordrhein-Westfalen* heißt es zu unserem Thema:

»In der Gesellschaftslehre, (politischer Unterricht) werden die sozialen, sozialethischen, soziologischen, rechtlichen und psychologischen Aspekte der menschlichen Sexualität behandelt. Dabei kommt den auf die Stärkung der Persönlichkeit ausgerichteten Lernzielen der Sexualerziehung besondere Bedeutung zu. Je stärker der Umwelteinfluß im Sexuellen wird, je stärker die Tabuisierung des Geschlechtlichen zurückgeht, desto mehr muß der Schüler dazu befähigt werden, zu einer verantwortungsbewußten Selbstbestimmung zu gelangen. Die problematischen und negativen menschlichen Sexualverhaltensweisen dürfen nicht überbetont werden, jedoch muß die Schule bemüht sein zu verhindern, daß junge Menschen während oder nach ihrer Schulzeit aus Unwissenheit schweren psychischen und physischen Belastungen ausgesetzt sind.

Da die Schüler der Klassen 5–10 individuell und graduell unterschiedlich für politisch-gesellschaftliche Problemstellungen motiviert sind, bzw. motiviert werden können, ist die Behandlung von Fragen der Rollenverteilung und der Verhaltenserwartungen der Geschlechter in der modernen Gesellschaft, von Organisationsformen menschlicher Gemeinschaften (auch außereuropäischer Kulturkreis) und der Modifizierung strafrechtlicher Bestimmungen zur Sexualität im Unterricht von besonderem Interesse.«

Weiter heißt es noch, daß auch die Rechte und Pflichten der Kinder behandelt werden sollen, Geburtenkontrolle, Prostitution, Promiskuität, Sex als Konsumware und daß bei der Beurteilung der Homosexualität die Erkenntnisse der neueren Sexualwissenschaft berücksichtigt werden sollen.

Erst den Klassen 11–13 (nicht der Sekundarstufe I, wie es die Hessischen Rahmenrichtlinien Gesellschaftslehre vorsehen) wird dann die Beschäftigung mit sozialpsychologischen und psychoanalytischen Theorien zugewiesen. Es heißt in diesem Zusammenhang: »Einer Ideologisierung ist entgegenzuwirken.«

Geht man an die vorgelegten Texte mit der Frage heran, welche Bedürfnisse eines Kindes oder Jugendlichen durch die Behandlung sexualkundlicher Themen in den Fächern Biologie und Sozialkunde bzw. Gesellschaftslehre abgedeckt werden, dann kommt man zu folgender Schlußfolgerung. Die »Richtlinien für die geschlechtliche Erziehung in den Schulen«, erlassen vom Stadtschulamt Frankfurt/Main und die »Empfehlungen zur Sexualerziehung in den Schulen« der ständigen Konferenz der Kultusminister der Länder gingen in den Jahren 1967 bis 1968 noch weitgehend davon aus, daß ein bestimmtes Sachwissen an Schüler herangetragen werden müsse, das diese in den Rahmen einzubringen und zu verarbeiten hatten, der vornehmlich durch die Eltern-Erziehung grundgelegt und durch die religiös-weltanschauliche Normensetzung geprägt worden ist.

Die Rahmenrichtlinien Biologie und Gesellschaftslehre, wie sie in den Jahren 1972/73 vom Hessischen Kultusminister erlassen worden sind, setzen ebenfalls ein gewisses Informationsbedürfnis des Schülers voraus. Sie nehmen dieses Bedürfnis aber zum Anlaß, durch die Art und Weise, wie damit umgegangen wird, neue Bedürfnisse zu wecken. Die im einzelnen genannten Lernziele sollen durch eine Unterrichtsmethode erreicht werden, die einen speziellen Begriff des Lernens voraussetzt: Sexualkundliches Wissen muß kognitiv erfaßt, gespeichert und jederzeit abrufbar, und verbal reproduzierbar sein. Ein Kind muß »angeben« – »erläutern« – »bezeichnen« – »beschreiben« – können. Gleichzeitig soll dieses eingespeicherte Wissen im Hinblick auf sein – historisches – kulturelles – in Abhängigkeit von den Arbeitsbedingungen – sozialisationsbedingtes Zustandekommen reflektiert und in Frage gestellt werden. Eines der wesentlichen Grundbedürfnisse des Kindes, von dem bereits an anderer Stelle die Rede war, nämlich das nach Sicherheit, scheint hier nicht mehr erfüllbar zu sein. Die Verunsicherung des Schülers, spätestens ab dessen 10. Lebensjahr, wird zum erzieherischen Programm. Man wird noch ausführlicher darüber sprechen müssen, wie Schüler und Eltern mit einer solchermaßen souverän verfahrenden Schule umgehen müßten, sollte sie so, wie es in einzelnen Klassen bereits versucht wird, allgemeine Verbindlichkeit erlangen.

Die »Richtlinien für die Sexualerziehung in den Schulen des Landes Nordrhein-Westfalen« von 1974 sprechen davon, daß den auf die Stärkung der Persönlichkeit ausgerichteten Lernzielen der Sexualerziehung besondere Bedeutung zukommt. Damit ist die einzelne Schülerpersönlichkeit wieder stärker in den Mittelpunkt gestellt. Zwar wird nicht näher beschrieben, was mit Stärkung der Persönlichkeit gemeint ist – Charaktererziehung oder Ichstärke – es kann aber doch, bezieht man die Tendenz des gesamten Textes mit ein, angenommen werden, daß die bewußte Verunsicherung von Kindern nicht pädagogisches Programm ist.

Das große Problem des sozialkundlichen Unterrichts dürfte vor allem darin liegen, daß kognitive Lernziele – Erfassen von Fakten und Zusammenhängen – relativ leicht zu erreichen sind, für affektive Lernziele – einen Wissensstoff auch mit den Gefühlen in Einklang bringen und so zu verinnerlichen – hingegen noch kaum ein pädagogisches Konzept vorliegt. Die Rahmenrichtlinien Gesellschaftslehre des Hess. Kultusministers von 1972 sehen dieses Problem und führen als eine der Möglichkeiten zur Erreichung von affektiven Lernzielen den Rollenbegriff und das Rollenspiel ein. Dieses wird zwar vor allem damit begründet, daß ein Kind über das Rollenspiel davor bewahrt wird, in der Klassengemeinschaft direkt mit seiner individuellen Situation konfrontiert zu werden. Tatsächlich stellt sich aber die Frage, ob ein Kind sich eine angebotene Rolle mit den Gefühlen aneignet und diese seiner erlebten Situation gemäß verändert, oder ob durch das Einfühlen in eine angebotene Rolle im Kind Gefühle mobilisiert werden, nach denen es schließlich auch seine kognitiven Strebungen ausrichtet. Wer das Rollenspiel in der Absicht anbietet, daß Rollen »frag-würdig« werden, kann eigentlich nur das Letztere anzielen.

In dieser pädagogischen Zielsetzung äußert sich aber auch ein neues Selbstverständnis des Lehrers. Er ist nicht mehr der Lehrer, der Kulturtechniken vermittelt und im Rahmen der Klassengemeinschaft den einzelnen bestmöglich in seiner kindlichen Persönlichkeit fördert – seine Rolle ist in der Nähe des Sozialtherapeuten angesiedelt. Es liegt eine gewisse Logik darin, so zu verfahren, wenn man davon ausgeht, daß die Gesellschaft krank ist und somit jeder einzelne durch die Sozialisation am eigentlichen Menschsein vorbeigeht. Hiermit ist aber der ideologische Ansatz dieses Schulverständnisses überdeutlich. Schule wird immer zwischen zwei Alternativen wählen müssen: Entweder den erzieherischen Anspruch reduzieren oder sich deutlich als Weltanschauungsschule deklarieren. Die christlichen Schulen tun dies heute noch. Die anderen sollten dies auch tun – auch schon in den Entwürfen und Rahmenrichtlinien.

Die Richtlinien für die Sexualerziehung in den Schulen des Landes Nordrhein-Westfalen von 1974 beziehen sich offensichtlich noch auf eine Schule, die als christliche Gemeinschaftsschule verstanden wird. Der Beitrag, den der Religionsunterricht zur Sexualerziehung zu leisten hat, wird folgendermaßen beschrieben:

»Der Beitrag des Religionsunterrichts zur Sexualerziehung zielt vor allem auf eine Integration des Sexualität in ihre ganzheitlich-personalen Zusammenhänge. Sie konkretisiert sich im wesentlichen in den drei Teilbereichen:

- Verständnis von Sexualität und Einstellung zur Leiblichkeit
- Aufbau und Schutz der persönlichen Intimsphäre
- Ansprüche eines christlich verstandenen Menschenbildes an das Sexualverhalten.

Zum Fragenkomplex Sexualverhalten gehört auch der Themenkreis Ehe und Familie. So sehr es dabei notwendig ist, die christlichen Vorstellungen aufzuzeigen, dürfen aber die Spannungen zwischen Ideal und Wirklichkeit nicht unberücksichtigt bleiben. Zerwürfnisse, Scheidungen, außerehelich geborene Kinder und andere Probleme sollten Anlaß zur Reflexion über menschliches Verhalten sein, um die Bedeutung von Ehe und Familie, von Liebe und Rücksichtnahme, von menschlichen Fehlern und notwendigem Verzeihen im Sinne christlich verstandener Menschlichkeit zu erhellen.«

MEDIEN FÜR DIE SEXUALERZIEHUNG IN DER SCHULE

»Alle Medien, die in der Sexualerziehung verwendet werden, haben eine unterstützende und ergänzende Funktion. Sie können weder das Unterrichtsgespräch ersetzen noch unmittelbar eine Verhaltensänderung bei Schülern bewirken.

Die den Schulen angebotenen Lernmittel und Unterrichtshilfen beschränken sich überwiegend auf die Darstellung der wesentlichen Organsysteme und ihrer Funktionen, auf die biologisch-physiologischen Zusammenhänge der Sexualität und die biologischen Aspekte der Empfängnisregelung. Bei sorgfältiger Auswahl durch den Lehrer bilden diese Medien die Grundlage für die fachlich unumgängliche Vermittlung von Fakten. Sie werden aber keineswegs dem Anspruch gerecht, die Sozialerziehung in das soziale und ethische Bezugssystem ihrer Bildungsziele einzubeziehen. Vielmehr sind – in Wahrung des sexual-anthropologischen Bezugs – literarisch anspruchsvolle und aussagekräftige Texte und Werke der Bildenden Kunst und der Musik als Lernmittel in der Sexualerziehung zu verwenden. Dabei ist auf eine sorgfältige Auswahl zu achten. Schockierende, einseitig stimulierende literarische und bildliche Darstellungen, die sich nicht an der auch in einer pluralistischen Gesellschaft allgemein gültigen und durch das Grundgesetz vorgegebenen Wertordnung orientieren, sind für die Verwendung im Unterricht nicht geeignet. Dies gilt insbesondere für Erzeugnisse, die das sittliche oder religiöse Empfinden verletzen und entsittlichend oder verrohend wirken. Wenn auch die negativen Auswirkungen der Pornographie auf die seelische Entwicklung von Kindern und Jugendlichen – insbesondere im Hinblick auf ihre Langzeitwirkung – noch nicht hinreichend erforscht sind, gilt doch als gesichert, daß von pornographischen Produkten keine auf verantwortungsbewußte Selbstbestimmung gerichtete Wirkung ausgeht. Im Zweifelsfall muß sich der Lehrer vor der unterrichtlichen Behandlung der Zustimmung der Eltern versichern und sich auch darüber vergewissern, ob Schriften, Prospekte, Flugblätter, Dias, Filme, Schallplatten und Tonbänder geeignet sind, im Unterricht seiner Klasse verwendet zu werden. Grundsätzlich kann jedoch nicht ausgeschlossen werden, daß in Einzelfällen problematische und negative sexuelle Verhaltensweisen durch Beispiele (etwa im Deutschunterricht, in der Gesellschaftslehre und Kunst) durch Schrift, Bild und Ton kritisch verdeutlicht werden.« So wird in den Richtlinien für die Sexualerziehung in den Schulen des Landes Nordrhein-Westfalen von 1974 der Einsatz der Medien im Rahmen schulischer Sexualerziehung gesehen. Dem werden sich Eltern und Lehrer weithin anschließen können.

Der Einsatz von Medien in der Sexualerziehung ist heute vor allem eine Frage der sachgerechten Auswahl. Nur derjenige, der seiner Erziehung auch ein Konzept zugrunde gelegt hat, hat ein Auswahlkriterium, nach dem er das reichhaltige Marktangebot sichten kann. Vom Lehrer muß auch erwartet werden, daß er seine Schüler und deren Umwelt, und nicht zuletzt auch sich selbst, so gut kennt, daß er die mögliche Reaktion auf die eingesetzten Medien im voraus in etwa einschätzen kann. Die Mindestforderung, die erhoben werden muß, ist die, daß der Lehrer sich mit dem Material gut vertraut gemacht hat, ehe er die Schüler damit konfrontiert. Daß dies keine Selbstverständlichkeit ist, zeigt folgendes Vorkommnis, das durch die Presse ging: Eltern eines dritten Schuljahres richten eine Beschwerde an die Schulaufsichtsbehörde, weil ihrer Meinung nach die Arbeitsmittel, die die Klassenlehrerin zur Sexualerziehung eingesetzt hatte, in Sprache und Darstellung nicht informierend, sondern schockierend auf die Kinder wirken mußten. Die Entschuldigung der Lehrerin: Aus Zeitmangel war eine Durcharbeitung des Materials nicht möglich. – Man hätte gewünscht, daß die Lehrerin noch mehr Zeit einspart und keine Sexualerziehung betreibt anstelle einer übereilten und offensichtlich nicht selbst erarbeiteten.

Der unsichere Lehrer in der Sexualerziehung, der nach *dem* Medium sucht, das ihm den sexualkundlichen Unterricht abnimmt, ist mindestens so problematisch, wie die auf diesem Gebiet unsicheren Eltern, wahrscheinlich noch mehr. Die Eltern haben dann, wenn ihre Beziehung zum Kind gut ist, immerhin noch die Möglichkeit des Einfühlens in die Empfindungs- und Vorstellungswelt des Kindes. Der Lehrer hingegen hat eine Pflicht zu absolvieren, der er sich nur vage gewachsen fühlt. Wer Sexualerziehung zur Pflichtaufgabe der Schule macht, der muß folgerichtig auch für die Aus- und Fortbildung der Lehrer sorgen. Trotzdem wird man sich damit abfinden müssen, daß es nur einen relativ kleinen Kreis von Lehrern gibt, die eine gute Sexualerziehung in den Unterricht einbauen können, daß die Mehrzahl höchstens dahin kommt, gute Handwerksarbeit zu leisten, und daß eine ebenfalls kleine Gruppe ihrer Aufgabe nicht gerecht wird. Was schon im Mathematikunterricht der Fall ist, das darf in der Sexualerziehung keinesfalls optimistischer eingeschätzt werden. Dies sei hier auch zum Trost der Elternschaft deutlich ausgesprochen, die heute weithin zu einer permanent kritisierten Gruppe der Gesellschaft gehört, obwohl an sie gerade durch die Schule ständig neue Aufgaben delegiert werden. Am wenigsten Diskussion wird es um Medien geben, die keine andere Absicht haben, als sachlich zu informieren, die biologische Fakten vermitteln. Problematischer wird es schon, wenn versucht wird, unter Hinweis auf »neueste wissenschaftliche Ergebnisse« Sexualverhalten modellhaft vorzustellen. Wenn, wie geschehen, in einem sechsten Schuljahr ein homosexuell verbundenes Paar als »Medium« der Vermittlung von Sexualerziehung eingesetzt wird, so geschieht etwas äußerst Komplexes in der Schülergruppe, das vom Lehrer weder in der für jeden einzelnen Schüler notwendigen Weise wahrgenommen noch mit diesem aufgearbeitet werden kann. Der Lehrer mag für sich abhaken, daß er dazu beigetragen hat, einer sexuellen Minderheit etwas freieren Lebensraum zu schaffen. In welchem Ausmaß gerade bei zwölfjährigen jungen Menschen die sexuelle Phantasie durch solche Erlebnisse geprägt und in Verbindung mit onanistischen Orgasmus-Erlebnissen gebracht wird, entzieht sich in der Regel jeder Kontrolle eines Lehrers. Dieser wird sich auf die »wissenschaftlich gesicherten« Ergebnisse der Homosexuellen-Forschung berufen und davon sprechen, daß Homosexualität eine Veranlagung ist oder doch zumindest auf eine in früheste Kindheit zurückreichende Prägung zurückgeht. Es darf aber nicht vergessen werden, daß ein bestimmtes Verhalten des Auslösers bedarf und daß Fehlverhalten korrigierbar ist, vorausgesetzt, es wird als solches wahrgenommen und therapeutisch angegangen, ehe es unkorrigierbar fixiert ist. Dafür zu sorgen, daß eine sexuelle Minderheiten-Gruppe nicht diffamiert wird, das ist die eine erzieherische Aufgabe. Darum besorgt zu sein, daß die sexuelle Entwicklung eines jungen Menschen nicht zur outsider-Gruppe hinführt, das ist die andere.

Medieninformation

Um sich über die Medien, die zur Sexualerziehung eingesetzt werden können, zu informieren, gibt es verschiedene Wege. Einige seien hier aufgezählt:

Bundeszentrale für gesundheitliche Aufklärung, 5 Köln-Merheim, Ostmerheimer Str. 200:

»Schriften und Lernmittel zur Geschlechtserziehung«

»Handreichungen zur Sexualpädagogik« Kapitel II Ziffer 3, 5

Richtlinien zur Sexualerziehung an den Schulen von Nordrhein-Westfalen: Kapitel 6a–c.

Hauptabteilung für Schule und Erziehung im Bischöflichen Generalvikariat Münster: Medien zur Sexualerziehung für den Unterricht und die Elternarbeit

Landesarbeitsgemeinschaften zur Bekämpfung der Geschlechtskrankheiten und für Geschlechtserziehung

Landesbildstellen

Medien- und Sexual-Pädagogik, Zeitschrift für Eltern, Lehrer, Hochschullehrer und Studenten, Asgard-Verlag Dr. Werner Hippe KG, 53 Bonn-Bad Godesberg 1, Wiedemannstr.

BEDEUTUNG DER THEORETISCHEN GRUNDLEGUNG DER SEXUALERZIEHUNG FÜR DIE SCHULPRAXIS

Die Untersuchung von Empfehlungen und Richtlinien der Schulbehörden zeigt, daß der menschlichen Sexualität als einer der wesentlichen energetischen Kräfte für den gesamten menschlichen Entwicklungs- und Lebensverlauf eine zunehmend höhere Bedeutung beigemessen wird. Dementsprechend wächst auch die Sexualerziehung in ihrer Bedeutsamkeit für die Gesamterziehung, und dies auch im schulischen Bereich. Entscheidend gewandelt hat sich die Selbsteinschätzung der Schule hinsichtlich ihrer spezifischen Aufgabe. Sie wird nicht mehr subsidiär, also ergänzend zur Elternerziehung aufgefaßt, sondern als ein eigener, rechtlich abgesicherter Erziehungsauftrag der Schule betrachtet. Der Vorrang des Elternhauses wird höchstens in zeitlicher Hinsicht anerkannt. Die Schule muß auf dem aufbauen, bzw. mit dem umgehen, was das Elternhaus bewußt oder unbewußt in bezug auf Ausprägung der Geschlechtsrollen und der Einstellung des Kindes dazu vorgenommen hat. Die Unterrichtsziele erstrecken sich dabei 1. auf Erwerb von Wissen (kognitive Lernziele), 2. auf Erwerb von »Einstellungen« (emotionale Lernziele) und 3. auf Erwerb von selbstbestimmtem Geschlechtsverhalten (Integration neuer Erfahrungen in das Anspruchsniveau. Anspruchsniveau ist ein Begriff, der in der Lernpsychologie eine Rolle spielt und sich noch weiter in Erwartungsniveau, Idealzielniveau und Mindestzielniveau gliedern läßt).

Es kann gar kein Zweifel darüber bestehen, daß mit dieser Erweiterung des Erziehungsauftrages der Schule ein erheblicher Verantwortungs- und Machtzuwachs zuteil geworden ist. Nun ist es nicht neu, daß zur guten Erziehung im Elternhaus auch eine gute Schulerziehung gerechnet wird, wenn davon die

Rede ist, daß einer eine gute Erziehung haben soll. Schließlich galt lange Zeit die Internatserziehung, in der das Kind dem Einfluß des Elternhauses fast ganz entzogen ist, als eine besonders gute Erziehung. Uns stellt sich die Erweiterung schulischer Machtbefugnis insofern neu, als der Staat als Schulträger weithin das absolute Schulmonopol hat. Der Einfluß der Eltern auf die Gestaltung der Schule geht damit wesentlich über die politischen Gremien. Es ist nur konsequent, wenn sich in unseren Tagen die politischen Mandatsträger in den Landtagssitzungen mit der Zulassung von Schulbüchern befassen müssen.

Die Familie als Erziehungsinstitution, oder um es anders auszudrücken, als Sozialisationsfeld, wird heute weithin angegriffen. Die »Machtübernahme« durch die Schule wird als eine notwendige Reaktion auf das Versagen der Familie gedeutet. Nun wird niemand bestreiten wollen, welche Lebenshypothek vielen Menschen dadurch auferlegt worden ist, daß Eltern es nicht zuwege brachten, der menschlichen Sexualität den richtigen Stellenwert im Personganzen einzuräumen. Daneben darf allerdings nicht vergessen werden, daß es doch viele Menschen gibt, die sich in Übereinstimmung mit ihrer sexuellen Befindlichkeit wissen, die ihre Geschlechtsrolle sehr wohl in ihre gesamte Lebensrolle einordnen können. Die, um es schlicht zu sagen, zufrieden sind und ihren Partner zufrieden machen können. Was die Schule mit ihrem Auftrag macht, zeigt sich erst in Ansätzen. Betrachtet man die anderen Kulturbereiche, für die die Schule einen legitimen Auftrag angemeldet hat, wie Kunsterziehung, Sport, Religion, dann soll man seine Erwartungen nicht zu hoch schrauben. Die Schule hat hier weithin verschult, d.h. ihr Anspruchsniveau als Leistungsniveau etabliert. Den Eltern fällt hier nun wieder die Aufgabe zu, die Kinder zu motivieren, in der Freizeit, die ihnen die Schule noch läßt, Sport, Musik, schöpferisches Gestalten als Spaß zu erleben und Religion als das zu erkennen, was mit der eigenen Existenz und nicht etwa mit dem Notenausgleich zu tun hat. Man wird gespannt sein müssen, wie nahe schulische Sexualerziehung den Leistungsfächern kommt und wie Schüler darauf reagieren. Man wird gespannt sein müssen, worauf die Schule, die bisher weder das Fach Sexualkunde noch den Fachlehrer dafür offiziell kennt, die Annahme gründet, daß sie den Bedürfnissen des Kindes am ehesten gerecht wird. Erinnern wir uns der von Marlow genannten Bedürfnishierarchie: Physiologische Bedürfnisse, Bedürfnisse nach Sicherheit, nach Geborgenheit und Liebe, nach Wertgeltung.

Wir wollen im weiteren diese Bedürfnisse für das Kind anmelden und fragen, wie sie in bezug auf die Sexualerziehung von der Schule spezifischerweise befriedigt werden können. Wie umfassend heute die Schule in das Leben der Schüler eingreift, sei nur noch mit einem Hinweis charakterisiert: Eltern kämpfen mit Schulstreik und Medizinergutachten um die Beachtung der physiologischen Bedürfnisse ihrer Kinder in den fensterlosen Schulen. Sauerstoff ist eines der elementarsten Grundbedürfnisse des Menschen. Man vergißt solch selbstverständliche Dinge so leicht.

ZUR PRAXIS DER SEXUALERZIEHUNG IN DER SCHULE

Sexualerziehung vollzieht sich in der Schule auf verschiedenen Ebenen und durch verschiedene Maßnahmen. Diese sind:

1. die ko-edukative Schülergruppe.

Auf den verschiedensten Jahrgangsstufen und diese übergreifend, findet eine Interaktion statt, die sich sowohl der Wahrnehmung wie auch der Beeinflussung durch den Lehrer weithin entzieht. Schüler neigen dazu, Erfahrungen, die sie in anderen Gruppen, mit Geschwistern, im Kindergarten, gemacht haben, auf die Schülergruppe zu übertragen. Je nach Ichstärke versuchen sie, ihre erlernte Rolle zu behaupten oder sich scheinbar oder auch echt der Gruppennorm anzupassen. Bei der hohen Schülerzahl, die in unseren Schulen immer noch herrscht, kann in der Regel von einer Gruppe, die die ganze Klasse umfaßt, nicht die Rede sein. Es bilden sich Subgruppen, die miteinander durch gemeinsame Erfahrungen, gemeinsame Erlebnisse, gemeinsame Interessen verbunden sind, als Gruppen jedoch häufig stark miteinander rivalisieren. Ein gruppenbildender Effekt kann allein schon die Ablehnung durch die anderen Gruppierungen sein. Lehrer und Eltern registrieren einen solchen Solidarisierungsprozeß der sozial Schwächeren mit der erstaunt-tadelnden Feststellung: »Er sucht sich immer die Schlechtesten aus.« »Sie ist immer bei den Schlimmsten.« Welchen Status ein Kind oder ein Jugendlicher – nach dem Inkrafttreten des neuen Volljährigkeitsgesetzes können auch junge Erwachsene zur Schülergruppe gehören – in der Klassengemeinschaft hat, hängt wesentlich von den Kräften der Selbstbehauptung und der Frustrationsbelastbarkeit ab, mit der ihn die frühen Kinderjahre ausgestattet haben. Ein Kind kann mit der Selbsteinschätzung in die Schule kommen, daß keiner es liebt. Dazu haben es möglicherweise die Erfahrungen mit einem Geschwister gebracht, das tatsächlich oder vermeintlich von den Eltern bevorzugt worden ist. Es erwartet nun, daß ihm die Kindergruppe diese Rolle bestätigt. Begegnet es tatsächlich der Ablehnung durch das eine oder andere Kind, so ist es keineswegs irritiert, sondern vielmehr in seiner Selbsteinschätzung bestätigt. Und es kann so darauf reagieren, wie es zuhause zu reagieren gelernt hat: Mit Schmollen, mit Aggression, mit Wertsteigerung im Materiellen, dadurch, daß es sich etwas aneignet, was dem anderen gehört. Stößt das Kind aber nicht auf Ablehnung, wird es aus irgendeinem Grunde vielleicht sogar umworben, dann wird es irritiert. Die bisher praktizierten Verhaltensweisen stimmen nicht mehr, es muß umlernen. Gelingt dieser Prozeß, so hat ein Kind einen entscheidenden Schritt von der Überbesorgtheit um die eigene Person, der nicht selten auch autoerotische Trosthandlungen entsprechen, auf den anderen zugemacht. Das Sicherheitsbedürfnis eines Schülers wird durch solche Erfahrungen befriedigt, die Gruppe als Stätte der Geborgenheit erfahren, der Selbstwert gestärkt. Daraus wächst der Mut, sich mit neuen Realitäten zu konfrontieren. Mißlingt der Versuch, in der Gruppe einen bestimmten Status zu erwerben, sich als anerkannt und geliebt zu verstehen, dann zieht ein ohnedies ichschwaches Kind sich entweder in die Isolation zurück oder reagiert seine Spannungen aggressiv ab. Oftmals ist die Aggression nur ein Übergang zur Depression. Ist bei Schülern in den Vorpubertäts- und Pubertätsjahren die Selbsteinschätzung noch mit dem Unsicherheitsfaktor belastet: bin ich ansehnlich, hübsch, bin ich liebenswert, bin ich tüchtig genug für die Aufgaben, die mein Geschlecht mir vorschreibt, will ich diese Rollen überhaupt akzeptieren, dann erhält die Interaktion in der Schülergruppe noch andere Akzente. Auf die Ebene der Klasse oder klassenübergreifender Gruppen, die sich auf dem Schulhof als ein Clique etabliert haben, verlagert sich heute das – und erheblich früher – was vor Generationen z.B. der Tanzstunde zukam. Die Selbsterfahrung, die weniger anziehenden oder von den Eltern noch kindlich gekleideten oder auch gehemmten Kindern und Jugendlichen durch die Gruppe zugemutet wird, geht oftmals hart bis an die Grenze des Zumutbaren – ohne daß Lehrer dies überhaupt bemerken oder beeinflussen können. Erst wenn ein Kind sich durch Schulverweigerung, Abschalten, Schwänzen, Weglaufen diesem Gruppendruck entzieht, dann wird man aufmerksam. Hat das Kind Glück, dann nehmen Eltern und Lehrer seine Notwehr-Handlung ernst. Wenn nicht, wird für die Kinder und die Eltern ein Leidensweg, der heute nicht selten über Suchtmittel führt, nicht zu vermeiden sein.

Solange die Schule sich darauf beschränkte, primär eine Stätte der Wissensvermittlung zu sein, solange die schulische Sexualerziehung sich damit begnügte, den Biologieunterricht um Sexualkunde zu erweitern, brauchte der Lehrer der Interaktion innerhalb der Schülergruppe keine dominante Bedeutung zumessen. Sobald aber Sexualerziehung auf Veränderung von Einstellung abzielt, muß der Interaktion bevorzugt Beachtung geschenkt werden.

Das wirft aber sofort die Frage nach dem Rollenverständnis des Lehrers und der Durchschaubarkeit dieser Rolle dem Schüler gegenüber auf. Die Rolle des Trainers im gruppendynamischen Prozeß verträgt sich schwerlich mit der des Lehrers, der benotet und durch seine Bewertung für einen Schüler zum Arrangeur der Lebenschancen wird.

Die Tatsache, daß die Schule stärker denn je als Stätte der Sozialisation erkannt und als solche pädagogisch bewußt genutzt werden soll, hat für Eltern diese Konsequenz: Eltern muß es gelingen, ihre Kinder vor der Einschulung zu solch ichstarken Menschen zu machen, daß sie sich in der Gruppe behaupten, ihr positive Impulse geben können, und gleichzeitig lernen, die Gruppennormen an einer verbindlicheren Wertskala zu messen. Es wird nämlich nicht nur darauf ankommen, in und mit der Gruppe zu leben, sondern bisweilen auch gegen sie. Unkritische Anpassung, wir haben es erlebt, kann die Dimension einer nationalen Tragödie annehmen. Aber auch der Zusammenbruch eines einzelnen ist Tragödie genug.

Wie schwierig es ist, sich in einen Gruppenprozeß deutend, bzw. korrigierend einzulassen, mag das folgende Beispiel zeigen: Anläßlich einer Klassenfreizeit machen sich die um die zwölf Jahre alten Jungen ein Vergnügen daraus, in die Schlafräume der Mädchen zu laufen und dort mit ihnen Kissenschlachten zu veranstalten. Der verantwortliche Hausmeister verbietet dies kategorisch mit dem Hinweis darauf, daß Sachbeschädigungen vorkommen könnten. Die Erzieher finden diese Erklärung nicht ausreichend und sachgerecht. Sie veranstalten eine Gesprächsrunde.

Dabei wird »erarbeitet«, daß dieser Schlafzimmerjux, ähnlich wie das ebenfalls beobachtete Fangenspielen der Kinder, eine sexuelle Bedeutung hat. Es wurde den Jungen und Mädchen klar, daß über das Spiel körperliche Kontakte gesucht wurden, daß Berühren und Berührtwerden Spaß machte und die Mädchen nur deshalb kreischten, weil sie nicht zugeben konnten, eigentlich Vergnügen am Spiel zu haben. – So, nun wußten sie es. Und was nun? Die Kinder sollen angeblich nicht mehr Fangen gespielt und auch nicht versucht haben, dem Hausmeister zum Trotz, eine Kissenschlacht zu machen. Wenn mich nicht alles täuscht, haben sie sich auf andere Kontaktversuche verlegt, in die die Lehrer nicht mehr dreinreden können.

Man ist durch dieses Beispiel fast versucht, eine Abhandlung über die Bedeutung des kindlichen Spiels einzuschieben. Hier jedoch nur soviel dazu: In allen Spieltheorien werden Lust, Zweckfreiheit, Abreaktion überschüssiger Energien und der Übungseffekt betont. Wer Jungen und Mädchen bei Kissenschlachten u.ä. beobachtet, denkt zuerst, daß es hier um ein Kräftemessen geht. Wer unterwirft wen? Und als solches hat es natürlich etwas mit Geschlechtsrolle zu tun. Man hat aber in Richtung Sexualerziehung genug getan, wenn deutlich wird, daß die größere Muskelstärke nicht auch schon größere Rechte über den anderen einräumt.

Grundsätzlich gibt die gemeinsam verbrachte Freizeit dem Lehrer die Chance, seine Klasse zu einer Gruppe zu machen, sofern er dies kann. Zumeist ist er noch auf sein Naturtalent dabei angewiesen. Die Ausbildung gibt ihm nicht viel gruppenpädagogische Kenntnisse. Wenn es ihm gelingt, verstehbar und erfahrbar zu machen, daß eine Gruppe sowohl Gefühle der Sicherheit und Geborgenheit als auch solche der Angst und Bedrohung vermitteln kann, und daß jeder einzelne Verantwortung dafür hat, wie der andere sich in der Gruppe fühlt, dann hat er Sexualerziehung geleistet, ohne einmal von Sexualität gesprochen zu haben.

Sich als verantwortliche Glieder einer Gruppe zu fühlen, darf aber nicht dahin führen, daß die Gruppennorm als oberste Kontrollinstanz, als Gewissen des einzelnen fungiert und anerkannt wird. Es gehört geradezu zu den Häresien unserer Zeit, den Selbstwert eines Menschen mit seinem Gruppenstatus gleichzusetzen. Nicht wenige junge Menschen tauschen die Abhängigkeit von den Eltern, der sie sich entziehen, gegen die Abhängigkeit von der Gruppe ein. Die Schule darf diesem heute weitverbreiteten Phänomen, das das Gegenteil von Selbstbestimmung darstellt, keinesfalls Vorschub leisten.

Die ko-edukative Schülergruppe bringt es auch mit sich, daß der Lehrer bereits auf der Mittelstufe Kinder und Jugendliche in seiner Klasse vorfindet, die in mehr oder weniger starker erotischer Beziehung zueinanderstehen; sei es, daß die Sympathiegefühle einseitig sind oder sich frühzeitig Paarbildungen herauskristallisieren. Es stimmt nicht, was oft für die Koedukation als Argument ins Feld geführt worden ist, daß nämlich durch die tägliche Vertrautheit sich ein Zusammenleben wie unter Geschwistern einstellt. Besonders in den weiterführenden Schulen haben sich die altersbedingten Reifeverschiebungen zwischen Jungen und Mädchen einer Klasse oftmals dadurch ausgeglichen, daß durch die selbstverständlich gewordenen Wiederholer Altersgefälle zwischen zwei und drei Jahren bestehen. Gerade der leistungsschwache Schüler in der Klasse ist in der Gefahr, auszuprobieren, ob er auf sexuellem Gebiet Geltung finden kann. Das gilt für den Schwachbegabten in der Grundschule, der durch demonstrative Sexspiele die Aufmerksamkeit zu erregen gelernt hat genauso wie für den Gymnasiasten, der seine Rolle als »king« den Mädchen gegenüber demonstriert. Eltern machen die frühen Freundschaften ihrer Kinder meist Sorgen. Sie erwarten vom Lehrer, daß er seine sexualerzieherischen Maßnahmen so lenkt, daß solch frühen freundschaftlichen Bindungen entgegengewirkt wird. Dabei herrscht meist Ratlosigkeit darüber, was Eltern erlauben dürfen. Sollen sie Freund oder Freundin im Haus ein- und ausgehen lassen? Sollen sie ein Limit setzen für das Nachhausekommen? Sollen sie sich mit den Eltern von Freund oder Freundin in Verbindung setzen? Muß den Kindern nicht von möglichen Folgen gesprochen werden? Von welchem Alter an kann Geschlechtsverkehr toleriert werden, wenn die Empfängnisverhütung verantwortlich geübt wird? Wie können Eltern Forderungen nach Enthaltsamkeit durchsetzen? Verträgt es sich mit ihrer erzieherischen Gesamtverantwortung, eher den Bruch mit dem Elternhaus zu riskieren, als Freund oder Freundin zu tolerieren?

Nicht selten erwarten Eltern vom Lehrer, der durch seinen Unterricht demonstriert, daß er sich der Sexualerziehung Jugendlicher gewachsen zeigt, daß er ihnen selber rät, – bzw. die Kinder dazu bringt, zu tun, was die Eltern für richtig halten. Die Schüler ihrerseits erwarten, daß der Lehrer ihr Anliegen versteht und es den Eltern verstehbar macht. Man möge mir keinen Antischulaffekt unterstellen, wenn ich hier wiedergebe, wie nach meiner Erfahrung ein Gutteil der Lehrer handelt: Sie ziehen sich auf das zurück, was sie verstehen. Sie sagen dem jungen Paar, wenn ihr ständig anderes im Kopf habt, dann werdet ihr in euren Leistungen bald absacken. Oder sie sagen den Eltern: Bisher ist noch kein Nachlassen der Leistung zu bemerken. Der Junge hat offensichtlich vom Eifer seiner Freundin etwas profitiert und in Englisch aufgenolt. Lehrer schätzen in der Regel Eltern richtig ein, wenn sie sich bei Beurteilung einer solchen Situation auf den

Leistungsstandpunkt stellen. So lange dort noch alles klappt oder sogar besser wird, kann vieles toleriert werden.

Wenn es auch stimmt, daß eine erotische Beziehung zwischen Jungen und Mädchen, ganz gleich wie intensiv sie ist, die Schulleistung nicht negativ beeinflussen muß, so ist Glücklichsein als Leistungsstimulans sicherlich nicht der richtige Ansatzpunkt für die Einordnung sexueller Kontakte. Gleichwohl muß bei Versagensängsten in der Schule immer auch daran gedacht werden, daß ihnen Versagungsängste im Sexuellen und Identifikationsstörungen mit der Geschlechtsrolle zugrunde liegen können. Die Studentenberatung liefert hier Beispiel über Beispiel. Ehe noch weiter davon gesprochen wird, daß Schüler und Eltern verschiedene Erwartungen an den Lehrer richten, der für sie die Sexualerziehung repräsentiert, soll noch einmal verdeutlicht werden, wie nach Auffassung der Didaktiker Sexualerziehung didaktisch-methodisch in der Schule verwirklicht werden kann. Ich orientiere mich hierbei an dem entsprechenden Beitrag, den Prof. Dr. Glombek in den »Handreichungen zur Sexualerziehung für den Lehrer«, herausgegeben von der Bundeszentrale für gesundheitliche Aufklärung, Köln (Ernst Klett Verlag Stuttgart) veröffentlicht hat. Es heißt dort unter der Überschrift

Die Unterrichtsintention »Wissen«

»Die kognitive Dimension des Schulunterrichts betrifft die Erweiterung und Vertiefung des Wissens von Lernenden. Dies und auch die weiteren geistigen Prozesse, die damit zusammenhängen (Erklären, Problemlösen, Verallgemeinern), sind am ehesten Ziele des Lehrers und lassen sich von ihm am ehesten überprüfen. Man kann die hierher gehörenden Lerninhalte nach den folgenden repräsentativen Ordnungskategorien gliedern:

Primäre und sekundäre Geschlechtsmerkmale, Geschlechtsorgane und deren Funktion,
Samen–Eireifung,
Pollution und Menstruation (mit den anatomisch-physiologischen Tatsachen),

Besamung, Befruchtung, Empfängnis, Schwangerschaft, Geburt, Fortpflanzung und Vererbung, Geschlechtsbestimmung, Zwillingsbildung, Schädigung des Erbmaterials, Geschlechtshygiene, Geschlechtskrankheiten.

Als Unterrichtsziele müssen dann gelten: Kenntnis von Fakten und Begriffen, Wissen um gesetzmäßige Zusammenhänge, Bewußtwerden allgemeiner Grundsätze, Bildung von Theorien, Folgerungen, Anwendungen, Analyse und Synthese von Elementen, Beziehungen und Prinzipien.«

Unter dem Titel *Die Ausrichtung der Sexualerziehung auf »Einstellungen«* heißt es:

»Hier steht die emotionale Komponente im Mittelpunkt. Spannungs- und Erlebnismomente in der Situation des Unterrichts haben eine Wirkung auf die Bereitschaft und Motivationen des Lernenden, und die Veränderungen im Lernprozeß können direkt den Gefühls- und Wertungsbereich betreffen – wie zuvor angedeutet. Letzteres beginnt damit, daß die eigenen Antriebe und Bedürfnisse des jungen Menschen bewußt und angenommen werden. Sie können darin münden, daß er verantwortlich zu seinen Interessen und Gesinnungen steht und eine feste Einstellung gute Gewohnheit werden läßt. Natürlich basiert die emotionale Dimension im Unterricht auf der kognitiven, wie die Zuordnung in Beispielen zeigt.

Tabelle

Ordnungskategorien:	Unterrichtsziele:
1. Verhältnis zum eigenen Leib, Entwicklungs-und Reifungsvorgänge	1. Selbstgefühl, vitales, persönlichkeitsbedingtes Sympathiegefühl
2. Pollution, Ipsation, Masturbation (»Selbstbefriedigung«)	2. vitale Triebgefühle, geschlechtliche Antriebe, Geschlechtstrieb
3. Begegnungsformen der Geschlechter im Jugendalter	3. ästhetische Gefühle, vitale und geschlechtliche sowie soziale Triebgefühle
4. Sexualverhalten von Jugendlichen, einschl. Petting, Sexualverkehr sowie sexuelle Enthaltsamkeit	4. Geschlechtstrieb, funktionale Auslösemechanismen, und Antriebe, ethische und religiöse Gefühle und Einstellungen

Ordnungskategorien:	Unterrichtsziele:
5. Geschlechterrollen, Partnerwahl, Ehe, Familienplanung	5. sexuelle, soziale, ethische und religiöse Gefühle und Einstellungen
6. Homosexualität, sexuelle Minderheiten im Zusammenhang mit sexuellen Perversionen	6. Haltung der Toleranz, Mitgefühl, ethisch soziale Einstellungen

Die Vermittlung von Einstellungen im Sexualbereich ist so keine Ausflucht vor realitätsbezogener und offener Sachinformation, sie steht nicht im Dienste einer sexualpädagogischen »Bewahrungstheorie«, die die Wirklichkeit übertüncht, das Luststreben verneint, den frühen Sexualkontakt oder die Ipsation durch moralisierende Beeinflussungsversuche in Bausch und Bogen verdammt. Vielmehr ist eine wirklichkeitsnahe Konfrontation mit dem, was der junge Mensch an sexuellen Trends in der öffentlichen Meinung erfährt und was er an eigener Sexualität bereits erfahren hat, notwendig. Ein nüchterner Vergleich verschiedener sexueller Auffassungen ist unumgänglich, um das Erfassen von unterschiedlichen Einstellungen und Gesinnungen in den Blick zu bekommen. Zu diesem Zweck muß der Versuch eines Zusammendenkens und Zusammenordnens unternommen werden; erst dann sind angemessene Voraussetzungen für Einstellungsänderungen zu erwarten, die dann auch wieder als Grundlage für neue Erkenntnisse dienen können. Denn Einstellungen und Einsichten ergänzen sich ja integrativ. Nur ist auf emotionalem Gebiet der Erfolg des Unterrichts nicht so gut überprüfbar, der Lehrer sollte das ihm vorschwebende Ziel, die von ihm für gut befundene Haltung im Sexuellen, nicht erzwingen wollen und Geduld haben für den individuellen Entwicklungs- und Reifungsprozeß.«

Unter dem Titel

Selbstbestimmtes Geschlechtsverhalten als Unterrichtsziel

»›Verhalten‹ ist in diesem dritten Abschnitt über die Ziele der Unterrichtsbemühungen in verschieden weitem Sinne gefaßt: es meint das Gesamt von Reaktionen, die mit Sexualität zusammenhängen, also die sexuelle Haltung eines Menschen, die in einzelnen Situationen zum Ausdruck kommt, es meint aber auch ganz spezifische Verhaltensformen und Tätigkeiten und außerdem schließlich die ganz unspezifische neutrale Fähigkeit, sich bewußt mit der Wirklichkeit zu konfrontieren, d.h. neuerfahrene Realitäten in sich zu integrieren. Wenn dies letzte durch den Unterricht erreicht wird, ist die Erziehung zur Selbsterziehung gelungen.«

In diesem Zusammenhang äußert sich der Verfasser auch zur Lernsituation in der ko-edukativen Gruppe. Er sagt:

»Die ko-edukative Gruppenstruktur gewährleistet am besten ein natürliches Miteinander der Geschlechter, ein Wachsen aneinander und das Einstellen aufeinander. Gegenseitige Toleranz und Hilfeleistung und die Einsicht in die Stärken und Schwächen des anderen Geschlechts sind Grundlagen für das Leben in Geschlechterrollen. Damit soll keine individuelle Geschlechtsspezifität ausgeschlossen oder gar ein Hinneigen zum gleichen Geschlecht, der verstärkte Anschluß an gleich- oder andersgeschlechtliche Partner in der Pubertät und Vorpubertät vereitelt werden. Im Gegenteil: vielseitige Grunderfahrungen sollten bewußt eingeplant sein. Überhaupt müssen ja die konkreten persönlichen Einzelprobleme der Jugendlichen genügend berücksichtigt werden und dürfen nicht von einer Vielzahl von sozialen, psychologischen, moralischen und anderen allgemeinen Aspekten überrollt werden.«

Wichtig erscheint mir, was weiterhin über die Einbeziehung der Lehrerpersöhnlichkeit in den Vorgang von Einüben von Verhalten gesagt wird. Es heißt dort:

»Das Einüben in bestimmte Formen des geschlechtlichen Verhaltens bezieht auch die Person des Lehrenden in den Kreis des Einübens mit ein. Durch Erfahren der Partnerschaft im Schüler–Lehrer-Verhältnis wird – gerade in der Zeit einer Leitbildunsicherheit, eines Vorbildwandels, eine mächtige Konkurrenz durch die Massenmedien (wirklichkeitsfremde Fotostars,

Modemodelle, ›Sexbombe‹, Sexualpartner) – einer Hypertrophie bloßer Triebhaftigkeit entgegengesteuert. Das sexuelle Vorbild des Lehrers betrifft nicht seine Überlegenheit im Wissensumfang, sondern mehr noch das Niveau seiner sexuellen Einstellungen und das praktische Vorleben überzeugender Haltungen, am meisten aber seine Gesamtpersönlichkeit und seine pädagogische Zuwendung. Distanziertes, egozentrisches, verständnisloses bzw. restriktives Sexualverhalten des Lehrers verursachen allgemein Angst, Unsicherheit, Entmutigung, besonders in Notsituationen der Pubertierenden. Dagegen löst Freundlichkeit, verstehendes Verhalten, aktive Teilnahme manche schulischen, unterrichtlichen und persönlichen Schwierigkeiten auf.

Neben diesen allgemeinen Bedingungen des Verhältnisses zwischen Klasse und Lehrer, unter denen der sexualkundliche Unterricht steht, sind für die Einübung in selbst zu bestimmendes Geschlechtsverhalten des jungen Menschen noch andere sexualpädagogische Praktiken bedenkenswert und diskutabel.« Der Verfasser verweist in diesem Zusammenhang auf die Ausführungen L. Rössners in seinem Buch »Kultivierung der Geschlechtsbeziehungen« (Neuwied a. Rh. und Berlin 1969), der für den sexuell-erotischen Verhaltensaufbau, für die erotische Kultivierung folgendes vorschlägt: Tanz, Stegreiftheater, improvisiertes Rollenspiel, Beschäftigung mit Musik und bildender Kunst und Pflege des Gesprächs über die Beziehungen der Geschlechter. Glombek schließt sein Kapitel »Sexualpädagogische Intentionen für den Lernprozeß (Wissen, Einstellung, Verhalten) mit folgender Reflexion ab: »Wieweit man das (die Vorschläge Rössners sind gemeint) auch für realisierbar und effektiv halten mag: jedenfalls bleiben alle Intentionen, die in den Unterricht hereingetragen werden, im rein theoretischen Vorstellungsbereich stecken, wenn nicht Möglichkeiten des praktischen Anwendens, Einübens und praktischen Erfahrens gefunden werden. Nur mit Hilfe dessen wird es zu einer gediegenen ganzheitlichen Haltung kommen.«

Dieser für Lehrer geschriebene Beitrag zeigt Eltern, daß die Schule es sich nicht leicht macht, es aber auch nicht leicht hat, sexualpädagogische Theorien in die schulpädagogische Praxis umzusetzen. Nun hat man einen Themenbereich, einen Lernzielkatalog abgegrenzt, nämlich den der sexualbiologischen und sexualhygienischen Fakten, und meint auf dem sicheren Boden der Wissensvermittlung auch einigermaßen didaktisch sicher verfahren zu können, analog zu anderen Wissensgebieten. Aber auf Schritt und Tritt wird man dabei auf die Realität verwiesen: Wo immer man menschliche Sexualität anspricht, wird der ganze Mensch angesprochen; im Falle des unterrichtlichen Gesprächs sowohl der Lehrende wie der Lernende. Sobald der psycho-soziale Bereich einbezogen und somit der zwischenmenschliche und weltanschauliche Bezug tangiert wird, sobald es darum geht, Einstellungen zur Sexualität zu vermitteln und Verhalten einzuüben, wenn das Lernziel lautet: »eigenverantwortlich über sich in seiner Sexualität verfügen können – dann muß die Schule den von ihr selbst geforderten Boden »wissenschaftlicher Fundierung« verlassen. Anstelle des pädagogischen Handelns müßte die Schule in eine Dauerdiskussion darüber eintreten, welche Wissenschaft bzw. welche Schule der verschiedenen Disziplinen, die durch das Mitagieren der Massenmedien in unserer Zeit Börsencharakter bekommen, die jeweils verbindliche ist. Fragt man nach den Mitteln, die der Schule zur Verfügung stehen, um Sexualerziehung wirksam zu praktizieren, so muß man sagen: Keine, die in ihrer Wirkung sicher abschätzbar oder gar kontrollierbar sind. Die Auffassung Prof. Glombeks, daß die wirksamste Art und Weise, sexuelle Einstellungen und Verhaltensweisen zu vermitteln, über die beispielhafte Lehrerpersönlichkeit geht, trifft vermutlich die Sache. Sie muß aber doch erstaunen, wenn man sie im Zusammenhang mit dem erweiterten Erziehungsauftrag sieht, den die Schule für sich als verbindlich gesetzt hat. Normschule muß mit Normlehrern zu verwirklichen sein. Man kann weder Schülern, Eltern, noch den Lehrern selbst zumuten, ihre Hoffnung auf die »beispielhafte

Lehrerpersönlichkeit« – beispielhaft übrigens wofür? – zu setzen. Wenn schulische Sexualerziehung letztlich doch in den Bereich des Schicksalhaften, der Begegnung verwiesen wird, wodurch unterscheidet sie sich da eigentlich von der so kritisierten Familienerziehung? Wesentlich wohl dadurch, daß die Eltern das Schicksal ihrer Kinder, das sie entscheidend mitprägen, in der Regel auch ein Leben lang mittragen. Der Lehrer gibt die Klasse turnusmäßig an den Kollegen ab – unbeschadet all der Mühe, der Überlegungen, des fachlichen Wissens, der Ängste, des Unkontrollierbaren, das seinen Einsatz in der Klasse ausgemacht hat.

Wenn obligatorischer Unterricht nicht vom durchschnittlich befähigten und bemühten Lehrer durchschaubar praktiziert werden kann, dann muß die Schule ihren Selbstanspruch überprüfen.

Es ist ein Gebot der Stunde, daß Eltern lernen, realistisch einzuschätzen, was Schule auf sexualerzieherischem Gebiet zu leisten vermag. Damit ist die Frage nach der erzieherischen Qualität der staatlichen Pflichtschule generell gestellt.

Welches sexualkundliche Wissen kann die Schule den verschiedenen Altersgruppen vermitteln?

Welchen Einfluß hat die Schule auf Gefühlseinstellungen und Verhaltensprägung im sexuellen Bereich?

Wie geht die Schule mit der im Elternhaus erfolgten Vorprägung der Kinder um? Woran mißt sie Defizite und wie geht sie diese an?

Wie weit geht die Verpflichtung der Eltern, ihren Kindern im Interesse der Leistungsbeurteilung zu helfen, die Lernziele zu erreichen, die die jeweiligen Lehrer in den verschiedenen Klassen und Fächern aufstellen, und die nicht selten stark voneinander abweichen? Wo setzt die Verpflichtung ein, offen in die Konfrontation mit Lehrern und Vertretern der Schulaufsicht zu gehen, wenn der schulische Erziehungsgehalt konträr zu dem steht, was in der Mehrzahl der Familien geboten wird?

Welche neuen Aufgaben kommen als Folge der derzeit praktizierten schulischen Sexualerziehung auf die Eltern zu?

Wir wollen uns kurz noch einmal die erzieherische Ausgangsbasis vorstellen:

DIE KLASSE, mit der der Lehrer Sexualerziehung betreiben soll, ist in der Regel ko-edukativ zusammengesetzt, d.h., Mädchen und Jungen werden gemeinschaftlich unterrichtet. Der Altersunterschied der Schüler beträgt in der Unterstufe meist um zwei Jahre, in den Mittel- und Oberstufen, besonders den der weiterführenden Schulen, um drei Jahre. Die Klasse als gruppenähnliches Gefüge bzw. die Untergruppierungen einer Klasse sind von den verschiedensten Faktoren abhängig: Von der Anzahl der Schüler, von der Zeitdauer des Zusammenlebens, von der Schulform (gegliederte Schule, Förderstufe, Gesamtschule etc.), Schichtenzugehörigkeit, Bildungsanspruch, Zugehörigkeit zu Nationalitätengruppen und Religionsgemeinschaften. Es gibt in bestimmten Großstädten Schulklassen, in denen bis zu 80 Prozent der Schüler Ausländerkinder sind, auf deren Mentalität gerade Sexualerziehung Rücksicht nehmen müßte. Weiterhin wird die Klasse in dem, was man Klassengemeinschaft nennt, beeinflußt von der Art und Weise, wie vorausgehende Lehrer mit der Klasse umgegangen sind, und nicht zuletzt von dem persönlichen Schicksal jedes einzelnen Schülers und auch dem der Lehrer. Die Art der Verarbeitung dieser Schicksale, die Erwartungen und Wünsche, die sich daraus ergeben und in den Umgang miteinander einfließen, all das, was man Interaktion nennt, bestimmt neben all den anderen aufgezählten Faktoren die Klassengemeinschaft.

Von den Rechten der Schüler her gesehen, hat es der Lehrer mit Kindern und Jugendlichen zu tun, die noch weithin vom Elternhaus abhängig sind, wirtschaftlich sowohl wie auch in der Liebeszuwendung. Trotzdem können sie auch ohne Zustimmung der Eltern im Schulbereich schon Rechte anmelden, wie beispielsweise die Teilnahme am Religionsunterricht. Bereits der Vierzehnjährige hat hier die Entscheidungsfreiheit. Neuerdings werden spätestens in den Abiturklassen durchweg junge Erwachsene sitzen, da das Volljährigkeitsalter auf achtzehn Jahre herabgesetzt worden ist.

So viel wir auch beschreiben mögen: »Die Klasse« ist etwas so Vielschichtiges, daß sie nur schwer in den Griff zu bekommen ist. Die in Schülerlisten, Stundenplänen usw. bürokratisch erfaßte Klasse ist etwas sehr anderes als das, was sich dem Lehrer darstellt und was er wahrnimmt. Sie ist etwas sehr anderes als das, was sich im Notendurchschnitt und im Klassenbuch spiegelt, sie deckt sich nicht mit dem, was Klassensprecher und Klassenelternbeiräte als Klasse vertreten und ist auch nicht schlechthin das, was an Solidarität, Konkurrenz, Spaß, Neid, Erwartung und Enttäuschung während der Schulstunden, in den Pausen und in der Freizeit zwischen den Schülern ausgetauscht wird.

In den erzählenden und persiflierenden Beschreibungen kommt das, was als Schulklasse für Menschen unseres Kulturkreises von eminent formender Bedeutung ist, eher zum Ausdruck als in noch so detaillierten Faktorenanalysen.

Dieses als Ganzes so schwer erfaßbare Etwas ist der Partner des Lehrers im sexuellen Erziehungsgeschehen. Die Klasse ist der Rahmen, in dem jedes einzelne Kind Sicherheit, Zuwendung, Geborgenheit und Wertschätzung sucht.

DER LEHRER, der durch ministerielle Richtlinien verpflichtet wird, den Bedürfnissen seiner Schüler und seinem Fachgebiet entsprechende Sexualerziehung zu leisten, findet sich in einen Kreis männlicher und weiblicher Kollegen einbezogen, die zu dem Phänomen Sexualerziehung eine sehr unterschiedliche Meinung haben, und im Alter zwischen ca. fünfundzwanzig und fünfundsechzig Jahren stehen. Ob sich ein Kollegium als Ensemble fühlt, das sein Programm mit Rücksicht auf die Schüler abspricht, einübt und durchführt, oder aber als Einzel-Akteure, hängt weithin von der Bereitschaft zur Zusammenarbeit und von den Intentionen und Fähigkeiten des Schulleiters ab.

Die Ausbildung erfolgte auf verschiedenen Bildungswegen. Während die Älteren noch über die Seminarausbildung zum Lehrerberuf gelangen konnten, haben die Jüngeren einen akademischen Beruf über die Universitätsausbildung erworben. Die einen betonen die bessere praktische Ausbildung, die anderen die bessere theoretische. Zur Sexualerziehung hat die Ausbildung beider wenig beigetragen. Die Älteren hatten inzwischen die Möglichkeit, durch Auseinandersetzung mit einem persönlichen Schicksal ihre eigene Einstellung zur Sexualität auf die »Glücksprobe« zu stellen und daraus Schlußfolgerungen zu ziehen. Die Jüngeren sind dabei, den Wechsel, den sie auf die Zukunft gezogen haben, für sich selbst einzulösen. Während die älteren Lehrer sich stärker mit der Elternrolle identifizieren, stehen die jüngeren erlebnismäßig und altersmäßig den älteren Schülern näher. Das Generationenproblem wiederholt sich nicht selten im Kollegium unter anderem Vorzeichen. Im Kollegenkreis, und erstaunlicherweise auch in der Fachliteratur wird der Lehrer, der bereitwillig Sexualerziehung betreibt, auch für dazu besonders befähigt gehalten. Der Zögernde hingegen gilt leicht als verklemmt. Hat man das Kind vergessen, das aus Angst vor dem dunklen Keller lauthals singt?

Die Befähigung oder Nichtbefähigung des Lehrers zur Sexualerziehung ist weithin unabhängig vom Alter, unabhängig von einem akademischen Fachvokabular, in der Regel auch unabhängig von der Examensnote.

Sie ist entscheidend abhängig von der Fähigkeit zur realistischen Selbsteinschätzung. Der abwägend Zögernde ist bisweilen reifer als derjenige, der mit missionarischem Eifer die »Sache Sexualität klarstellt«.

Immer bedeutet Sexualerziehung für den Lehrer die Möglichkeit, echt erzieherisch tätig zu sein, sich dabei auch seinen eigenen Problemen zu stellen und sie aufzuarbeiten – oder aber sie in der Klasse zu »begraben«, und dadurch abzuwehren.

DER SCHULTRÄGER, der Staat, sichert den Lehrer, der Sexualerziehung betreibt, rechtlich ab. Das Elternrecht ist insoweit eingeschränkt, als der eigene Auftrag der Schule es einengt. Für den Konfliktfall werden Ratschläge zur gütlichen Einigung erteilt. Der »Fachlehrer« für Sexualerziehung, etwa analog zur Kunsterziehung, ist nicht vorgesehen. Die Fähigkeit zur Sexualerziehung wird als zur Grundausstattung eines Lehrers gehörig erachtet. Die Tabuisierung der Sexualität im Schulunterricht ist aufgehoben. Sexualerziehung erhält insofern eine Sonderstellung im Rahmen des Unterrichts, als sie fächerübergreifend praktiziert werden soll, der Schutz der eigenen Auffassung – vergleichbar dem in Religion – nicht anerkannt wird und eine Fachausbildung nicht vorgesehen ist. Die Fortbildung obliegt Seminaren, an denen der Lehrer freiwillig teilnehmen kann.

DIE LEHR- UND ARBEITSMITTEL entsprechen in ihrer Vielzahl und Vielfalt und auch in der superlativen Qualitätsbezeichnung durch ihre Urheber der Vielfalt und Widersprüchlichkeit der Lehrmeinungen, die auf dem pädagogischen Markt gehandelt werden. Die Genehmigungspflicht von Schulbüchern ist eng umgrenzt und kann deshalb entsprechend weit umgangen werden.

DIE ELTERN nehmen von der Schule als einem elementaren Erziehungsfeld weithin keine Notiz. Sie sind vorrangig daran interessiert, daß ihre Kinder gute Schüler sind und dies durch angemessene Noten zum Ausdruck kommt. Sie waren bereit, sich beim Schreiben- und Lesenlernen in die Ganzheitsmethode einzuarbeiten, sie versuchen sich in der »neuen Mathematik«, der Mengenlehre, zurechtzufinden und sie werden mit ihren Kindern Sexualkunde betreiben, sofern zu fürchten ist, daß es dabei um Noten geht.

Nur bei starken Übertreibungen von Lehrern, wenn beispielsweise der Gassenjargon säuberlich ins Heft geschrieben werden muß oder Bilder als Arbeitsmittel gebraucht werden, die der so nicht sexualkundlich Vorgebildete schlichtweg für Pornographie hält, die die Kinder verschreckt, kommt es zu Protestaktionen.

DER ELTERNBEIRAT setzt sich in der Regel aus pädagogisch interessierten und auch nicht selten vorgebildeten Elternvertretern zusammen. Dort, wo es gelingt, einen Elternstandpunkt herauszuarbeiten und darüber mit der Lehrerschaft ins Gespräch zu kommen, gelingt es meist auch, die Standpunkte so anzunähern, daß Kinder sich nicht wie in zwei verschiedenen Welten bewegen müssen.

So kurz zusammengefaßt nochmals die Situation, in der Lehrer Sexualerziehung betreiben und Schüler sie erfahren sollen. Eine höchst unzureichende Ausgangsbasis für so hoch gestellte Ziele. In der schulischen Praxis werden sie aller Erfahrung nach auch nicht erreicht. Erreicht worden ist, daß die Geschlechtlichkeit des Menschen in der Schule nicht mehr grundsätzlich tabuisiert werden muß. Das entsprechende biologische Faktenwissen darf vorausgesetzt, bzw. in den verschiedenen Altersstufen entsprechend angeregt und weiter vertieft werden. Vielleicht sollte man damit zufrieden sein und das Mehr an Erziehung tatsächlich denen überlassen, an die die Schüler ihre Fragen und Nöte richten. Oder auch denen, die es verstehen, im Unterricht Lebenshilfe miteinzubauen, ohne daß dies als abfragbares Wissen oder zu kontrollierende Einstellungsänderung deklariert werden muß. Alles Mißtrauen sollte jenen Lehrern gelten, die das sexuelle Glück als das menschliche Glück schlechthin vorstellen und vorgeben, daß dies mit sextechnischen Mitteln von jedem entsprechend seinem selbstgesteckten Maß zu erreichen sei. Um Enttäuschungen vorzubereiten, bedarf es keiner schulischen Bemühung.

DIE SCHULISCHE SEXUALERZIEHUNG – VORTEILE UND RÜCKKOPPELUNGS-PROBLEME FÜR DIE ELTERN

Die Aufklärung im engeren Sinne ist für Eltern heute leichter geworden. Wann immer ein biologischer Sachverhalt nicht ganz deutlich ist, können sie ihren Kindern sagen: »Fragt den Lehrer! Laßt euch die Sache nochmals von eurer Lehrerin erklären!« Sie werden durch die schulische Sexualerziehung auch direkt zur Stellungnahme herausgefordert und müssen sich nicht lange fragen, ob das Interesse ihres Kindes dies schon erlaubt oder nicht. So kommen sie leichter über Gefühlshemmungen hinweg, die, wie ihnen ihr Verstand sagt, keine Berechtigung haben. Gelegentlich machen sie allerdings die Erfahrung, daß das in der Schule aufgeklärte Kind ausgerechnet mit der Frage zu ihnen kommt, die sie am wenigsten gern beantworten. Das achtjährige Kind sagt beispielsweise: »Alles ist mir klar. Nur eines habe ich nicht genau verstanden – was muß man eigentlich machen, daß der Samen zum Ei kommt?« Dieses »Nichtwissen« des Kindes kann natürlich auch eine Aufforderung an die Eltern sein, zu beweisen, daß auch sie wissen, worauf es ankommt, daß sie ihrem Kind zutrauen, dies schon wissen zu dürfen, und schließlich auch Neugierde, ob die Eltern das gleiche sagen wie die Lehrerin. Einer solchen Frage müssen die Eltern sich natürlich stellen und deutlich sagen, daß dann, wenn die Eltern sich ein Kind wünschen, sie so zärtlich miteinander sind, daß das Begattungs- und Fortpflanzungsorgan des Mannes, der Penis, steif wird und sich aufrichtet und so in die weibliche Scheide eindringen und es dort zum Samenerguß kommen kann. Die Chance der Eltern ist dabei immer, daß sie dieses biologische Faktenwissen in Zusammenhang mit der eigenen Lebensgeschichte des Kindes bringen können. Auch das unehelich geborene Kind, das Kind aus geschiedener oder zerrütteter Ehe, das adoptierte Kind wird es als eine Bestärkung seines Selbstwertgefühls empfinden, wenn ihm gesagt werden kann: »Als du gezeugt wurdest, haben wir – haben deine leiblichen Eltern – geglaubt, daß ihre Zuneigung ein Leben lang halten wird. Wir sind aber dankbar, daß wir dich haben.« Wer immer noch Bedenken hat, ob man mit Kindern schon so deutlich sprechen kann, der sollte folgendes in Rechnung setzen: Es ist heute müßig zu fragen, ob man Kindern die »volle Wahrheit« mit fünf, acht, oder zwölf Jahren sagen kann. Bedürfnisse, Neugierde dieser Art kommen nicht wie von selbst aus dem Kind, sie werden durch die Umwelt geweckt. Und in unserer Zeit ist die Sexualität ein öffentlich diskutiertes und auch dargestelltes Thema geworden. Das Kind wird von außen auf die Zusammenhänge gestoßen. Wenn man aber das Kind für reif halten muß, mit ihm auch über das Ende des Lebens und über das Weiterleben nach dem Tod zu sprechen – denn auch auf diese Fragen wird es stoßen – dann ist nicht einzusehen, weshalb nicht über den Anfang gesprochen werden kann.

Je mehr Eltern sich mit den Kindern auf Gespräche einlassen, die durch die schulische Sexualerziehung angeregt werden, um so freier werden sie dabei. Sie lernen mit den Kindern! Und sie werden bald dahinter kommen, daß sie als Eltern den eigentlich lebenskundlichen Beitrag besser als die Schule leisten können. Der Lehrer hat kaum eine Kontrollmöglichkeit darüber, welche Gefühlsbewegungen er im einzelnen Schüler durch seinen sexualkundlichen Unterricht auslöst. Er ist sogar gehalten, möglichst »sachlich« die sexualbiologischen und sexualpsychologischen Themen abzuhandeln. Sachlichkeit also dort, wo Gefühle das Tragende sind! Eine Mutter hat schon in der Art und Weise, wie sie in der Rückerinnerung die Geburt des vor ihr sitzenden Kindes noch einmal erlebt und darüber berichtet, eine unmittelbare Ausdrucksmöglichkeit für das, was Geburt wirklich ist. Oder hat das bloße Wissen um das Funktionieren des Blutkreislaufes schon irgend jemandem zum Verständnis dessen verholfen, was es heißt: »frei atmen – vor Angst keine Luft mehr bekommen – erleichtert und erlöst ausatmen?«

Eltern sollten sich bei all diesen Gesprächen der Chance und der Verantwortung bewußt sein, daß sie es sind, die die Gefühlseinstellungen ihrer Kinder zum sexuellen Geschehen vorprägen oder auch fixieren. Ihr Anliegen muß es sein, die Kinder im Gefühlsbereich so sicher auszustatten, ihnen glaubbar zu machen, daß es gut ist zu leben und in der Regel eine Lust, ein Kind zu haben. Dann können Kinder auch die Überfrachtung mit Detailwissen, die Last des Wissenskatalogs ertragen und verarbeiten, die Schule und Öffentlichkeit anbieten.

EINIGE THEMEN, DIE BISWEILEN IN SCHULE UND ELTERNHAUS UNTERSCHIEDLICH BEHANDELT WERDEN UND DESHALB ZU PROBLEMEN FÜR DAS KIND UND ZU KONFLIKTEN IM ELTERNHAUS FÜHREN KÖNNEN

Die Nacktheit der Eltern vor den Kindern

Es soll hier nicht mehr davon gesprochen werden, wie dies im Kapitel »Geschlechtserziehung in der Familie« geschehen ist, daß Kinder im Kleinkindalter Familiensituationen erleben sollen, in denen die Eltern logischerweise unbekleidet sind. Das Intimleben aber schließt – ebenfalls in sich logisch – das Miterleben durch Kinder aus.

Hier geht es um folgende Situation: Das Kind – zweites, drittes Schuljahr – kommt nach Hause und sagt: »Unsere Lehrerin hat gesagt, zu Hause braucht niemand Kleider anzuziehen und es macht viel mehr Spaß, wenn Eltern und Kinder nackt miteinander spielen. Wir haben auch Bilder angeschaut, wo dies so ist.« Solche Bilder »wo dies so ist« bringt übrigens die Werbung für Hautcreme, Seife usw. in jeder Illustrierten und auf den Plakatsäulen. Auf den Werbefotos sind die Geschlechtsteile der heiteren Nacktfamilie allerdings in der Regel durch entsprechendes Arrangement der Familiengruppe wegdrapiert. Nun wird kein vernünftiger Mensch erwarten, daß die Eltern sich fraglos schulbuch- und werbefotokonform verhalten. Schließlich ist die äußere Haltung der Ausdruck einer inneren Einstellung. Eltern werden für sich erst einmal klären müssen, ob das stimmt, was das Kind als Erkenntnis mit nach Hause gebracht hat: »Die Lehrerin hat gesagt, es macht Spaß ...« Wenn Eltern von sich sagen müssen, daß es ihnen keinen Spaß macht – weil sie es anders gewöhnt sind, weil sie nicht einsehen, weshalb man zu Hause so sehr anders miteinander umgehen sollte als in anderen Lebensbereichen, weil sie gar keine Wohnverhältnisse haben, die so viel

Privatsphäre zulassen, weil sie gerne manchen Mangel der Figur und des Aussehens vor den beobachtenden Augen der Kinder verbergen wollen, weil sie fürchten, daß gerade Heranwachsenden die Bilder der Eltern zu imaginären Liebesobjekten werden könnten, weil sie überzeugt sind, daß ihr Körper zu ihrem Intimbereich gehört, vor dem auch Kinder haltzumachen haben, so wie sie dies als Eltern auch den Jugendlichen gegenüber tun, wenn es den Eltern aus all diesen möglichen Gründen, wie gesagt, keinen Spaß macht, dann sollen sie dies den Kindern sagen. Und sie sollen die Kinder ermutigen, dies an die Lehrerin weiterzugeben: »Meine Eltern haben gesagt, daß sie daheim lieber Kleider anhaben und uns Kinder nicht dabei haben wollen, wenn sie sich aus- und anziehen. Und sie haben gesagt, daß es viele Eltern gibt, bei denen es so ist.«

Kommt in einem Elternabend das Thema zur Sprache, dann sollten Eltern auf folgendes hinweisen: Nachdem zu früheren Zeiten nicht alle Eltern ihre Kleidung ängstlich als »Schambedeckung« aufgefaßt haben, besteht jetzt auch für die meisten von ihnen kein Anlaß, sich zum Zeichen der Entkrampfung auszuziehen.

Wichtig ist es vor allem, daß Eltern eine gemeinsame Haltung in dieser Frage gewinnen. Wird sie zur Streitfrage, die vor den Kindern ausgetragen wird, dann kommen die Kinder in echte Bedrängnis. Nicht immer ist es gut, wenn Ehepartner bis ins letzte ergründen wollen, weshalb der Vater oder die Mutter ihren Intimbereich den Kindern gegenüber deutlich abgrenzen wollen. Die Abwehr von bedrohlich empfundenen Situationen ist keineswegs immer ein Zeichen von neurotischer Verklemmung, sondern vielmehr häufig von realistischer Selbsteinschätzung. Seit Methoden der Psychoanalyse auch den Rang von Gesellschaftsspielen erhalten haben, wird so leicht vergessen, daß die Lebenskunst darin besteht, im Umgang mit den Dingen, mit den anderen Menschen, und mit sich selbst die rechte Mitte zu finden zwischen Daraufzugehen, Zupacken – und Abwarten, Zurückdrängen, aus dem Wege gehen, Vergessen. Anspannung und Entspannung, Einatmen und Ausatmen gilt nicht nur für unsere Muskeln und die Atmung. Diese Bewegung steht für eine Lebensformel, eine Lebenstechnik.

Die Masturbation oder Selbstbefriedigung

In den Lernzielkatalogen wird die Behandlung des Themas in der Regel erstmalig im Zusammenhang mit der Aufklärung über die Geschlechtsreifung vorgeschrieben, also zu einem Zeitpunkt, zu dem die Schüler selbst noch nicht geschlechtsreif sind. Außerdem wird es dem Bereich »Sexualverhalten im Kindes- und Jugendalter« zugeordnet.

Eltern können beispielsweise von ihren zehnjährigen Kindern gefragt werden: »Was muß man eigentlich machen, daß man das Orgasmusgefühl hat?« Oder aber die Kinder sagen: »Es ist ganz normal, daß man erst bei sich ausprobiert – hat der Lehrer gesagt – worauf es ankommt, dann hat man es später leichter.« Hier stellt sich für Eltern nicht die Frage, auf die sie in der Regel im Zusammenhang mit der Selbstbefriedigung gefaßt sind, nämlich die nach der Triebbeherrschung. Es stellt sich für sie die Frage, wie weit die sexuelle Aufklärung Kinder stimulieren soll, das auszuprobieren, wozu sie von sich aus keinerlei Bedürfnis haben. Es geht um die praktische Anwendung dessen, was in der Schule gelernt worden ist.

Fragen Eltern die Lehrer, was sie nach ihrer Meinung den Kindern sagen sollen, begegnen sie ähnlicher Ratlosigkeit. Warum so viele Detailinformationen im voraus, wenn die Antwort an die Kinder nach dem Wie der entsprechenden Manipulation nur lauten kann: »Wenn es dich von deinen Körpergefühlen danach drängt, dann wirst du von selber dahinterkommen. Im übrigen muß man das, wozu man einen Liebespartner braucht, keineswegs vorher unbedingt bei sich selber ausprobieren. Im eigentlichen kann man es gar nicht. In der Liebe kann man sich so wenig sein eigener Partner sein wie im

Gespräch. Oder ersetzt ein Selbstgespräch den Austausch mit dem Gesprächspartner? In der Regel weichen nur sehr einsame Menschen auf dieses Mittel zur Eigenunterhaltung aus.«

Hinzu kommt, daß in bezug auf die Masturbation ein erheblicher Unterschied zwischen den Geschlechtern besteht. Ich weiß zwar, daß man sich heftiger Kritik aussetzt, wenn man heute noch zu sagen wagt, daß außer den anatomischen Unterschieden noch eine Verschiedenheit zwischen Mann und Frau besteht, weil vorerst noch grundsätzlich jede andere Rollendifferenzierung sozio-kulturellen Faktoren zugeschrieben wird.

Als gesicherte Tatsache gilt, daß sowohl Jungen wie Mädchen schon in den frühen Kinderjahren durch Masturbation zum Orgasmus kommen können. Es gibt aber keinen ersichtlichen Grund dafür, weshalb die Erziehung dem Vorschub leisten sollte. Wohl aber gibt es Hinweise darauf, daß Kinder dieses Erlebnis nicht sinnvoll in ihre Gefühls- und Vorstellungswelt einordnen können. Masturbation hat bei Kindern, deren Sexualtrieb noch nicht auf einen Liebespartner gerichtet ist, immer den Stellenwert der Ersatzhandlung. Nach Versagungs- und Versagenserlebnissen, in Zeiten der Unlust und der Müdigkeit wird es zum Mittel des Eigentrostes. Man sollte sich gelegentlich daran erinnern, daß Freud die Selbstbefriedigung als die Urform der Sucht bezeichnet hat.

Was also sagen Eltern ihren Kindern zu dem Thema?

Sie sagen klar, was sie wirklich meinen. Finden sie die Meinung des Lehrers richtig, sind sie der Auffassung, daß Kinder Sexualität als Orgasmus erleben müssen, dann darf es sie nicht gleichgültig sein lassen, wie ein Kind, an welche Phantasien gebunden, dieses Erlebnis einordnet.

Sind hingegen die Eltern wie ich der Meinung, daß das Erlebnis des Orgasmus nicht zu den Erlebnissen des Kindes und des Jugendlichen vor der Geschlechtsreife, und für die Mädchen auch danach nur bedingt gehört, dann müssen sie ihre Erziehung darauf einstellen. Man wird dann sagen, daß Jungen mit der Geschlechtsreifung, mit dem Erlebnis der Pollution, das Erlebnis ohne eigenes Zutun haben werden und daß sie dies getrost auf sich zukommen lassen können. Man wird weiterhin sagen, daß bei Mädchen die sexuellen Gefühle in ihrer vollen Stärke erst durch den sexuellen Kontakt erregt werden. Und daß Mädchen nichts aber auch gar nichts entgeht, wenn sie auf dieses Erlebnis in der Erwartung einer Liebesbeziehung zu einem männlichen Partner zuleben. Auch die erotische Phantasie ist eine der Jugend gemäße Form des sexuellen Erlebens.

Selbstverständlich ist in jedem Fall richtigzustellen, daß Masturbation nicht jene gefährlichen Folgen hat – Nachlassen der Geschlechtskraft, Nervenkrankheiten –, die man früher annahm. Zur Redlichkeit gehört auch, Jugendlichen zu sagen, daß die Masturbation in der religiösen Erziehung früher zu isoliert gesehen und mit dem Gewicht der schweren Verfehlung beladen worden ist, das ihr nicht zukommt. Im übrigen müssen Jugendliche wissen, daß diese sexuelle Betätigung nur ein Durchgangsstadium sein kann und in der Phantasie auch bereits auf einen Partner des anderen Geschlechts gerichtet sein sollte. Wo immer der Phantasiegehalt sado-masochistisch, fetischistisch oder auch durch Größenphantasie gekennzeichnet ist, sollte der junge Mensch eher einmal zuviel eine Beratungsstelle aufsuchen als zuwenig. Ihm hierzu Mut zu machen, ist mit eine wesentliche Aufgabe der schulischen Sexualerziehung.

In der Beratungsstelle wird mancher Jugendliche, der hinging, um zu erfahren, ob er in seinem sexuellen Verhalten »normal« sei, bemerken, daß die Sexualität im engeren Sinne bald in seinen Gesprächen kaum mehr eine Rolle spielt. Daß es vielmehr darum geht, Kontaktfähigkeit zu erlernen, freundschaftliche Bindungen dauerhaft zu gestalten, Erwartungen realistisch hinsichtlich ihrer Umsetzbarkeit in die Alltagswirklichkeit einzuschätzen, Gefühle der Selbstsicherheit zu entwickeln und der Erfahrung von Einsamkeit und Langeweile Aktivitäten entgegensetzen zu können. Das hat noch nichts mit Sublimierung zu tun, mit der Überhöhung des Sexualtriebs, von dem Freud sprach und die man heute weithin nicht mehr gelten lassen möchte, weil sie nicht ins Bild der permanenten Sexlust paßt. Hier ist davon die Rede, daß Sexualität für einen jungen Menschen nicht alle Leerräume füllen kann – sonst wird sie so billig oder auch so teuer wie Schnaps. Man sollte diese Überlegung im Zeichen der zunehmenden Jugendsüchtigkeit ernst nehmen.

Die frühen Freundschaften

die Jugendliche heute eingehen, sind ein weiterer Punkt der Sorge der Eltern und auch der Jungen und Mädchen, die sich nicht verstanden fühlen.

Die Eltern halten ihre dreizehn- bis sechzehnjährigen Mädchen nicht reif für solche Beziehungen und haben Angst vor ungewollten Schwangerschaften. Andererseits können sie sich auch nicht dazu verstehen, ihren Kindern schon in diesem Alter die empfängnisverhütenden Mittel zu verschaffen. Die Eltern halten aber auch die etwa gleichaltrigen Jungen für überfordert, wenn sie die Rolle des Mannes spielen sollen. Sie meinen aus ihrer eigenen Erfahrung heraus sagen zu können, daß es ihnen für ihre Gesamtreifung nur von Nutzen war, wenn sie Zeit und Energie zuerst der Schule, der Berufsausbildung und der Entwicklung und Pflege von Interessen gewidmet haben und sich dann mit weit größerer persönlicher Sicherheit dem Freund oder der Freundin zuwenden konnten.

Demgegenüber erfahren die Jugendlichen durch die Schulerziehung, sofern diese so stattfindet, daß sie ein Anrecht darauf haben, ihnen gemäße Formen der sexuellen Beziehung bereits im jugendlichen Alter zu erleben, daß es unrichtig sei, sich für später »aufzusparen«, daß es unrichtig sei, seine Triebwünsche zu beherrschen. Dementsprechend schreibt der Lernzielkatalog vor, daß Kinder des siebten und achten Schuljahres über Formen des Petting und des Geschlechtsverkehrs informiert werden sollen und auch über die Möglichkeiten der Empfängnisregelung und Familienplanung. Was darunter zu verstehen ist, kann in »Sexualerziehung – Handreichung für den Lehrer«, herausgegeben von der Bundeszentrale für gesundheitliche Aufklärung (1974) nachgelesen werden. Als geburtenregelnde Methode wird dort u. a. auch die Schwangerschaftsunterbrechung angeführt, die bei der graduellen Abstufung hinsichtlich der Sicherheit mit an erster Stelle steht. In den weiteren Ausführungen heißt es dann dort sinngemäß, daß eine Frau, die sich zum Schwangerschaftsabbruch entschlossen hat, in der Bundesrepublik keine andere Wahl hat, als sich einer Ärztekommission zu stellen oder ins Ausland zu gehen.

Wie verarbeitet ein so junger Mensch all dies in dem Sinne, daß er eine Einstellung, ein Verhalten hinsichtlich der Sexualität erwirbt, mit dem er jetzt und später leben kann? Die Jugendlichen selbst sagen in der Regel, daß es ihnen gar nicht so sehr auf sexuelle Kontakte im engeren Sinne ankomme. Ihre »Probierphase« bezieht sich vielmehr darauf, welche Chancen sie beim anderen Geschlecht haben. Für sie ist Freund- oder Freundinhaben weithin eine Frage der Selbstbestätigung. Darüber hinaus haben sie einen Menschen, der ähnliche Gedanken, ähnliche Probleme, ähnliche Ängste hat. Der Schritt aus der elterlichen Bindung heraus vollzieht sich mit solch einem Verstärker leichter. Wie weit dürfen die Eltern den Raum der Eigenverfügbarkeit ihrer heranwachsenden Jungen und Mädchen stecken? Wo müssen sie Verbote aussprechen?

Die Realität ist, daß die Erstgeborenen in der Regel viel strenger gehalten werden als die Jüngeren, und die Mädchen wiederum strenger als die Jungen. Liegt die Emanzipation noch so sehr im argen? Man kann nicht leugnen, daß nach wie vor die Mädchen bei sexuellen Beziehungen mit dem höheren Einsatz spielen, weil ihr Leben in intensiverer Weise von einer möglichen Schwangerschaft betroffen wird, und das Leben der Familie des Mädchens dementsprechend mehr als das der Familie des jugendlichen Erzeugers.

Also doch nur ein Gesichtspunkt – die Angst vor einer unliebsamen Empfängnis? Kann dem nicht wirksam mit der »Pille«

begegnet werden? Die unliebsame Empfängnis ist nicht der einzige Gesichtspunkt, der bei sehr früh geschlossenen Freundschaften zwischen Junge und Mädchen bedacht sein will.

Die entscheidende Frage ist, ob Jugendliche ermutigt werden sollen, Liebesspiele auszuprobieren, ehe sie lieben können. Die schulische Sexualerziehung, die von einem statistischen Normverhalten ausgeht – Kußerfahrung der Mädchen durchschnittlich von zwölf Jahren an, Jungen von dreizehn Jahren an, – und ihren Unterricht darauf einstellt, setzt in gewisser Weise diese Normen.

In den bereits erwähnten Handreichungen zur Sexualerziehung für den Lehrer ist zu lesen, daß spätestens vom neunten Schuljahr an bei der Behandlung des Themenkomplexes »Kuß« eine Klassifizierung vorgenommen werden müsse. Als Kußformen sind zu besprechen:

»Küssen der Wangen, Augenlider und anderer Körperteile
Küssen der Brüste
Küssen der Geschlechtsorgane (Fellatio, Kunnilingus)
Mundkuß (Lippenkuß)
Auch das Beißen, Lutschen und Saugen sollte miteinbezogen werden.«

Die Kulturabhängigkeit des Kusses sollte dabei deutlich »herausgearbeitet« werden. Davon, daß durch Küssen möglicherweise auch Infektionskrankheiten übertragen werden können, soll zurückhaltend gesprochen werden, um die Kinder nicht ängstlich zu machen. Ob man Kinder nicht sehr viel mehr ängstigt, wenn man ihnen – gewollt oder ungewollt – mit einer Detailbehandlung des Liebesspiels eine Leistungsnorm setzt? Muß man sich dann nicht so verhalten wie der statistische Durchschnitt, um sich zu beweisen? Daran sollte immer gedacht werden, wenn Gebote von heute wie die Verbote von früher erscheinen.

Es wurde an der früheren Sexualerziehung mit Recht kritisiert, daß die sexuelle Beziehung mit so viel geheimnisvoller Erwartung ausgestattet worden ist, daß die Hochzeitsnacht nicht selten zu einer Enttäuschung wurde, die das ganze weitere Eheschicksal mitbestimmte. Sehr jungen Menschen glauben zu machen, daß sie Partnerschaft einüben können, indem sie Sextechnik praktizieren, heißt, sie der ähnlichen Enttäuschung auszusetzen. Man versteht bei dieser Art Sexualerziehung die Nostalgiewelle, die unsere Jugend erfaßt hat. Muß der heimliche Heuboden nicht geradezu zum Gegenbild solch »sachlichen« Unterrichts werden? – Man wird wahrscheinlich einwenden, daß ich außer acht lasse, daß Jugendliche in Romanen, in Illustrierten oder auch in Filmen lesen und sehen können, was in der Schule behandelt werden soll. Gegenfrage: Warum muß es dann behandelt werden? Um es zu »versachlichen«, und warum? Wenn während eines sexualkundlichen Gespräches von Schülern die Frage gestellt wird, welche Kußformen »erlaubt« seien – denn dies ist oftmals das Anliegen der Schüler – dann sollte man darauf hinweisen, daß die Fragestellung so nicht richtig ist. Die äußere Gebärde ist immer der Ausdruck eines inneren Zustandes. Um abschätzen zu können, ob das, was man tut, gut oder nicht gut, richtig oder nicht richtig ist, braucht man sich nur eine ehrliche Antwort darauf zu geben, was man mit seiner Gebärde, mit dem Kuß beispielsweise, sagen will. Daß es bei sehr jungen Menschen auch um eine Art »Mutprobe« gehen kann, daß die Ersterfahrung gesucht wird, vor der man zugleich Angst hat, das sollte Schülern bei einem solchen Gespräch einsichtig werden. Man muß, wenn man heute mit jungen Menschen etwa von dreizehn Jahren an spricht, damit rechnen, daß einige darunter sind, die von ihren Kußerfahrungen mehr als enttäuscht sind. Dies sollte angesprochen werden, um entstandene Ängste wieder abzubauen. Gerade Mädchen lesen heute so viel von frigiden oder orgasmusunfähigen Frauen, daß sie schon an sich zu zweifeln beginnen, wenn die ersten Kußerfahrungen enttäuschend, wenn nicht gar unangenehm empfunden worden sind. Es ist äußerst wichtig, jedem, aber auch jedem Leistungsdruck auf dem Gebiet des Sexuellen entgegenzuwirken.

Es ist eine Frage des Selbstwertes, ob einer sich die Zeit einräumen kann, auf die Begegnung, auf das Erlebnis der erotischen Spannung zu einem Partner zu warten. Das sollten Eltern bedenken, die ihren Söhnen und Töchtern so frühe Freundschaften verbieten wollen. In der Regel bewirken solche Verbote nur, daß alle Spannungen, die in der Pubertätszeit zwischen Jugendlichen und den Eltern üblicherweise bestehen, auf den Streitpunkt »Freundschaft« übertragen werden. Erzieherisch können Eltern eigentlich nur dann sinnvoll wirken, wenn es ihnen gelingt, die jungen Menschen zu befähigen, ihre Freundschaft zu gestalten. Das bedeutet, daß die jungen Leute miteinander darüber reden müssen, welche Erwartung sie miteinander haben, und daß sie ihr Verhalten danach einrichten. Selbstverständlich geht in diese Erwartungen der Jugendlichen das ein, was die Eltern von ihnen erwarten. Und die Eltern erwarten in der Regel, daß ihre Söhne und Töchter auf dauerhafte Partnerschaft zuleben, daß sie sich auf Ehe und Familie vorbereiten wollen. Und sie erwarten, daß es nicht zu vorzeitigen und somit unerwünschten Schwangerschaften kommt.

Die Erwartungen der Eltern und die der Kinder weichen in der Regel gar nicht so sehr voneinander ab. Ein wesentlicher Unterschied besteht jedoch oft darin, daß die Jugendlichen sich und ihre Gefühle nicht richtig einschätzen können – und allen sexuellen Detailinformationen zum Trotz in Situationen geraten, die sie nicht vermutet haben – und in denen sie der Hilfe ihrer Eltern bedürfen. Das kann sein, wenn sich die Gefühle eines freundschaftlich verbundenen jungen Paares einseitig entwickeln. Wenn es darum geht, daß man »Schluß machen« muß, oder daß mit einem »Schluß gemacht« worden ist. In der Regel können Eltern dann den innerlich aus den Fugen geratenen Sohn oder die Tochter besser stützen, wenn sie sich von vornherein in der Freundschaft selbst nicht so sehr engagiert haben. Man erlebt heute, daß Eltern in dem Bemühen, die Freundschaften ihrer Kinder im Auge zu behalten, dem Freund oder der Freundin schnellstens volles Familienrecht einräumen. Wie schlimm, wenn vielleicht ein in seiner Familie wenig glücklicher Junge oder ein sich sehr einsam fühlendes Mädchen mit dem jungen Partner auch dessen Familie verlieren muß.

Hilfe ist aber auch notwendig, wenn sich den Jugendlichen durch ihr Liebeserlebnis die Realität über alle Maßen zu verschieben droht. Wenn sie aus allen anderen Bindungen und Verpflichtungen – Verwandtschaft, Interessen-Gruppen, Kirche, Schule, Berufsausbildung – aussteigen wollen, weil sie »sonst nichts im Kopf« haben als sich selbst.

Und dann brauchen junge Menschen auch die Hilfe ihrer Eltern, wenn sie bereits sexuelle Kontakte haben. Es kann hier dann nicht mehr darum gehen, ob die Eltern dies »erlaubt« oder »verboten« haben. Hier sind Entscheidungen gefallen, die – gleich ob sie als beglückend oder enttäuschend erlebt worden sind – von dem jungen Menschen so bewältigt werden müssen, daß ein echter Reifungsimpuls daraus hervorgeht. Kinder werden – hoffentlich – nicht alle Details ihrer Liebesbeziehungen zu Hause erzählen. Ob ein Kind glücklich oder unglücklich ist, merkt man aber. Und Eltern, die ein gutes Verhältnis zu ihren Kindern bislang gehabt haben, können mit einem Wort, mit einer Geste andeuten, daß sie bereit sind, zu verstehen und zu helfen. Das muß sich auch auf die Beratung über *empfängnisregelnde Methoden* beziehen und die Beschaffung geeigneter Mittel.

Selbst wenn Eltern mit ihrer Auffassung noch so richtig liegen, daß Sohn oder Tochter noch nicht reif sind für echte Liebesbeziehungen und daß es eigentlich unrecht ist, was sie einander antun, dürfen sie sie nicht mit einer Verantwortung allein lassen, mit der sie nicht zurechtkommen. Man macht in der Beratung nicht selten die erstaunliche Beobachtung, daß Eltern eher bereit sind, bei ihren Töchtern den Schwangerschaftsabbruch zu tolerieren als die empfängnisregelnden Mittel. Gerade wenn dem jungen Paar geholfen wird, sich hinsichtlich seines verantwortlichen Verhaltens – der eigenen Gesundheit, dem Partner, einem eventuellen Kind gegenüber – fachlich beraten zu lassen, wird diesem Paar deutlich werden, daß verantwortlich Handeln hier nicht einfach heißen kann: das Geld für die »Pille« zu besorgen, die das Mädchen zu schlucken hat.

Der Freiraum, den die Jugend beanspruchen kann

macht den Eltern auch insofern Sorgen, als sie oft nicht wissen, ob sie es dulden dürfen, daß die Söhne und Töchter sich zu Hause mit ihren Freundinnen und Freunden treffen und dann auch in ihren Zimmern nicht immer gestört sein wollen. Eltern müssen hier nach ihrem Gewissen handeln. Jugendliche verstehen es, wenn Eltern sagen: »Wir sind der Meinung, daß ihr zu jung für sexuelle Intimkontakte seid, deshalb können wir euch zu Hause den Freiraum, den ihr wollt, nicht einräumen.« Sie verstehen aber nicht, wenn es heißt: »Was sollen denn die Nachbarn denken, wenn sie entdecken, daß wir so großzügig sind.« Andererseits dürfen es Eltern sich mit ihrer Gewissensentscheidung nicht so leicht machen. Sie müssen schon auch fragen, ob sie ihre heranwachsenden Kinder nicht gerade deshalb, weil sie nirgendwo in einer kultivierten Umgebung allein sein können, in unkontrollierbare Gefahrenbereiche abdrängen. Man muß immer bedenken, daß Mädchen mit dem sechzehnten Lebensjahr bereits ehemündig sind (nach kirchlichem Recht bereits mit vierzehn Jahren) und daß es merkwürdig um so eine Mündigkeit bestellt sein muß, wenn die Entscheidung über Intimkontakte von den Eltern abhängen soll. Wer den Jugendlichen nicht zubilligen will, daß sie nach ihrem Gewissen handeln – das immer irren kann –, der muß konsequenterweise zu einer Bewahrungserziehung auf allen Bereichen zurückgehen. Die Erziehung zur Bewährung schließt immer auch den Mut zum Risiko mit ein.

Die Erwartungen, die Eltern an die Schule haben müssen

lassen sich vielleicht gerade im Anschluß an die behandelten Beispiele formulieren:

1. Sexual-biologische und sexual-hygienische Fragen sollen nur in einem sehr engbegrenzten Rahmen wie ein üblicher Lehrstoff behandelt werden. Es wäre beispielsweise nicht verständlich, weshalb die Geschlechtsorgane des Menschen didaktisch anders behandelt werden sollen als die übrige menschliche Anatomie. Sowie aber der Bereich sexueller Einstellungen, der Gefühle, der Erfahrung angesprochen wird, kann vor dem »Verschulen« nur gewarnt werden. Wenn das Lernziel heißt: »Den Geschlechtsverkehr beschreiben können« – was wird da beschrieben? Der technische Vorgang bei der Begattung? Bei der Zeugung? Und was ist Geschlechtsverkehr eigentlich – für den ekstatisch Liebenden – für den, der verzweifelt auf ein Kind hofft – für den, der sich harmonisch auf seinen Partner eingespielt hat – für den, der in der Phantasie erlebt, was ihm die Realität vorenthalten hat – für den Kranken – für den Verwitweten, der noch nach dem Tod des Partners treu sein will – für die freiwillig abstinent Lebenden – was also soll beschrieben werden?

2. Der Schule ist zu danken, daß sie die Kinder, Jugendlichen und jungen Erwachsenen auch in ihren sexuellen Bedürfnissen und Problemen annimmt und sich bemüht, sachgerechte Informationen und Lebenshilfen zu geben. Sie sollte dies jedoch im Sinne der Befähigung zu dauerhaften Partnerschaften und zur Vorbereitung auf Ehe und Familie tun – und insofern auch nicht gegen die Eltern, sondern mit ihnen.

3. Die Schule soll selbstkritisch den bereits aufgestellten Lernzielkatalog überprüfen und sich, den Schülern und deren Eltern verdeutlichen, was sie zu leisten vermag und was nicht. Sie kann Wissen anbieten, aber nur in ganz begrenztem Umfang etwas dazu tun, wie der einzelne Schüler mit dem neugewonnenen Wissen umgeht.

3. Der Lehrer muß sich im klaren darüber sein, daß Gefühlseinstellungen über das Fühlen gewonnen werden und nicht über das Wissen. Der Lehrer muß sich deshalb in das einzufühlen versuchen, was in seinen Schülern vorgeht, wenn er mit ihnen sexuelle Themen bespricht. Sympathie- und Antipathiegefühle, die

dem Lehrer gelten, können genauso im Sexualunterricht auf den Gegenstand übertragen werden wie beispielsweise in Mathematik.

4. Der Lehrer sollte sich immer wieder bewußt machen, daß er mit jeder Infragestellung von Verhaltensnormen, wie sie beispielsweise vom Elternhaus gesetzt worden sind, ein Bedürfnis nach neuen Verhaltensnormen im Schüler freisetzt. Und es kann dem Lehrer dann nicht gleichgültig sein, welche Instanzen dieses Bedürfnnis befriedigen.

5. Der Lehrer sollte sorgfältig abwägen, welche Glückserwartung er durch die unterrichtliche Behandlung sexualkundlicher Themen im einzelnen Schüler weckt. Er sollte sich immer wieder vergegenwärtigen, daß Frustrationen entstehen, wenn Erwartungen geweckt werden, die sich nicht oder nicht sofort erfüllen lassen. Die Schule sollte – anders als die Aufklärung, die über Massenmedien erfolgt – den Mut zum Zeitlassen stärken.

6. Die Schule sollte sich weiterhin im klaren darüber sein, daß Unterricht niemals ein gruppendynamisches Training im Sinne einer gezielten therapeutischen Maßnahme sein kann. Und es sollte nicht versucht werden. Schule als Institution organisierten Lernens kann Defizite, wie sie der Schüler durch Versäumnisse oder schicksalhafte Ereignisse im Elternhaus erfahren hat, nicht ausgleichen. Der Lehrer kann im einzelnen Fall in besonderer Weise das Vertrauen eines Schülers gewinnen, und er kann dieses Vertrauen nutzen, um einen Schüler in eine Beratungsstelle zu schicken.

Die Rolle des Lehrers verträgt sich jedoch nicht mit der Therapeutenrolle. Gerade der Lehrer, der mehr als nur ein Taschenbuch Freuds gelesen hat, weiß dies und handelt danach.

7. Da der sexualkundliche Unterricht über die Schüler in die Familie stark hineinwirkt, erwarten die Eltern, daß die Schule ihn gestaltet, ohne Konfliktstoff zwischen den Generationen zu provozieren

8. Sofern dies nicht geschieht und der Eindruck entstehen muß, Sexualität im Schulunterricht werde so behandelt, daß se-

xuelles Verhalten als Mittel gesellschaftsverändernder Maßnahmen verstanden wird, sollten Eltern, auf ein klärendes Gespräch mit der Schule und evtl. der Schulbehörde drängen. Zwar haben die Eltern offiziell kein Mittel, ihre Kinder dem sexualkundlichen Unterricht fernzuhalten. Es kann aber generell doch mit der Absicht der Schulbehörde gerechnet werden, nicht bewußt gegen die Eltern zu erziehen.

SEXUALERZIEHUNG IN STICHWORTEN

A

Abtreibung siehe Schwangerschaftsabbruch

Adoleszenz

bedeutet Jugendalter und umgreift den Lebensabschnitt vom 12./13. Lebensjahr bis zum 18./20. Lebensjahr, reicht in der jugendgesetzlichen Terminologie demnach vom Kindesalter bis hin zum jungen Erwachsenen.

In diesem Altersabschnitt kommt alles wieder ins Wanken, was an sicheren Verhaltensweisen und Überzeugungen bereits verinnerlicht schien. Das bezieht sich auf das Essen – Gefräßigkeit bis Hungerkur – ebenso wie auf die Sauberkeit, die Ordnung, die Überwindung von Unlustgefühlen, die sexuelle Neugierde und die Bereitschaft, Gebote und Verbote anzunehmen. Der Mensch, auf dem Weg zur Selbstfindung, schwankt zwischen Gefühlen der Selbstüberschätzung, der Abenteuerlust und der Unsicherheit und Angst hin und her. Dementsprechend sucht er bei den Eltern einerseits Anerkennung als eigenverantwortlicher Mensch und andererseits Schutz und Geborgenheit. Die Eltern treten als Vorbilder zumindest vordergründig zurück. Andere Vorbilder gewinnen an Überzeugungskraft.

Die sexuelle Trieberfahrung kommt als neue Dimension der Selbsterfahrung hinzu. Die sexuelle Potenz, die vom Jungen organbezogener und dementsprechend schwerer kontrollierbar erlebt wird als vom Mädchen, fordert zur Integration in den Prozeß der affektiven und sozialen Reifung heraus, die allerdings sehr viel langsamer verläuft.

Die Kenntnis dieses Reifungsverlaufs bedeutet für den jungen Menschen insofern eine Hilfe, als bestimmte übersteigerte Erwartungen oder Dramatisierungen und somit Enttäuschungen und Ängste nicht zustande kommen.

Der psycho-sexuelle Reifungsprozeß läuft, um ein grobes Orientierungsschema zu gebrauchen, in vier Stadien ab. Die erste Phase ist wesentlich autoerotisch geprägt, d.h. der junge Mensch verschafft sich mit Hilfe seines Körpers und seiner Phantasie eine Art Selbstgenuß. In dieser Phase kommt es besonders bei Jungen zur Selbstbefriedigung im Sinne einer Energieentladung. Nach Kinsey, auf den sich eigentlich alle heutigen Autoren berufen, masturbieren neun von zehn Jungen und zwei von drei Mädchen.

Für viele junge Menschen ist der Weg zum anderen Geschlecht – auch in der Phantasie – noch zu angstbeladen. Sie suchen zuerst nach einer Ichverstärkung in der Beziehung zu einer Person des eigenen Geschlechts. Diese homoerotischen Beziehungen können, aber müssen nicht zu homosexuellen Kontakten führen. Der genitale Verkehr kann dabei die Funktion der gegenseitigen Masturbation haben. Der Austausch vollzieht sich jedoch häufig auf der Ebene der persönlichen Faszination, des Schwärmens, der Nachahmung eines Ideals.

Im Verlauf weiterer Personreifung und Stabilisierung des Selbstwertgefühls gelingt es schließlich, die Liebesbeziehung zu einer Person des anderen Geschlechts einzugehen, die bei jedem Paar den Anteil von Zärtlichkeit, Interessenaustausch und Sexualität anders setzt. Diese Phase ist häufig als ein Lernen durch Versuch und Irrtum gekennzeichnet. Die vorbereitende Erziehung muß darauf hinweisen, daß die Risiken vorher entsprechend eingeschätzt werden und das Verhalten durch eine Kontrolle der Gefühle durch den Verstand entsprechend gesteuert werden sollte. Abgeschlossen wird die Adoleszenz durch das Eingehen einer Dauerbeziehung zu einem Partner des anderen Geschlechts, die in der Regel bereits die Ehe voraussetzt oder in sie mündet. Auch bei den Menschen, die auf die Ehe bewußt verzichten, müßte die Fähigkeit, eine solch dauerhafte Beziehung zu einem Geschlechtspartner eingehen zu können, entwickelt sein, weil sonst vordergründig ein Verzicht auf etwas angemeldet wird, wozu man sich nicht fähig fühlt. Ein solcher Selbstbetrug in den Gefühlen rächt sich stets im Verlauf des weiteren Lebens.

Diese hier vorgenommene Schematisierung über den Verlauf der psychosexuellen Reifung verläuft – je nach Prägung und Bedingungen durch die Umwelt – beim einzelnen Jugendlichen in einer kürzeren oder längeren Zeit ab, wobei einzelne Etappen sich überschneiden, auf manchen besonders lang verharrt wird oder manche auch übersprungen werden. Die Erziehung sollte vor allem darauf Wert legen, daß die jungen Menschen genügend Eigenstand haben, um sich »ihre Zeit« zu nehmen. Den Früh- und den Spätentwickler gibt es auch auf dem Gebiet des Sexuellen. Das erzieherische Klima darf weder Kühlhaus noch Treibhaus sein wollen.

Affektivität

Die psychische Struktur eines Menschen wird – um mit ihr didaktisch besser umgehen zu können – in drei Bereiche eingeteilt: Intelligenz, Aktivität, Affektivität.

Der affektive Bereich ist der Bereich der vitalen Triebansprüche, des energetischen Potentials, das wesentlich aus Bedürfnissen, Triebwünschen, Gefühlen und Spannungen gespeist wird. Er bestimmt die Befindlichkeit eines Menschen und löst damit Verstandes- und Willenskräfte aus, um einen Gefühlszustand zu erhalten oder zu verändern. Hieran wird schon deutlich, in welchem Maße Gefühle wie Liebe – Haß, Freude – Schmerz, Glück – Verzweiflung die Kräfte des Verstandes und des Willens engagieren, freimachen und binden können. Sexualerziehung ist ein zentrales Thema in der affektiven Erziehung, wobei es wesentlich darum geht, wie Gefühl, Vernunft und Wille zum Wohle der reifenden Person zusammenspielen sollen. Zu dieser Organisation seines eigenen Seelenhaushalts kommt das Kind primär nicht über Erkenntnisse, denen Entscheidungen folgen, sondern über Liebesbeziehungen zu Personen seiner Umwelt, deren Einstellungen, deren Art und Weise zu empfinden, zu denken und auch zu handeln übernommen wird. Affektivität ist ihrer Natur nach ein soziales Phänomen. Die Erziehung im affektiven Bereich erhält ihre Grundlegung im Elternhaus. Der Kindergarten kann positiv Angelegtes eher verstärken, als Ausfälle im Elternhaus ausgleichen. Die Einflußmöglichkeit der Schule auf die affektive Erziehung ist begrenzt und schwer kontrollierbar.

Aggressivität

bedeutet vom Wortgehalt her angreifen, sich gegen etwas wenden. Damit wird die menschliche Kraft beschrieben, Hindernisse zu überwinden, Schwierigkeiten zu beseitigen. Welche Mittel hierzu eingesetzt werden – verbale wie Appelle an die Vernunft, Überredung, Spott, Beleidigung bis hin zu Tätlichkeiten und Zerstörung – ist weithin eine Frage der Erziehung. In den Liebesbeziehungen, wie auch im beruflichen und öffentlichen Leben, wird das aggressive, das erobernde Verhalten mehr dem Manne und das mehr passive der Frau als typisch zugeschrieben. Dabei wird weithin übersehen, daß die Geschlechter nur mit verschiedenen Mitteln gegeneinander und umeinander kämpfen. Die starren Rollenfestlegungen als Folge bestimmter soziokultureller Gegebenheiten lösen sich im Zeichen der zunehmenden Selbständigkeit der Frau auch im beruflichen Bereich mehr und mehr auf. Dies insbesondere auch, seitdem die Frau die Empfängnis nicht mehr schlechthin nach dem Willen des Mannes »erdulden«, sondern weithin selbst bestimmen kann.

Aggressivität entsteht vorwiegend dann, wenn eine Wunscherfüllung verweigert, wenn eine Frustration zugemutet wird. Die Angriffstendenzen können sich dann gegen den, der die Wunscherfüllung unterbindet, oder gegen ein Ersatzobjekt, infolge von Schuldgefühlen auch gegen deren Urheber richten. Im Liebesspiel dient die freie und zärtliche Aggressivität der erotischen Spannung und zeigt an, daß die Liebe über die Feindseligkeit gesiegt hat.

Alkohol

Alkohol gilt weithin als Mutmacher und wird deshalb von ichschwachen Menschen auch benutzt, um die Angst vor der sexuellen Begegnung zu dämpfen. Durch den Abbau der Hemmungen kann es tatsächlich zu geglückteren Begegnungen kommen, die ihrerseits wieder selbstwertsteigernd sind. Intensiver Alkoholgenuß kann aber gerade zu sexuellen Schwierigkeiten führen, weil bei dem Mann die Samenausschüttung entweder zu früh erfolgt oder sich unverhältnismäßig lang hinzögert.

Chronischer Alkoholgenuß bei Männern kann zur Sterilität führen, bei Frauen zu Unregelmäßigkeiten im Menstruationszyklus und wiederholten Fehlgeburten.

Die keimschädigende Wirkung von Alkoholvergiftung ist umstritten.

Schwangere Frauen sollten jedenfalls keinen hochprozentigen, tunlichst überhaupt keinen Alkohol trinken.

Geschlechtsbeziehungen unter Alkoholeinfluß sind immer bedenklich, weil sie die Freiwilligkeit der Partner und damit einen wesentlichen Faktor menschlicher Sexualität einschränken.

In der Jugenderziehung wäre darauf hinzuweisen, daß Alkoholvorspiele ein Liebeserlebnis grundsätzlich fragwürdig machen und im Hinblick auf Geschlechtskrankheiten, unerwünschte Schwangerschaften usw. auch gefährlich sind.

Analität

Anus ist das lat. Wort für die Aftermündung, das ist die Mündung des Mastdarms, die der Kotentleerung dient. Diese Körperzone hat nach Freud vor allem im zweiten Lebensjahr des Kindes eine besondere Bedeutung. Von der Mundzone, dem oralen und als erstem erogen erlebten Körperbereich, geht das Interesse des Kindes mehr auf die anale Zone über. Das Spiel der Darmmuskeln, Entleerung und Verhalten vermitteln dem Kind neue Leibgefühle und werden zum Quell der Lust. Der Darminhalt kann so zum Reizmittel des Afterschließmuskels werden. Diese Empfindung ist bei Kindern und Erwachsenen gleichermaßen normal.

Gleichzeitig mit dieser neuen Leiberfahrung setzt beim Kind in unserem Kulturkreis die Sauberkeitserziehung ein. Dieser erste bedeutendere, von der Mutter auferlegte Zwang ist zugleich auch ein erster gesellschaftlicher Zwang. Wenn dieser vom Kind gut angenommen und persönlich verarbeitet werden kann, dann ist damit ein erster Schritt auf dem Weg zur Über-Ich-Bildung getan. Bei einer zu frühen und zu perfektionistischen Erziehung kann sowohl eine übergewissenhafte, zwanghafte

Persönlichkeit geprägt werden, wie auch eine Fixierung in der Oppositionshaltung erfolgen. Eine verspätete Erziehung mutet dem Kind nicht zu, bestimmte Versagungen unter bestimmten Situationen hinzunehmen. Solche Kinder erwerben eine zu geringe Frustrationstoleranz.

Der Analkoitus wird gelegentlich praktiziert, um eine Empfängnis zu vermeiden. Aber auch bei sadistischen, fetischistischen und homosexuellen Beziehungen kann er eine Rolle spielen. Dieser sexuelle Akt ist keine auswechselbare Spielart, sondern eine Abweichung vom Normalverhalten, eine Perversion.

Angst

ist ein zum Menschen gehörendes Phänomen, von dem man sich nie ganz frei machen kann, mit dem man aber lernen muß umzugehen. Angst hat auch die Funktion, vor bedrohlichen Situationen zu warnen. Das Gefühl kann sich aber verselbständigen, und man findet dann keine Möglichkeit mehr, seiner Herr zu werden. Sexualerziehung muß alles vermeiden, was die Geschlechtlichkeit des Menschen und die darauf gründenden Beziehungen mit Angst beladen könnte. Dies betrifft vor allem die körperliche sexuelle Ausstattung, wie auch die Befähigung zum Geschlechtsverkehr und eventuell daraus resultierende Folgen.

Eine gewisse Angst vor Erstsituationen, wie erste Intimbeziehung, Schwangerschaft, Geburt, ist normal. Behindert die Angst jedoch die Harmonie der Beziehung oder steigert sie sich zur Phobie, also einer Form nicht mehr kontrollierbarer Angstanfälle, dann muß fachlicher Rat eingeholt werden.

Vertrauen in die eigene Fähigkeit, Triebwünsche willentlich steuern zu können, bewahrt den jungen Menschen davor, von diesen überschwemmt zu werden. Man sollte bei der Sexualerziehung daran denken.

Anpassung

nennt man den psychischen und biologischen Prozeß, der einen Menschen befähigt, sich in einer neuen Lebenssituation zurechtzufinden. Solch eine neue Situation ist z. B. eine Liebesbeziehung oder auch eine Ehe, die Umstellung von der Zweiersituation auf eine Dreierfamilie durch das erste Kind und jede weitere Vergrößerung der Familie, oder aber auch die »Rückbildung« eines älteren Elternpaares auf die Paarbeziehung dann, wenn die herangewachsenen Kinder sich von der Familie wieder lösen. Immer geht es dann darum, seine eigenen Erwartungen, Bedürfnisse und Wünsche an der jeweiligen Situation zu messen und mit denen des Partners oder der im sozialen System Verbundenen in Übereinstimmung zu bringen. Je mehr ein Mensch gelernt hat, seine eigenen Wünsche verständlich zu machen, je mehr er auch gelernt hat, sie im Interesse des anderen zurückzustellen, um so leichter wird die Anpassung gelingen. Anpassung ist etwas anderes als Selbstaufgabe oder gar Kapitulation vor der rücksichtslosen Durchsetzungsfähigkeit eines Familienmitgliedes. Sowohl stark unterdrückte wie stark verwöhnte Kinder lernen die Anpassung nicht. Die einen behelfen sich durch Aneignung verschiedenster Ausweichtechniken, und die anderen versuchen sich als Tyrannen.

Anstand – Unanständigkeit

Mit diesen Worten wird meist das bezeichnet, was man Wahrung der guten Sitten oder deren Gegenteil nennt. In der Sexualerziehung spielen und spielten diese Vokabeln eine große Rolle. Dabei wurde und wird oft noch verwechselt, daß nicht die Geschlechtlichkeit als solche, bestimmte Körperteile oder auch der Geschlechtsakt als solcher anständig oder unanständig sind, sondern die Gesinnung, die dahintersteht. »Alle Sünden werden im Geiste begangen.« Das, was nach Auffassung einer qualifizierten Mehrheit anständig oder unanständig ist, ist zivilisations- und kulturabhängig und wechselt dementsprechend im Verlauf der Geschichte. Als gemeinsame Formel kann in bezug auf die Sexualität vielleicht gelten: Sexualität, menschliche Gefühle, die im Dienste anderer Interessen mobilisiert werden, sind unanständig. Das gilt für die Prostitution genau so wie für die Geltungssucht, für das öffentliche Geschäft mit Sex genau so wie für die sterile »Sauberkeit« in Diktaturen, seien sie staatlich oder auch kirchlich organisiert.

Arbeit

Arbeit und Leistungsfähigkeit sind für viele Eltern ein Maßstab dafür, ob sie ihren Jugendlichen erotische Freundschaftsbeziehungen erlauben sollen oder nicht. Nun läßt sich nicht generell bestimmen, wieviel erotische Spannung ein Mensch aushält, ohne in seiner Arbeitshaltung und in seiner Leistungsfähigkeit davon betroffen zu sein. Dies macht es so schwer, für die Erziehung Rezepte zu formulieren, wie es die Eltern gern hätten. Sicher ist, daß Triebspannungen und Triebappelle eine individuell verschiedene Antwort finden, je nachdem, welches Konfliktlösungsverhalten der einzelne eingeübt hat. Es gibt den, der sich von seinen Phantasien und autoerotischen Manipulationen überschwemmen läßt, und den, der sich in die Arbeit stürzt, »daß ihm Hören und Sehen vergeht«. Die Sexualerziehung muß den jungen Menschen befähigen, seine eigene Mitte zwischen Triebabwehr und Triebbefriedigung zu finden.

Außereheliche Beziehungen

Außereheliche Beziehungen, die einer oder beide Ehepartner während einer bestehenden Ehe haben, können Ausdruck einer Ehekrise sein oder zu einer solchen führen. Immer ist es notwendig, daß von beiden Partnern verstanden wird, was dieses Ausbrechen aus der Ehe für das eigene Leben bedeutet, damit daraus gelernt werden kann. Nicht jede solche Eheverfehlung muß zum Scheitern einer Ehe führen. Außereheliche Beziehungen, die vorgeblich bewußt gesucht worden sind, um die eigene Ehe »aufzufrischen«, stellen meist eine Rationalisierung dar, um die tiefergehenden Gefühlszusammenhänge nicht aufdecken zu müssen. Solche Gefühlszusammenhänge reichen nicht selten in die eigene Kindheit und die Beziehung zu Vater und Mutter hinein. Die außereheliche Beziehung als Zeichen der Emanzipation der Frau zu praktizieren, muß als der Versuch gewertet werden, es dem angeblich polygamen Mann gleichzutun. Er beweist eher die Abhängigkeit von diesem Männlichkeitsideal.

Autoerotik

Im Rahmen der normalen Entwicklung gehört die Autoerotik zur infantilen Sexualität. Es handelt sich dabei um eine Betätigung, die den eigenen Körper zum Gegenstand hat. Das Daumenlutschen des Kleinkindes gehört ebenso dazu wie das Berühren der Geschlechtsorgane und die Masturbation. Auch im Pollutions- oder erotischen Tagtraum kommt es zur sexuellen Erregung bzw. Befriedigung. In der Adoleszenz ist diese Situation normal. Sofern es jedoch zu einer Fixierung in Formen autoerotischen Verhaltens kommt und der Mensch unfähig wird, sich einer Person des anderen Geschlechts zuzuwenden, liegt eine psychisch-sexuelle Störung vor, die behandelt werden muß.

Autorität

Autorität spielt in der Sexualerziehung, wie in der Erziehung überhaupt, eine große Rolle. Der jahrhundertealten Überbetonung der Autorität des Mannes und des Vaters, der auch die sexuellen Verhaltensnormen vor allem für die Töchter und die Frau setzte, wurde schon in den zwanziger Jahren die »antiautoritäre Erziehung« entgegengesetzt, die in den zurückliegenden Jahren der Schülerrevolte eine besondere Bedeutung bekam. Erziehungsinstanzen, die ihre sexuellen Verhaltensnormen mit der Androhung verknüpften, daß bei Übertretungen der Ausschluß aus der bergenden, mit vielerlei Gefühlsbindungen erlebten Gemeinschaft erfolgt, waren vor allem die Familie, die Kirchen und auch bestimmte Jugendverbände. Man wird die Sache nicht treffen, wenn man die Forderung nach Abstinenz vor der Ehe, die streng immer nur für die Frau gegolten hat, nur als Ausdruck des Machtwillens sieht. Hier spielt sicherlich die notwendige Bewahrung vor unerwünschten Schwangerschaften eine erhebliche Rolle – und somit auch der Schutz der Frau. Die katholische Kirche hat ihre strenge Forderung nach Enthaltsamkeit vor der Ehe noch nicht gelockert. Jeder katholische Christ muß sich mit dieser Forderung auseinandersetzen. Eltern sind gut beraten, wenn sie ihre Kinder nicht in die Entweder–Oder-Haltung drängen. Ein sexuell reifer Mensch wird man genausowenig ohne Irrtümer wie ein Christ. Gott hat vor das sechste Gebot noch fünf andere gesetzt, wobei er das Liebesgebot mit seiner ganzen göttlichen Autorität ausstattet.

B

Bedürfnis

Die sexuellen Bedürfnisse haben eine organische, eine psychologische und eine soziale Determinante. Der organische Charakter der sexuellen Bedürfnisse erreicht seine volle Ausprägung in der Pubertät durch die Aktivierung des hormonalen Systems, die Entwicklung der Geschlechtsorgane zur Erwachsenenreife und das Auftreten der sekundären Geschlechtsmerkmale. Die Art und Weise, wie diese Triebkräfte in die Gesamtpersönlichkeit integriert werden, ist individuell sehr verschieden. Sie hängen von einem Bündel milieureaktiver Faktoren ab. Das sexuelle Bedürfnis steigert sich mit der sexuellen Erfahrung. Solange noch keine sexuelle Erfahrung im Intimkontakt oder in autoerotischer Weise gemacht ist, kann der einzelne ohne große erotische Spannung leben.

Befruchtung – Fruchtbarkeit – Unfruchtbarkeit

Die Verschmelzung einer männlichen Samenzelle mit einer weiblichen Eizelle macht den Befruchtungsvorgang aus.

Sind bei einem Paar die für die Fruchtbarkeit notwendigen Voraussetzungen gegeben und bleibt die Verbindung trotzdem unwillentlich kinderlos, so kann auch an eine psychische Störung gedacht werden, die der psychotherapeutischen Behandlung bedarf. Entgegen früheren Annahmen ist die Ursache für die Unfruchtbarkeit nicht nur bei der Frau, sondern in etwa einem Drittel aller Fälle beim Mann zu suchen. Nicht in allen Fällen läßt sich die Ursache klären. Die soziale Elternschaft durch Adoption eines Kindes wird in solchen Fällen nicht selten von dem Ehepaar gewünscht. Sie läßt sich aber nicht immer verwirklichen, weil zu wenige Kinder zur Adoption freigegeben werden.

Behaarung

Die Behaarung ist ein wichtiges sekundäres Geschlechtsmerkmal, an dem sich in der Pubertät die Stadien der Entwicklung ablesen lassen. Die Schambehaarung ist bei Mann und Frau verschieden. Beim Mann bildet sie sich als Dreieck mit der Spitze zum Nabel und bei der Frau mit der Spitze nach unten. Das Wachstum ist hormonal bedingt.

Das schöne Frauenhaar kann für den Mann ein Faktor sexueller Anziehung sein. Bei bestimmten Formen des Fetischismus kann sich darauf die sexuelle Erregung konzentrieren.

Beruf

Noch immer spiegeln Berufsausbildung, Berufswahl und Berufstätigkeit den tatsächlichen oder vermeintlichen Unterschied der Geschlechter wider. Eltern neigen noch immer dazu, in die Berufsausbildung der Mädchen weniger Zeit und Geld zu investieren als in die von Jungen, »die einmal eine Familie ernähren müssen«. Inzwischen setzt sich aber die Erkenntnis durch, daß die Ehe für Frauen keine gesicherte Versorgung mehr ist. Vielmehr sind sie es in vielen Fällen, die allein für sich und die Kinder sorgen müssen. Aber auch nicht nur im Hinblick auf die wirtschaftliche Sicherung muß die Forderung gleicher Bildungs- und Ausbildungschancen für Mädchen und Jungen erhoben werden. Die Berufsausbildung ist auch ein wesentliches Moment der Persönlichkeitsreifung und die Berufsausübung ein Moment der Selbstverwirklichung, die der Partnerschaft dient. Frauen sind in qualifizierten Berufen noch immer zu wenig vertreten. Trotzdem wird es nicht allen Frauen gelingen – und es werden nicht alle wollen – Kindererziehung, Haushaltsführung und Beruf zu koordinieren, so daß alle Bereiche zu ihrem Recht kommen. Ob dies gelingt, hängt stark von der Bereitschaft und der Fähigkeit des Mannes ab, sich bei der Kindererziehung und im Haushalt zu engagieren. Letztlich ist es die Sache eines jeden einzelnen Paares, für sich ihr gemeinsames Leben im Haus, in der Erziehung und im Beruf zu organisieren. Wichtig ist es, immer mehr von der Vorstellung abzurücken, daß es typisch weibliche und typisch männliche Berufe gibt. Koch, Schneider, Lehrer, Krankenpfleger sind renommierte Männerberufe, obwohl ihnen Eigenschaften und Fertigkeiten zugrunde liegen, die gern weiblich genannt werden und die Vorstellung von dem »naturgewollten« und unentgeltlichen Wirken der Frau in Haus und Kinderstube über Jahrhunderte verfestigt hat. Trotzdem gibt es – wie die heutige Arbeitsmedizin nachweist – Berufe, die dem weiblichen Organismus weniger zuträglich sind als dem männlichen.

Berührung

Die sexuellen Berührungen spielen in der Liebesbeziehung eine wichtige Rolle, da sie das sexuelle Verlangen und die Erregung beträchtlich steigern. Die Harmonie eines Paares im Intimbereich hängt wesentlich davon ab, wie es ihnen gelingt, durch Berührung im Liebesspiel den eigentlichen Akt vorzubereiten und ausklingen zu lassen. Das langsamere Ansteigen der Erregungskurve bei der Frau ist hier besonders zu bedenken. Fragen moralischer Art werden nicht durch »anständige und unanständige« Berührungen geklärt, sondern beantworten sich selbst durch die Absicht, die dem Liebesspiel unterstellt wird.

Berührungen kleiner Kinder an den eigenen Geschlechtsteilen entsprechen einem natürlichen Neugierverhalten und führen zu notwendigen lustvollen Leiberfahrungen. Durch die Erziehung dürfen diese Handlungen nicht als »bäh«, schmutzig, unerlaubt, sündhaft abgetan werden. Wird die autoerotische Beziehung jedoch zum einzigen Spaß der Kinder, was bei sehr viel alleingelassenen oder intellektuell stark überforderten Kindern vorkommt, dann müssen Eltern darum besorgt sein, daß für ihre Kinder die Palette der Lebensfreuden farbiger wird. Wer die Zärtlichkeit durch andere entbehrt, geht notgedrungen in die Selbstversorgung.

Beschneidung

(Zirkumzision) der Penisvorhaut. Durch einen kleinen, operativen Eingriff wird die Vorhaut des männlichen Glieds gekürzt, so daß die Eichel teilweise oder ganz frei liegt. Früher wurde diese Beschneidung aus rituellen Gründen bei Juden und Mohammedanern vorgenommen. Heute macht man sie bei einem Großteil der neugeborenen Jungen einige Tage nach der Geburt. Vor allem hygienische Fragen spielen hierbei eine Rolle. Nach neuesten Forschungen soll das talgige Sekret, das Smegma, das sich unter der gesamten Vorhaut sammelt, möglicherweise gesundheitsschädlich sein.

Bild (Imago)

Das in den Tiefenschichten der Seele geprägte Bild einer anderen Person, das dem bewußten Zugriff nicht ohne weiteres zugänglich ist, wird in der Psychoanalyse als Imago bezeichnet. Es kann sich dabei um das Bild von Vater oder Mutter handeln, mit denen man sich in der Kindheit und Jugend identifiziert hat. Bei der Partnerwahl kann dies eine große Rolle spielen.

Bildungsniveau

und Sexualität. Soziologische Umfragen, besonders die von Kinsey, zeigen einen deutlichen Zusammenhang zwischen dem Bildungsgrad und einer für das jeweilige Bildungsniveau typischen Sexualität. In dieser Tatsache liegt u. a. die Begründung für eine schulische Sexualerziehung.

Biologie

Die sexual-biologischen Fakten und Vorgänge sind im folgenden dargestellt.

Die Geschlechtsreifung

Die Geschlechtsreifung ist die Ausprägung der primären und sekundären Geschlechtsmerkmale, die vom Nervensystem und den Drüsen mit innerer Absonderung eingeleitet und gesteuert wird. Durch die Hypophysendrüse veranlaßt, werden die Hormone der Keimdrüsen und innersekretorischen Drüsen wirksam, wogegen die Thymusdrüse, hinter dem Brustbein sitzend und für die kindliche Gestalt bestimmend, zunehmend verkümmert.

Drüsen der inneren Sekretion sind:

Zirbeldrüse
Hirnanhangdrüse
Schilddrüse
Nebenschilddrüsen
Thymusdrüse
Nebennieren
Bauchspeicheldrüse (Inseln)
Keimdrüsen (Hoden, Eierstöcke).

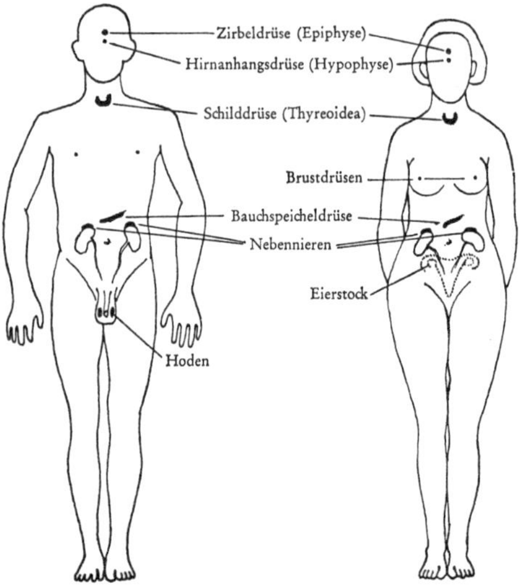

Bei der Geburt ist nur an den Geschlechtsorganen zu erkennen, ob ein Junge oder ein Mädchen geboren worden ist. Sonst sind die Kinder wenig unterschieden und sind in den drei ersten Lebensjahren wohl an ihrem Körper, aber nicht an ihrem spezifischen Geschlecht interessiert. Es genügt, daß sie so geliebt werden, wie sie sind. Im dritten oder vierten Lebensjahr erleben sich die Kinder als eigene kleine Persönlichkeiten, von denen sie ich sagen und nicht mehr in der dritten Person reden. In dieser Zeit wird auch der Unterschied der Geschlechter vom Kind bemerkt. Es ist wichtig, daß es von dieser ersten »Geschlechtserfahrung« an mit seinem eigenen Geschlecht einverstanden sein kann, daß es sein will, was es ist: Junge oder Mädchen.

Nach Vollendung des zehnten, bei Mädchen heutzutage oft schon nach dem neunten Lebensjahr, vollzieht sich die körperliche Umwandlung, die mit der körperlichen Reifung ihren Abschluß findet. Äußere Zeichen sind: starkes Körperwachstum, jährlich 9–10 cm und mehr (zwischen dem 4. bis 10. Lebensjahr 5 cm), leichte Ermüdbarkeit, Stimmungsschwankungen. Bei den Mädchen streckt sich zuerst der Rumpf – ein Jahr später wachsen auch die Arme und Beine. Unter der Haut lagert sich

Fettgewebe ein – die Formen werden rundlicher und weicher. Die Brustdrüsen, zunächst nur angelegt, entwickeln sich. Die Warzenhöfe heben sich aus der umliegenden Haut hervor. Der Haarwuchs, bei den männlichen und weiblichen Kindern kaum verschieden, strebt seiner endgültigen Form zu. Langes geschmeidiges Kopfhaar bei den Mädchen und geringe oder fehlende Behaarung im Gesicht, am Rumpf und an den Gliedmaßen. Die Gesichtsbehaarung beim Jungen beginnt zuerst auf der Oberlippe. In der Achselhöhle wachsen bei beiden Geschlechtern Haare, die das Abfließen des Schweißes verhindern, damit er verdunsten kann.

Unterschiedlich ist die Form der Schambehaarung. Beim Mädchen ist sie nach dem Bauche zu horizontal begrenzt, beim Jungen läuft sie nach dem Nabel zu spitz aus.

Bei dem Jungen setzt das Wachstum meist zwei Jahre später ein als bei dem Mädchen und beginnt an Armen und Beinen. Weil sich bei ihnen kein Fett unter der Haut ablagert, sehen sie eckig und dürr aus. Die Bewegungen sind disharmonisch, »schlacksig«. Der Kehlkopf wächst während dieser Zeit. Der Stimmbruch setzt ein, die Stimme wird im Verlauf der Pubertät um 8 Töne tiefer.

Die Keimdrüsen selbst – die Hoden, die vorher etwa bohnengroß waren – reifen zur Taubeneigröße heran.

Die männliche Geschlechtsreifung

In der Zeit der Geschlechtsreifung beginnen sich in den männlichen Keimdrüsen (Hoden) die Samenanlage, die Samenmutterzellen, zu teilen. Nach mehreren Teilungsprozessen bilden sich aus ihnen die reifen Samenfäden. Sie durchwandern den Nebenhoden, der seine Drüsensäfte hinzufügt, dann den Samenleiter und kommen schließlich in die Samenblasen. Die Vorsteherdrüse fügt ebenfalls Säfte hinzu. Diese dienen dazu, die Samenfäden zu beleben und zu erhalten. Sobald der Samenreifungsprozeß begonnen hat, bilden die Keimdrüsen fortwährend neue Samenfäden. Die Samen können, zusammen mit einer Samenflüssigkeit, ausgestoßen werden. Dies erfolgt – anders als die Eireifung bei der Frau – nicht in einem bestimmten Zyklus, nicht

Nach der Geschlechtsreifung

Typisch männliche Körperform *Typische weibliche Körperform*

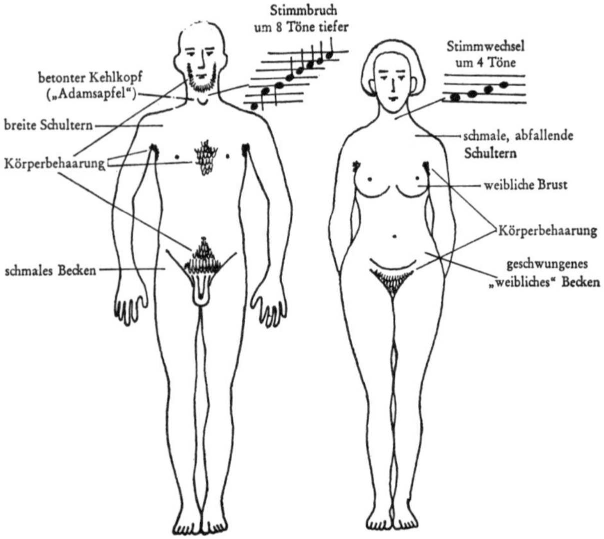

in regelmäßigen Abständen, sondern wird durch Nervenreize ausgelöst. Hat der Reiz eine bestimmte Stärke erreicht, ist der Auslösungsreflex vom Willen her nicht mehr zu beeinflussen. Die Muskeln des Samenleiters ziehen sich rhythmisch zusammen und schleudern die Samenflüssigkeit aus. Vorher hatten sich die Schwellkörper mit Blut gefüllt und dadurch das Glied vergrößert und versteift. Im männlichen Organismus wurde sozusagen von Harnröhre auf Samenleitung umgeschaltet.

Beim aufklärenden Gespräch sollten mindestens folgende Begriffe genannt und erklärt werden:

Geschlechtsdrüsen	=	Hoden
Glied	=	Penis
Vorsteherdrüse	=	Prostata
Samenleiter	=	ductus deferens
Erektion	=	Aufrichten und Steifwerden des Gliedes

Die männlichen Geschlechtsorgane

Die männlichen Fortpflanzungsorgane
(Schematische Darstellung)

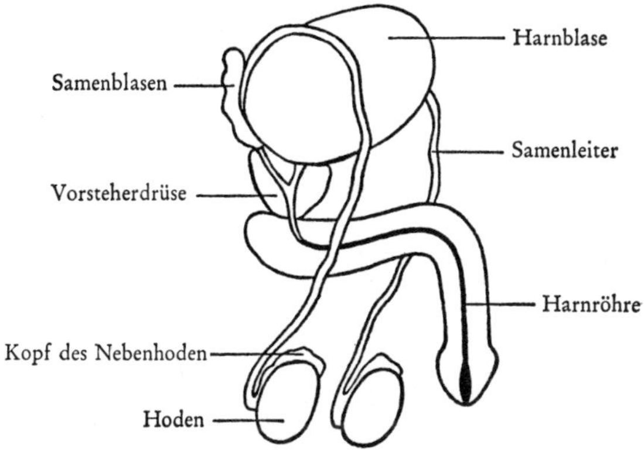

Schnitt durch das männliche Becken

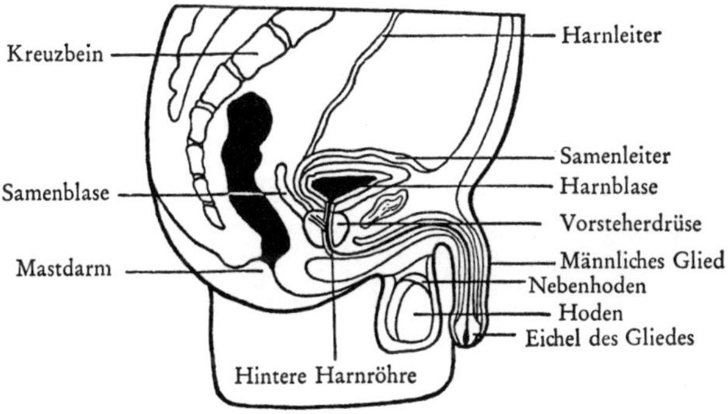

Die weibliche Geschlechtsreifung

Das Mädchen hat bereits bei der Geburt Hunderttausende von Eianlagen in den Eierstöcken. Mit Beginn der Reifezeit wächst der Eierstock heran, und schließlich wird aus einer Eianlage ein reifes Ei. Dieses Ei umgibt sich mit einem Kranz von Schutzzellen und wächst in ein Bläschen hinein. Das Bläschen wölbt sich aus der Oberfläche des Eierstockes heraus, die deckende Haut wird immer dünner. Schließlich platzt das Bläschen, und das reife Ei samt seinen Begleitzellen wird herausgeschleudert. Das Ei wird vom Flimmertrichter des Eileiters aufgefangen. Die Flimmerhärchen, die den Eileiter bedecken und ihn auch innen auskleiden, transportieren das Ei zur Gebärmutter hin. Dieses erste Ei kann nicht befruchtet werden, da keine männlichen Samenfäden vorhanden sind. Das unbefruchtete Ei geht nach einigen Tagen zugrunde. Während das Ei im Eierstock heranreift, bereitete sich die Gebärmutter vor, ein befruchtetes Ei aufzunehmen. Sie wucherte und reicherte sich mit Blut an. Ein unbefruchtetes Ei kann sich nicht in die Gebärmutter einnisten, die Vorbereitung ist deshalb unnütz, die blutreiche Schleimhaut wird abgestoßen. So entsteht die erste Blutung, die Menarche. Da die Eireifung sich periodisch wiederholt, wiederholt sich auch die Monatsblutung in regelmäßigem Abstand.

Beim aufklärenden Gespräch sollten mindestens folgende Begriffe genannt und erklärt werden:

Eierstöcke	=	Ovarien
Gebärmutter	=	Uterus
Scheide	=	Vagina
Jungfernhäutchen	=	Hymen
Geschlechtsorgane	=	Genitalien
Kitzler	=	Clitoris
Scham- oder Scheidenlippen	=	Vulvae

Die Befruchtung

Der Prozeß der Geschlechtsreifung läßt den jungen Menschen biologisch zum Manne oder zur Frau reifen. Körperlich gesehen, sind sie fähig zur Begattung, zur Zeugung und Empfängnis. Die seelische Reife – die Fähigkeit und Bereitschaft, die Verantwortung für Partner und Kind zu übernehmen – ist damit noch nicht gegeben.

Die weiblichen Geschlechtsorgane

Die inneren Geschlechtsorgane

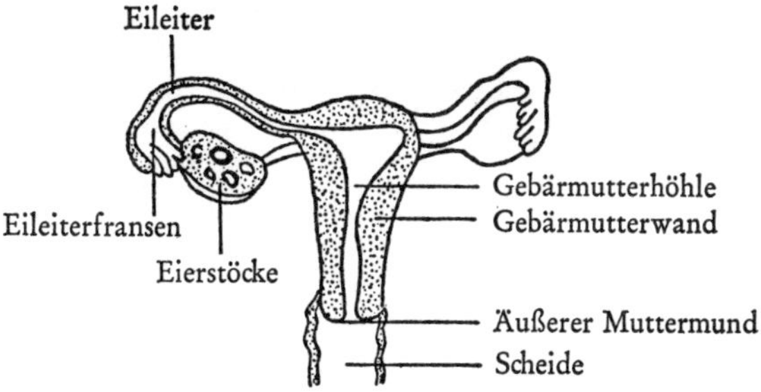

Die äußeren Geschlechtsorgane

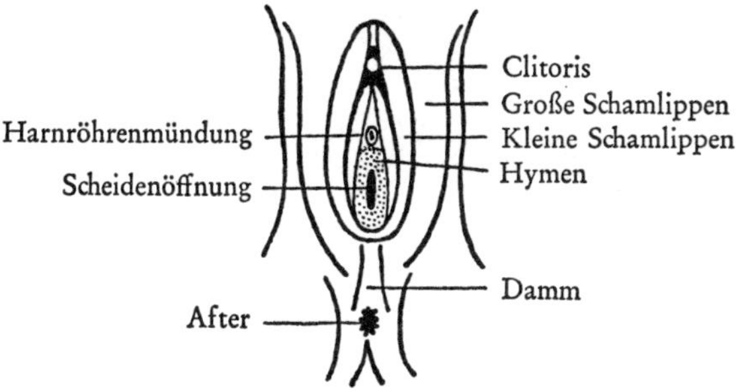

Voraussetzung für eine Befruchtung ist, daß das männliche Glied in die weibliche Scheide eindringt, es dort zum Samenerguß kommt und die in die weiblichen Fortpflanzungsorgane eingedrungene männliche Samenzelle auf eine befruchtungsfähige weibliche Eizelle trifft.

Im Gespräch folgende Begriffe nennen und erklären:

Erektion	=	Steifwerden des Gliedes
Coitus	=	Vereinigung von Mann und Frau
Pollution	=	Samenerguß
Orgasmus	=	Höhepunkt der sexuellen Erregung
Begattung		
Befruchtung		

Die Samenfäden

Die Samenfäden (Spermatozoen) bestehen aus Kopf, Zwischenstück und dem Schwanz, der den Samenfaden vorwärtsbewegt.

Befruchtung einer Eizelle

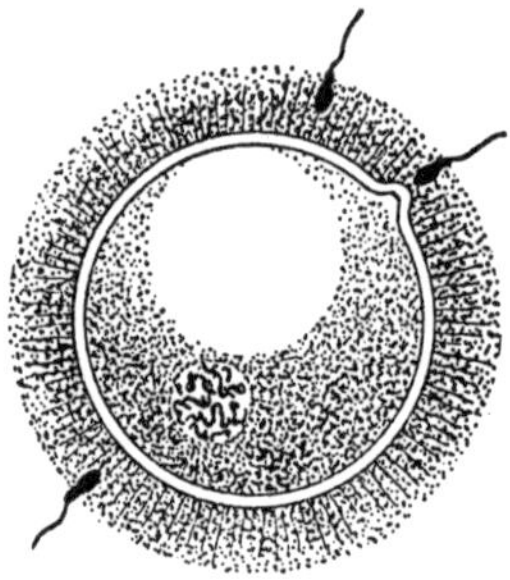

Dem eindringenden Samenfaden wölbt sich der Empfängnishügel entgegen.

Wo findet die Befruchtung statt?

In der Erweiterung des Eileiters.

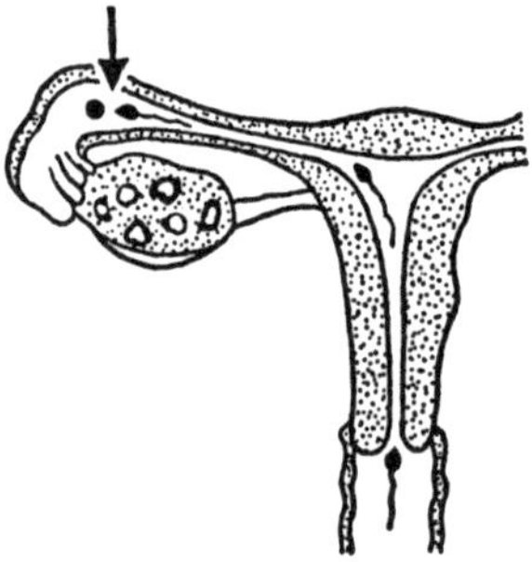

Waren, als das Ei in der Erweiterung des Eileiters ankam, Samenfäden zugegen, von denen einer in das Ei eingedrungen ist, so entwickelt sich schon auf dem Wege durch den Eileiter das befruchtete Ei zu einem Zellenhäufchen, das sich mit einem Zottenmantel umgibt. Diese Zotten senken sich in die vorbereitete Schleimhaut der Gebärmutter ein, die ihrerseits auf diesen Reiz hin weiterwuchert und sich bald über dem zottigen Kügelchen schließt. Das befruchtete Ei pflanzt sich in die vorbereitete Schleimhaut ein. Diesmal war die Vorbereitung nicht vergeblich. Die Gebärmutterschleimhaut bleibt erhalten. Die Regelblutung bleibt aus. (Nicht jedes Ausbleiben der Menstruation = Schwangerschaft. Arzt aufsuchen!) An den Fruchthüllen und aus der wuchernden Gebärmutterschleimhaut bildet sich ein ansehnliches, wichtiges Ernährungsorgan für die Frucht: der Mutterkuchen oder Placenta.

280 Tage lang ernährt er das Kind im Mutterleib. Zuletzt nimmt dieses, in einem Liter Fruchtwasser schwimmend, ernährt vom Mutterkuchen, umhüllt von der stark gewachsenen Gebärmutter, den ganzen unteren Teil des Bauchraumes ein.

Am 281. Tag beendet die Geburt die Schwangerschaft. Die sogenannte Eröffnungsperiode kündigt sich durch ziehende Schmerzen im Rücken an. Der Muttermund wird durch die Muskeln der Gebärmutter geöffnet. Durch weitere krampfartige Muskelbewegungen, die sogenannten Wehen, wird das Kind in das kleine Becken befördert und schließlich durch die Scheidenöffnung mit dem Kopf zuerst hinausgedrängt. Mutter und Kind sind noch durch die Nabelschnur verbunden. Das Kind tut den ersten Atemzug und den ersten Schrei. Die Lungenatmung setzt ein, der Kreislauf, bisher vom Mutterleib gesteuert, ist unabhängig von der Mutter. Die Nabelschnur kann durchgetrennt werden. Einige Zeit nach der Geburt des Kindes wird die »Nachgeburt«, das ist der Mutterkuchen, geboren. Damit ist die Geburt abgeschlossen.

Bisexualität

Die Vorprägung, die Prädisposition zur Zweigeschlechtlichkeit, ist auf biologischer Ebene bei Mann und Frau gegeben. Der Em-

Menschliche Frucht in den ersten Tagen

Die Frucht wird noch aus dem Dottersack ernährt. Die Zotten, die sich in die Gebärmutterwand einpflanzen werden, haben sich schon gebildet.

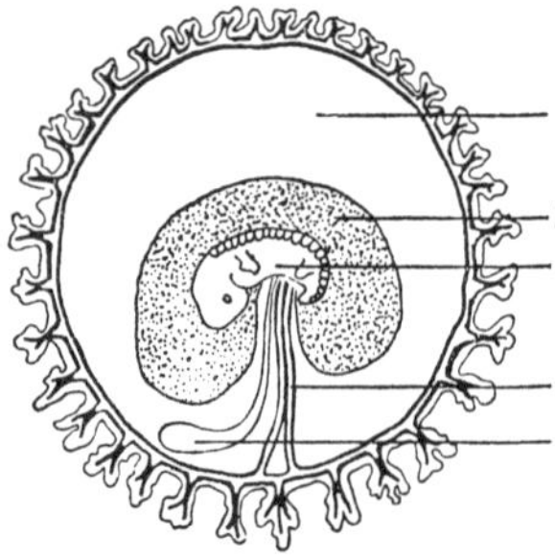

1 Raum zwischen Zottenhaut und Wasserhaut (Amnion),
2 Fruchtwasser,
3 Embryo,
4 Der sich bildende Nabelstrang,
5 Dottersack

Das werdende Kind im Mutterleib

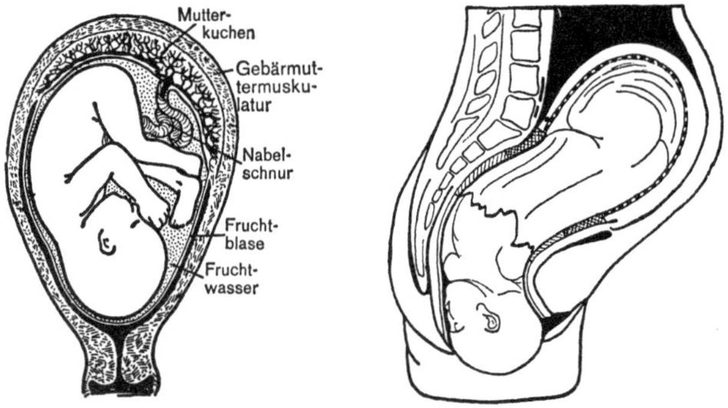

Der kindliche Kopf tritt aus der Scheidenöffnung heraus, „er schneidet durch“

bryo besitzt als Anlage die Organe beider Geschlechter. Erst nach dem dritten Schwangerschaftsmonat tritt nach und nach eine zunehmende Differenzierung ein. Die Klitoris (der Kitzler) kann bei der Frau als eine Art atrophischer Penis betrachtet werden, ähnlich wie die Brustdrüsen des Mannes eine atrophische Brust darstellen. Hormonuntersuchungen zeigen, daß sowohl die Frau männliche Hormone (Androgene) als auch der Mann weibliche Hormone (Östrogene) hat. Im Klimakterium machen viele Frauen eine Art »Vermännlichung«, viele Jungen in der Adoleszenz eine feminine Phase durch.

Ähnlich verläuft die Entwicklung auf der psychologischen Ebene. Erst nach dem zweiten Lebensjahr etwa entdeckt das Kind den Unterschied der Geschlechter und wird durch entsprechende Verhaltensvorbilder (Kleider, Spiele), durch den familiären und sozialen Druck zu dem geprägt, was in unserem Kulturkreis, in unserer Gesellschaft unter männlich und weiblich verstanden wird. Männlich und weiblich sind demnach sozusagen die entgegengesetzten Grenzpunkte eines Feldes, auf dem jeder einzelne, mehr oder weniger weit von den Polen entfernt, seinen Platz bezieht. Jeder Mann hat einen weiblichen und jede Frau einen männlichen Wesensanteil. Dies ist die Voraussetzung dafür, daß sich die Geschlechtspartner ineinander einfühlen können. Die Personreifung hängt wesentlich davon ab, daß es glückt, die dem anderen Geschlecht zugehörigen Elemente als eigenen Personenanteil anzunehmen und zu integrieren.

Die biologische und psychologische Prädisposition zur Bisexualität bedeutet nicht, daß sich daraus notwendig Bisexualität entwickelt oder diese gar eine erstrebenswerte bereichernde Spielart normalen Geschlechtsverhaltens sei.

Brüste

das bedeutsamste sekundäre Geschlechtsmerkmal der Frau, sind eine der berührungsempfindlichsten erogenen Zonen und Zeichen der Mutterschaft. Als Attribut weiblicher Schönheit und Verführungskunst spielen sie in der Phantasie der Pubertierenden, in der Selbsteinschätzung und im Selbstwert, in der Paarfindung, im gesellschaftlichen Leben, in der Kunst eine jeweils verschiedene Rolle. Die Kleidermode, die die Brust entweder zu unterstreichen oder zu »verhängen« vermag, ist somit auch ein Ausdruck dafür, welchen Stellenwert man einem solch eminent weiblichen Attribut wie den Brüsten im öffentlichen Leben einer Zeit einräumt.

Die zu geringe oder auch die zu starke Entwicklung der Brüste kann für Mädchen in der Pubertät Anlaß zu schmerzlichen Selbstzweifeln werden.

Das Stillen des Säuglings an der Mutterbrust garantiert dem Kind nicht nur die ihm am meisten entsprechende Nahrung, durch die Abwehrstoffe gegen Krankheiten vermittelt werden können, die die Mutter durchgemacht hat. Gestilltwerden ist für das Kind die umfassendste orale Befriedigung, die erste Erfahrung einer lustvollen Liebesbeziehung. Die Schönheit der mütterlichen Brust leidet nicht durch das Stillen, wie oft angenommen wird. Vielmehr bilden sich bei der Wöchnerin durch das Stillen die Unterleibsorgane rascher zurück. Die Mutter kann das Stillen ebenfalls lustvoll – bis zum Orgasmus – erleben.

C

Chromosomen

Elemente des Zellkerns. Sie enthalten Gene, die die Träger der Erbanlagen sind. Jede menschliche Zelle enthält 23 Chromosomen-Paare, mit Ausnahme der Keimzellen, die nur 23 Chromosomen enthalten. Vereinigen sich bei der Befruchtung die weibliche und die männliche Keimzelle, so entsteht eine Zelle, die die 23 Chromosomen des Spermiums (Samenzelle) und die 23 Chromosomen der Eizelle enthält; das bedeutet, daß jeweils die Hälfte der Erbanlagen vom Vater und von der Mutter an das neue Individuum weitergegeben werden. Jede Eizelle besitzt stets ein X-Chromosom, jede Samenzelle besitzt ein X- oder ein Y-Chromosom. Befruchtet nun eine X-Samenzelle eine Eizelle, so entsteht ein Mädchen; dringt eine Y-Samenzelle beim Befruchtungsvorgang in eine Eizelle ein, so entsteht ein Junge.

Clitoris

= Kitzler = weibliches äußeres Sexualorgan, dessen Reizung beim Geschlechtsakt wesentlich zur Orgasmusfähigkeit der Frau beiträgt.

Coitus

Geschlechtsakt. Coitusstellungen können beim Wunsch nach Kindern und beispielsweise beim ehelichen Verkehr während einer bestehenden Schwangerschaft wichtig werden. Für die harmonische Intimbeziehung spielen der Wunsch, sich gegenseitig beglücken zu wollen und das angstfreie Zusammenspiel eine weit größere Rolle als Technik. Die Sexualerziehung sollte dem jungen Menschen im Zeitalter der Monderoberung auch noch den Intimraum der menschlichen Landschaft als Bereich neugieriger Entdeckungslust belassen.

Cowpersche Drüsen

gehören zu den inneren Geschlechtsorganen des Mannes.

Cunnilingus

(Kunnilingus) Berührung des weiblichen Genitals mit Zunge und Lippen während des Liebesspiels. Solche Sexualkontakte erhalten ihren Stellenwert durch die innere Einstellung der Partner zueinander. Sie sind weder schlechthin »pervers« und unmoralisch, noch handelt es sich um einzufordernde Pflichtübungen. Liebe ist ein Akt des Gebens und Nehmens, auch im körperlichen Ausdruck.

D

Defloration

Damit wird der Vorgang bezeichnet, wodurch beim sexuellen Erstkontakt ein Mädchen das anatomische Zeichen der Jungfräulichkeit verliert. Der Penis kann erst dann in die Scheide eindringen, wenn das, zumeist dünne, Jungfernhäutchen, das Hymen, zerrissen ist. Zu einem Hymenriß kann es allerdings auch auf andere Weise kommen. In seltenen Fällen sitzt das Hymen so fest, daß es durch einen kleinen ärztlichen Eingriff gelöst werden muß. Auf den Akt der Defloration sind in der Regel lange, ehe er geschieht, intensive Gefühle und Phantasien gerichtet, die ihn erleichtern oder auch erschweren können. Diese reichen von Erwartungen des »Durchstoßens« zum paradiesischen Glück bis zu den Gefühlen des Geschändetwerdens, bzw. der Jungfrauenschändung.

Jungfräulichkeit ist als Haltung nicht gleichzusetzen mit dem Vorhandensein eines Häutchens. Ein Mädchen, das durch Petting die orgastische Gefühlssteigerung bereits kennengelernt hat, ist keine Jungfrau mehr.

Sexualerziehung sollte dahin zielen, daß der sexuelle Erstkontakt als der Anfang eines gemeinsamen Weges angestrebt und auch erlebt wird, der in dem Maße der inneren Übereinstimmung auch den äußeren Ausdruck findet.

Determinismus

Nach Kinsey ist das »sexuelle Verhalten des Menschen ... das Ergebnis seiner morphologischen und physiologische Organisation und der Situation, in die ihn seine Erfahrungen geführt haben, verbunden mit der Summe der Kräfte, die von den ihn umgebenden Wesen und Dingen ausgehen.«

Das bedeutet, daß wir uns in unserem gesamten Sexualverhalten innerhalb eines vorbestimmten Systems bewegen, das durch Anlage und Prägung der Umwelt entstanden ist und uns nur eine beschränkte Variationsbreite läßt. Die Sexualerziehung im Elternhaus sollte sich der Verantwortung bewußt sein, die mit einer solchen Vorprägung verbunden ist. Die schulische Sexualerziehung kann und darf die durch die Eltern erfolgte Grundlegung der Sexualerziehung bei ihren unterrichtlichen Maßnahmen nicht außer acht lassen.

Diebstähle

können einen erogenen Gefühlswert haben. Daran ist zu denken, wenn Pubertierende plötzlich wie zwanghaft Diebstähle begehen. Bei Fetischisten, die sich die Gegenstände, die für sie Liebesobjekte sind, durch Diebstahl besorgen, ist der Zusammenhang offenkundig. Diebereien von Kindern, die über ein mehr oder weniger vorübergehendes Klauen eines Zehners aus Mutters Geldbeutel hinausgehen, sollten immer zum Anlaß genommen werden, Kinder oder Jugendliche einem Psychologen vorzustellen. Die Gefahr liegt in der Fixierung und in der Verselbständigung des Symptoms. Gerade dann, wenn Kinder lange nicht entdeckt werden, kommt es zu einer unliebsamen Verstärkung durch die »Erfolgserlebnisse«.

Doktorspiele

entsprechen dem Neugierverhalten kleiner Kinder, die ihre Entdeckungslust sowohl auf den eigenen wie auch auf den Körper anderer richten. Kinder fragen im »Doktorspiel« auch oft indirekt bei den Erwachsenen danach an, wie die geschlechtlichen Vorgänge und Zusammenhänge wirklich sind. Sie sollten nie zum Anlaß der Abwertung des Körperlichen oder der Bestrafung des Kindes für unmoralisches Verhalten genommen werden, sondern für ein orientierendes Gespräch.

Dominanz

Die Tendenz, andere zu beherrschen, wird als Dominanzanspruch bezeichnet. Dieser Anspruch besteht bei beiden Geschlechtern und bestimmt das mit, was man Geschlechterspannung nennt. Die Dominanz des Mannes, der sich dank seiner physischen Kraft und seiner größeren sexuellen Ungebundenheit stärker durchsetzen konnte, galt jahrhundertelang als naturgegeben. Sie fand ihren Niederschlag im Familienrecht. Die Gegenposition zur Dominanz ist die Abhängigkeit, die ebenso lange die »natürliche« Rolle der Frau zu sein schien. Bei der Partnerwahl spielten diese Rollenfestlegungen bereits eine Rolle – beispielsweise im sehr großen Altersunterschied der Ehepartner. Heute strebt die Frau auf allen Ebenen aus der starken Abhängigkeit heraus. Sie versteht Partnerschaft als ein gegenseitiges freiwilliges Verzichten auf Freiheiten und nicht als eine Unterdrückung der Freiheiten des Schwächeren durch den Stärkeren. Die neu gewonnene Möglichkeit der Frau, auch ohne Wissen des Mannes die Empfängnis steuern zu können, und neue berufliche Möglichkeiten tragen wesentlich zum Verschieben der Dominanzen zwischen den Geschlechtern bei.

Dualismus

Mit Dualismus wird in der Philosophie die Annahme von der Existenz zweier unabhängiger Substanzen, z. B. Leib und Seele, Geist und Materie bezeichnet. Im Sexualgeschehen wird darunter die starre Trennung zwischen körperlicher Liebe und geistiger Liebe verstanden. Dem Christentum wird zum Vorwurf gemacht, durch eine leibfeindliche, dualistische Erziehung vielen Menschen den Weg zum sexuellen Glück erschwert, wenn nicht versperrt zu haben. Wird, wie heute, der Leib als Ausdrucksfeld der Seele verstanden und auch im Religionsunterricht so verständlich gemacht, dann kann Sexualerziehung aus religiöser Sicht noch eine vertiefende Dimension erhalten. Vom schulischen Religionsunterricht kann so eine Gegensteuerung zu einer Weltbetrachtung erfolgen, die heute auch in der Schulerziehung zunehmend bestimmend wird – dem Materialismus.

Ductus seminis = Samenleiter

E

Egozentrik

Man bezeichnet das Verhalten und die Einstellung eines Menschen dann als egozentrisch, wenn er ganz auf sich ausgerichtet ist und Gefühle, Denkweisen und Standpunkte des anderen nicht verstehen kann. Egozentriker interpretieren sich selbst nicht selten als unverstandene Sensible und richten den Vorwurf der Egozentrik ihrerseits an ihre Partner. Die Fähigkeit, vom anderen her denken und verstehen zu können, ist mit eine Voraussetzung der Ehe und die Aufgabe vor allem der ersten Ehejahre. Die Dynamik der Sexualität und der Liebe erleichtern es einem Paar in der Regel, über sich selber hinauszuwachsen und vom anderen her zu denken und zu verstehen.

Das Kind ist bis zum sechsten/siebten Lebensjahr deutlich egozentrisch. Es ist Aufgabe sozialer Erziehung und ein Zeichen der sozialen Reife, daß es einem Kind zunehmend mehr gelingt, eigene Wünsche hinter denen anderer, bzw. im Hinblick auf Notwendigkeiten zurückstellen zu können. So wird die Befähigung zum Verzicht leisten ein wesentliches Moment der Sexual- und Liebeserziehung.

Ecouterismus

Mit diesem Begriff bezeichnet man das Verhalten jener Menschen, fast ausschließlich Männern, die im Belauschen von Liebespaaren eigene sexuelle Erlebnisse haben.

Ehe

Die Einehe ist die in unserer abendländischen Gesellschaft übliche und vom Staat geschützte Form der Ehe; sie bedeutet das legalisierte Zusammenleben zweier Personen verschiedenen Geschlechts in einer auf Dauer angelegten Lebensgemeinschaft. Diese wird als Liebesgemeinschaft der Partner und als Basis für die Gründung einer Familie angesehen. Folgende Faktoren, die für jedes einzelne Paar verschiedene Bedeutung haben und sich im Verlauf einer Ehe in ihrem Bedeutungsgehalt wandeln können, binden ein Paar aneinander:

1. Übereinstimmung in Gefühlen und Interessen.
2. Die gesetzliche Eheschließung.
3. Die kirchliche Eheschließung, bzw. religiöse Vermählungsriten.
4. Die Sorge um gemeinsame Kinder und die gegenseitige Treueverpflichtung.
5. Ökonomische Interessen und Verpflichtungen.

Auch in den verschiedenen geschichtlichen Epochen wurden die einzelnen Faktoren ehelicher Bindungen unterschiedlich wichtig genommen. So war die Versorgung der Frau, die keinen eigenen Beruf ausüben konnte, lange Zeit ein wesentlicher Gesichtspunkt für die Gattenwahl, die zumeist von den Eltern mit gesteuert worden ist.

Der Anspruch, der heute an die Ehe gestellt wird, ist sehr hoch, weshalb er oftmals auch nicht zu verwirklichen ist: Liebesgemeinschaft mit nicht erlahmender sexueller Faszination, Interessenübereinstimmung, Organisation des Familienlebens unter Wahrung des Berufsanspruchs der Frau, all dies wegen des

Ansteigens des Lebensalters in der Regel über einen sehr langen Zeitraum.

Ehefähigkeit

setzt zum einen die Intaktheit des sexuellen Apparates bei beiden Partnern voraus. Mit der physiologischen Geschlechtsreife ist aber weder beim Jungen noch beim Mädchen die Ehereife gegeben. Diese besteht vielmehr darin, daß man in der Lage ist, seinen eigenen Lebensplan im Austausch mit dem des Partners zu einem gemeinsamen, auf Dauer angelegten Lebensplan zu gestalten.

Die Ehe vor der Ehe

ist heute bei den jungen Erwachsenen mit einer höheren Schulbildung eine häufig geübte Praxis. Mit der Begründung, ausprobieren zu wollen, ob man zusammenpasse, lebt man wie ein Ehepaar in einer gemeinsamen Wohnung zusammen. Die Treueverpflichtung in dieser Zeit wird in der Regel sehr ernst genommen.

Diese »wilden Ehen« führen häufig zu normalen Ehen und werden fast ausnahmslos legalisiert, wenn ein Kind erwartet wird. Die Erfahrung zeigt, daß dabei die Anpassungsschwierigkeiten im Alltag, wie sie sonst die junge Ehe kennzeichnen, weniger auftreten.

Auf zwei Gefahren muß allerdings hingewiesen werden: Die gerade von sehr jungen Paaren praktizierten eheähnlichen Verhältnisse binden diese nicht selten vornehmlich in Alltagsgewohnheiten. Sie sind »alte« Eheleute, ehe sie überhaupt heiraten und stehen so einer Entfaltung, wie sie gerade durch die Pubertät auch im geistigen Engagement angereizt wird, im Wege.

Die andere Gefahr ist, daß man bei Schwierigkeiten »weil man noch nicht gebunden ist« vorschnell kapituliert und sich einem anderen, bequemer erscheinenden Partner zuwendet. Je mehr sich die Enttäuschungen häufen, um so weniger wird man bereit sein, noch auf »sein Glück« zu hoffen. Daß jeder seines Glückes Schmied ist, diese Binsenweisheit wird vergessen – oder aber, man nimmt es nicht auf sich, eine Freundschaft so zu gestalten, daß sie die Basis einer Ehe und Familie werden kann.

Nach der Morallehre der christlichen Kirchen und auch anderer Religionsgemeinschaften ist allein die Ehe der Ort für sexuelle Intimbeziehungen, weil nur die Ehe dem Paar die Voraussetzung und Sicherheit bietet, die die Verantwortung füreinander und für eventuelle Kinder fordert.

Ehescheidung

ist ein juristischer Akt, der nach geltendem staatlichen Ehe- und Familienrecht vollzogen werden kann. Es ist in jedem Fall ein schwerer, nicht selten traumatisch wirkender Akt für einen oder beide Partner und in jedem Fall eine schwere Lebenshypothek für die Kinder. Dem Hinweis, daß es für Kinder besser sei, nur mit einem Elternteil zu leben als zwischen streitenden Eltern, muß man entgegenhalten, daß sich die Eltern nicht selten auch nach der offiziellen Scheidung noch ihre Schlachten auf dem Rücken der Kinder liefern und daß es allemal für die Kinder besser wäre, sie würden durch ihre Eltern erleben dürfen, daß Konflikte auch bewältigt werden können.

Die katholische Kirche kennt keine Ehescheidung, sondern nur eine Ungültigkeitserklärung bei Vorliegen entsprechender Umstände, die vor dem kirchlichen Ehegericht in einem Prozeß vorgetragen und bewiesen werden müssen.

Ehelosigkeit

Die Ehelosigkeit ist ein freiwillig gewählter oder schicksalhaft auferlegter Zustand. Bei der freiwilligen Entscheidung wird die Bindung an einen Partner in der Regel um eines anderen, als höher empfundenen Zieles willen abgelehnt (Wissenschaftler, Künstler, Priester, Mönch, Nonne). Sofern die Entscheidung von einem entscheidungsreifen Mann oder einer entscheidungsreifen Frau getroffen worden ist, kann diese Art Sublimierung der Sexualität eine Selbstverwirklichung ohne Verkrampfung darstellen, wobei die Treue sich selbst und seinem Versprechen gegenüber ein ähnliches Problem werden kann wie in der Ehe.

Die ehelose Frau hat es gesellschaftlich schwerer als der ehelose Mann. Hier ist noch etwas davon zu spüren, daß bis vor noch nicht allzu langer Zeit die Frau ihren Selbstwert aus der Stellung und dem Ansehen ihres Mannes bezogen hat.

Andererseits sind Ehelosigkeit der Frau und Beruf keine Alternativen mehr, wie dies ebenfalls bis vor kurzer Zeit mit den sog. Frauenberufen der Fall war. Krankenschwester, Fürsorgerin, Lehrerin galten lange Zeit als Alternativen zur Ehe.

Ehe zwischen Blutsverwandten

sollten nicht eingegangen werden. Die Gefahr, daß kranke Kinder aus der Verbindung hervorgehen, ist nachgewiesenermaßen groß. Sofern eine Ehe unter entfernt Verwandten geplant ist, sollte in jedem Fall vorher ein erbbiologisches Gutachten eingeholt werden.

Eifersucht

ist eine normale Gefühlsregung dann, wenn der Ehepartner das Treueversprechen bricht. Eifersucht kann aber auch aus dem totalen Besitzanspruch an den Partner hervorgehen. In diesem Falle kann Gegenstand der Eifersucht, die sich bis zum Wahn steigern kann, alles werden, was dem Partner lieb ist. Das können Menschen, Tiere, Dinge und Hobbys sein. Dies ist dann Symptom einer psychischen Störung, die behandlungsbedürftig ist – allerdings keine allzu günstige Prognose hat.

Eizelle = weibliche Geschlechtszelle = Gamet

Ejakulation

Damit wird das Herausschleudern des Samens aus dem männlichen Glied bezeichnet, das den Orgasmus des Mannes begleitet. Die erste Ejakulation erfolgt in der Regel zwischen dem 11. und 15. Lebensjahr. Sie kann von erotischen Träumen begleitet sein, beispielsweise bei nächtlichem Samenerguß. Sie kann durch mechanische Reizung allein – oder auch im homosexuellen Verkehr – ausgelöst werden. Sie kann aber auch in Verbindung mit anderen Situationen eintreten, die keinen direkten Bezug zur sexuellen Lust haben.

Ist der Prozeß der Samenreifung in Gang gekommen, so bleibt er gewöhnlich bis ins hohe Alter des Mannes erhalten.

Störungen können durch organische Krankheiten verursacht werden, sind aber meist psychischen Ursprungs. Die häufigste Störung ist der vorzeitige Samenerguß. Noch ehe der Penis in die Scheide eingeführt ist, kommt es zur Ejakulation, das Glied erschlafft und die Frau kommt nicht zum Orgasmus. Bei Sexualstörungen, echten oder vermuteten, sollte immer ärztlicher Rat eingeholt oder eine Sexualberatungsstelle aufgesucht werden. Ängste, nicht »normal« zu sein, schaffen häufig erst die Störungen.

Ekel

Die Nähe der Geschlechtsorgane zu den Ausscheidungsorganen bewirkt bei manchen Menschen, daß Ekelgefühle, die ursprünglich der Ausscheidung gelten und die anerzogen worden sind, auf die Geschlechtsteile übertragen werden. In der Regel verhilft die sexuelle Erregung über diese Ekelgefühle hinweg und schafft neue, lustvolle Erfahrungen.

Bleiben sie jedoch bestehen, dann sollte schnellstens eine Fachberatung gesucht werden, weil die eheliche Harmonie über das Intimleben hinaus durch eine solche Fehleinstellung gestört werden kann.

Eltern

prägen durch die Art, wie sie ihr Kind akzeptieren, ihre Ehe und ihre Umwelt gestalten und das Leben bewältigen, das Schicksal ihrer Kinder entscheidend vor. Sie prägen auch – oftmals ohne es zu wissen und darüber nachzudenken, das Idealbild oder das Angstbild vom Mann oder von der Frau und beeinflussen so entscheidend die Partnerwahl ihrer Söhne und Töchter. Die Empfängnisregelung schafft heute die Voraussetzung dafür, daß Elternschaft geplant und dadurch auch intensiver gelebt werden kann. Eltern haben aber nicht die Macht über Leben und Tod eines Kindes. Ihre Reife und Gattenliebe erweist sich auch darin, daß ein nicht geplantes Kind angenommen werden kann. Die soziale Elternschaft, die durch Adoption eines oder mehrerer

Kinder entsteht, zeichnet sich in der Regel durch hohes soziales Engagement aus. Die schulische Sexualerziehung hat Gelegenheit, die Freigabe zur Adoption als eine reelle Chance für solche Mütter, die unter gar keinen Umständen für das Wohl eines Kindes sorgen könnten, verstehbar zu machen. Es muß möglich sein, auch noch sehr jungen Müttern begreiflich zu machen, daß es besser ist ein ungewolltes Kind auf die Welt zu bringen und es dann kinderlieben und kindersehnsüchtigen Ehepaaren zu übergeben, als Kinder abzutreiben.

Emotion

Mit Emotion werden alle Gefühle bezeichnet, angefangen vom leichten Bewegtsein bis hin zum Gefühlssturm und Gefühlsrausch. Zur Sexualerziehung gehört die Befähigung, Gefühle wahrzunehmen, auszudrücken, zu steuern und zu beherrschen. Gefühle zeigen ist nicht nur ein Vorrecht der Frau, sondern ein Attribut der Liebesfähigkeit schlechthin. Auch den Mann macht es liebenswürdig, wenn er seine Liebesgefühle ausdrücken und die seiner Frau dankbar annehmen kann. Andererseits macht es das Zusammenleben mit einer Frau leichter, wenn sie ihre Gefühle nicht nur zeigen, sondern auch beherrschen kann. Der »harte« Mann und die »weiche« Frau sind Rollenfixierungen, die weithin durch die Erziehung erfolgen.

Emanzipation

Mit Emanzipation wird die Befreiung aus einem Zustand der Abhängigkeit bezeichnet. Emanzipation stellt sich dem einzelnen in verschiedenen Lebenssituationen als Aufgabe: Ablösung vom Elternhaus, Gestaltung der Ehe zur Partnerschaft, im Beruf – aber auch ganzen Gruppen der Gesellschaft, wie beispielsweise den Frauen. Die Frauenemanzipation strebt die Gleichstellung von Mann und Frau im Familienrecht, im beruflichen, öffentlichen, politischen und kirchlichen Leben an. Noch keineswegs voll verwirklichte Forderungen sind beispielsweise: Gleiche Ausbildungschancen für Mädchen und Jungen, gleicher Lohn für gleiche Arbeit. Die Sexualerziehung soll beiden Geschlechtern das Bewußtsein vermitteln, daß die Frau durch ihr

Geschlecht nicht minderwertiger ist als der Mann. Dadurch, daß der Frau durch Menstruation, Geburt, Wochenbett und Kleinkindererziehung Beschränkungen auferlegt werden, wird sie selber noch immer für beschränkter als der Mann gehalten. Die begründete und notwendige Emanzipationsbewegung der Frau darf nicht zu einem Konkurrieren um männliche Positionen führen. Die Erkenntnisse der Sexualbiologie und Sexualhygiene haben manche magische Vorstellungen beispielsweise im Zusammenhang mit der menstruierenden oder schwangeren Frau beseitigt und sie weithin »vom Joch ihres Geschlechts« befreit. Die Empfängnisregelung, soweit sie durch die Frau und nicht durch den Mann gehandhabt wird, gibt der Frau erstmals die Freiheit, Anzahl und Zeitpunkt der Geburten weithin selbst zu bestimmen. Der Schwangerschaftsabbruch allerdings ist keine Maßnahme, die durch die Emanzipationsbestrebungen der Frau gerechtfertigt werden kann.

Embryo

ist die Bezeichnung für den menschlichen Keim im Mutterleib während des 1.–3. Schwangerschaftsmonats.

Empfängnisregelung

Sogenannte natürliche Methoden sind:
Enthaltsamkeit
Coitus interruptus
Knaus-Ogino-Methode
Messung der Basaltemperatur
NFP = Natürliche Familienplanung
Die moderne Form der NFP basiert auf eindeutigen Zeichen der Fruchtbarkeit in jedem Zyklus der Frau. Sie setzt ein Zusammenwirken der Partner voraus. Interessierte können sich durch Literatur, die im Literaturverzeichnis aufgeführt ist, über die Methode unterrichten oder wenden sich an die Arbeitsgruppe NFP, Kaiserstraße 163, 5300 Bonn 1.

Mechanische Mittel:

Präservativ (Gummischutz) beim Mann
Portiokappen, Diaphragma bei der Frau

Chemische Mittel:

Gelees, Spray, Cremes etc. zur Anwendung durch die Frau

Hormonelle Mittel:

Ovulationshemmer in Pillenform, Langzeitspritze

Schwangerschaftsverhütende Mittel:

Das Intrauterinpessar (Schleife, Spirale), das sich die Frau vom Arzt einsetzen läßt.
Die »Pille am Morgen danach«.
In diesen beiden Fällen wird das bereits befruchtete Ei am Einnisten in die Gebärmutterschleimhaut verhindert.

Alle diese Methoden und Mittel sind unterschiedlich sicher in der empfängnis-, bzw. geburtenverhütenden Wirkung.
Die periodische Enthaltsamkeit, die gemäß den nach Knaus-Ogino oder der Messung der Basaltemperatur errechneten fruchtbaren bzw. unfruchtbaren Tagen der Frau geübt wird, gehört zu den *unsichersten* Methoden.
Die Ovulationshemmer (»Pille«) und die Langzeitspritze sind in hohem Maße sicher.
In jedem Fall sollten empfängnis- und geburtenregelnde Maßnahmen von beiden Partnern nach fachärztlicher Beratung verantwortlich in die Intimbeziehung einbezogen werden. Die Bejahung eines Kindes, das »trotzdem« kommt, sollte einem reifen Paar, das sich zugetan ist, dennoch gelingen.
Die katholische Kirche sieht lediglich die sog. natürlichen Mittel der Empfängnisregelung als moralisch gerechtfertigt an. Es dürfte jedoch auch hier gelten, daß nicht die Methoden moralisch oder unmoralisch sind, sondern die Gesinnung, mit der sie angewandt werden.

Endokrine Drüsen

Die endokrinen Drüsen und ihre Sekretion, die Hormone, haben eine Auswirkung auf das Wachstum, den Stoffwechsel, und die Funktion der lebenswichtigen Organe. Sexuelle Störungen können bisweilen hormonell bedingt sein, doch überwiegen in der Regel die psychischen Störungen beim Auftreten sexueller Anomalien.

Entbindung

Die Entbindung ist der natürliche Abschluß der Schwangerschaft und der körperlich-seelische Akt, auf den die Frau mit Angst und mit Freude zulebt. Wie sie der ersten Entbindung entgegengeht, hängt sowohl von der Vorbereitung auf dieses Ereignis ab, etwa der Schwangerschaftsgymnastik, wie auch von der Art und Weise, wie der werdende Vater seine Frau seelisch stützt.

Enthaltsamkeit

Sexuelle Enthaltsamkeit hat verschiedene Qualitäten. Es gibt die Enthaltsamkeit des Menschen, der im Bewußtsein der Bedeutung der menschlichen Sexualität freiwillig um eines als höher erachteten natürlichen oder übernatürlichen Gutes willen auf ihre Betätigung in der Phantasie und im leiblichen Vollzug verzichtet. Es gibt die körperliche Enthaltsamkeit als notwendige Reifephase im Jugendalter, wobei allerdings die Phantasie das Liebesobjekt umspielt und autoerotische Praktiken möglich sind. Es gibt weiterhin die periodische bzw. zeitweilige Enthaltsamkeit im Sinne der Empfängnisregelung bzw. aus Rücksicht auf einen nicht zum Intimkontakt fähigen Partner. Auch hier ersetzen in der Regel Phantasien den leiblichen Vollzug, eventuell auch unter Austausch sonstiger intensiver Zärtlichkeiten. Schließlich ist noch jene Enthaltsamkeit zu nennen, die aus der neurotischen Geschlechtsangst verschiedener Ausprägung und Verursachung heraus erfolgt. Sie kann für den, der sie übt, und für seine Umgebung besonders dann verhängnisvoll werden, wenn sie nicht als das erkannt wird, was sie ist, sondern als »höheres Gut« getarnt wird.

Entspannung

Das Gefühl, in einer völligen körperlichen und seelischen Entspanntheit eins zu sein, schließt normalerweise den Geschlechtsverkehr eines Paares ab. Diese Entspannung geht häufig in den »Beischlaf« über. Begründete oder nicht begründete Schuldgefühle können diese Entspannungsphase erheblich stören und dem Liebesakt sozusagen im Rückwärtsspulen seine ekstatische Lust und sein Ruhen im anderen nehmen.

Enttäuschung

Liebesenttäuschungen können leicht zum Vertrauensbruch dem anderen Geschlecht gegenüber, bzw. zum chronischen Mißtrauen in bezug auf menschliche Kontakte führen. Besonders die Liebesenttäuschungen junger Menschen sollten von der nächsten Umgebung der Betroffenen so ernst genommen werden, wie sie es verdienen. Die spöttelnde Herablassung der Erwachsenen treibt junge Menschen oft noch tiefer in die Isolierung. Immer muß damit gerechnet werden, daß die Leistungsfähigkeit junger Menschen unter einem solchen Erlebnis zumindest vorübergehend leidet. Die Sexualerziehung sollte auch dahingehend wirken, daß junge Menschen lernen, Liebesbeziehungen, wenn notwendig so zu lösen, daß alle vermeidbaren Kränkungen unterbleiben.

Entwicklung der Sexualität

Von der Geburt an bis ins Alter ist die Sexualität ein wesentliches Element des Menschseins, dessen Ausprägung und Stellenwert im Personenganzen entscheidend zu dem beiträgt, was man menschliches Glück nennt. Die Sexualerziehung muß sowohl die physiologischen wie auch die bio-psychologischen und bio-sozialen Faktoren einsichtig machen und berücksichtigen. Die Entwicklung zu einer heterosexuellen Bindungsfähigkeit hängt entscheidend von der Art und Weise ab, wie die Kinder in der vorschulischen Zeit die Geschlechtsrollen ihrer Eltern oder entsprechender Bezugspersonen erleben und die Beziehung und Ablösung von diesen zu gestalten lernen.

Entwöhnung

Die Entwöhnung des Säuglings von der Mutterbrust und die gleichzeitige Umstellung auf andere Formen der Nahrung und Nahrungsaufnahme wird in der Regel allmählich in der Weise vorgenommen, daß nach und nach eine Brustmahlzeit nach der anderen durch Flaschen- bzw. Breinahrung ersetzt wird. Das Abstillen ist für das Baby ein erneutes Trennungserlebnis und kann zu einer Modellerfahrung dafür werden, wie künftighin

Versagungen und Trennungen verkraftet werden. Nahrungsbedürfnis und Liebesbedürfnis sind im Seelengefüge des Menschen eng verbunden.

Epididymis = Nebenhoden

Erbkrankheiten

Die Bedeutung von Erbkrankheiten wird in der Regel in bezug auf die Ehetauglichkeit, bzw. die Erzeugung von Nachkommenschaft überschätzt. So weiß man beispielsweise heute, daß eine ganze Reihe für erblich gehaltene Schwachsinnsformen durch Erkrankungen der noch Ungeborenen im Mutterleib entstehen und dieser Gefahr erfolgreich durch entsprechende Schwangerschaftsvoruntersuchungen begegnet werden kann. Trotzdem ist nicht von der Hand zu weisen, daß es Erbkrankheiten gibt, deren Auslösung jedoch wieder von den verschiedensten Umweltfaktoren abhängt. Immer dann, wenn ein Paar, das zur Ehe entschlossen ist, befürchtet, daß in der Familie des einen oder beider Partner Erbkrankheiten vorliegen, sollte eine erbbiologische Beratung, die zumeist den Universitätsinstituten für Humangenetik angeschlossen ist, in Anspruch genommen werden. In der Regel führen solche Beratungen zur Beruhigung eines Paares. Oder aber es wird vielleicht eine Entscheidung in der Weise mit beeinflußt, daß ein Paar auf eigene Kinder verzichtet und sich statt dessen zu einer sozialen Elternschaft durch Adoption von Kindern entschließt.

Erektion

Der physiologische Mechanismus, der durch physische und psychische Reize ausgelöst werden kann und bewirkt, daß das männliche Begattungs- und Zeugungsorgan, der Penis, sich aufrichtet, steif und hart wird, seine Länge und seinen Umfang etwa verdoppelt, wird als Erektion, Aufrichtung, bezeichnet. Der Sitz des Reflexzentrums für die Erektion ist eine bestimmte Stelle im Rückenmark. Die ins Hirn gelangten erotischen Reize werden dank des Reflexzentrums zu Auslösern bestimmter gefäßerweiternder und muskulärer Prozesse in der Penisgegend. Die Erektion ist sowohl ein absichtlicher wie auch ein reflexer Vorgang. Der Ablauf wird von den Erregungs- und Hemmungszentren der Hirnrinde mit beeinflußt. Dadurch wird er, anders als beim tierischen Triebgeschehen, dem willentlichen Einfluß in gewisser Weise zugänglich, wird vermenschlicht, zugleich aber auch störungsanfälliger. So können Depressionen oder begründete wie auch unbegründete Schuldgefühle Hemmungen bewirken, die den Erektionsablauf unmöglich machen, andererseits kann freudige Erregung aller Art zu peinlichen Erektionen führen.

Erektionen können bereits beim Säugling und Kleinkind, natürlich ohne Ejakulation, auftreten. Die rascheste Erektion erfolgt laut Kinsey in der Prä-Adoleszenz.

Erotische Träume können ebenso zur Erektion führen wie vermutlich ein Druck der Blase auf die Nervenfasern. So wird die beobachtete automatische Erektion beim morgendlichen Aufwachen erklärt. Die erektilen Organe der Frau sind die Klitoris und die Brustwarzen.

Erfolg

Sexuelle Erfahrungen, je nachdem ob sie als geglückt oder mißglückt empfunden werden, beeinflussen entscheidend das Selbstwertgefühl eines Menschen. Sexuelle Erfolgserlebnisse können das Selbstvertrauen stärken und zum Erfolg auch auf anderem Gebiet, z.B. beruflicher oder künstlerischer Art beitragen. Andererseits ist die Gefahr gegeben, daß versucht wird, Mißerfolge aller Art im sexuellen Bereich auszugleichen. Die Renommiersucht mancher Menschen mit angeblichen sexuellen »Erfolgen« hat hier ihre Ursache. Die Sexualerziehung sollte diesen Zusammenhang verdeutlichen.

Erogene Zonen

sind jene Bereiche der Körperoberfläche, durch deren Berührung eine erotische Erregung ausgelöst wird. Wenn auch Mund, Brüste, Gesäßgegend, Geschlechtsteile in besonderem Maße erogen sind, so kann eigentlich jedes äußere Organ eine erogene Eigenschaft erhalten. Diese empfindlichen Stellen sind bei jedem verschieden. Sinn des Liebesspiels reifer Geschlechtspartner ist es, die gegenseitig erwünschte Berührung und Zärtlichkeiten zu entdecken und einzubeziehen, um den erstrebten Höhepunkt, die vollständige Vereinigung, vorzubereiten.

Erotik

Die erotische Spannung wird häufig als die mehr geistige Beziehung zwischen den Geschlechtern aufgefaßt und im Gegensatz zur körperlich sexuellen Spannung höherwertig beurteilt. Erotische Schwingungen spielen im Umgang der Geschlechter miteinander eine Rolle, auch dort, wo sie beispielsweise wie im Berufsleben nicht zu Intimkontakten führen sollen. Sie sind beim Zustandekommen von Sympathie und Antipathiegefühlen beteiligt.

Für die Sexualerziehung ist wichtig, daß eine Entwicklung und Reifung der gegenseitigen Gefühlsbeziehung dem Sexualakt vorausgehen muß, wenn er als glückhaft empfunden werden soll. Auf den Sexualakt kann über einen langen Zeitraum gemeinsam zugelebt werden, wobei bereits Glücksgefühle erfahren werden. Dagegen führt der Versuch, durch einen Genitalkontakt eine Liebesbeziehung einzuleiten, fast nie zur Beglückung, sondern wirkt im Gegenteil häufig traumatisch. Die Sexualerziehung muß darauf hinwirken, daß Genitalkontakte nicht als Statussymbole des Erwachsenseins bzw. der Ablösung von den Eltern aufgefaßt und dementsprechend verfrüht praktiziert werden. Es ist angemessener, im Jugendalter die Entspannung durch Selbstbefriedigung zu praktizieren als einen Geschlechtspartner als Mittel der Masturbation zu benutzen.

Erregungsphasen

Der sexuelle Erregungsablauf ist bei Mann und Frau und bei jedem einzelnen verschieden und auch von den Umständen abhängig, unter denen sich die Geschlechtsbeziehung ereignet. Die Sexualerziehung sollte deutlich machen, daß es zur gegenseitigen Entdeckung im Liebesspiel gehört, sich so aufeinander einzustellen, daß der Höhepunkt gemeinsam erlebt wird. Dabei sollte darauf hingewiesen werden, daß auch jene Frauen, die nicht jedesmal den Orgasmus erleben, ihren Anteil an der psychischen Höhepunktserregung haben und nicht unbedingt unbefriedigt oder gar frigid sind. Es ist gefährlich, den Orgasmus als eine Leistung darzustellen, die in jedem Fall erbracht werden muß. Das rationalisierende Moment, das so in die Beziehung hineingetragen wird, hindert häufig den unwillkürlichen Ablauf des Sexualgeschehens. Je bewußter und direkter die Lust gesucht wird, um so gründlicher vergeht sie in der Regel.

Erröten

Das Erröten des Gesichts, vor allem der Wangen, ist auf eine plötzliche Vermehrung der Durchblutung der Gefäße und Kapillaren der Gesichtshaut zurückzuführen. Besonders in der Pubertät tritt dieses Erröten bei Jungen und Mädchen leicht auf und kann sich zur Errötungsangst steigern. Häufig ist eine zu strenge sexuelle Erziehung die Ursache dieses als peinlich empfundenen und vom Willen nicht zu beeinflussenden Geschehens. Wenn es als sehr störend empfunden und vor allem bis ins Erwachsenenalter beibehalten wird, dann sollte man eine psychologische Beratungsstelle aufsuchen.

Eugenik

kann mit Erbgesundheitslehre beschrieben werden. Die Sexualerziehung sollte eugenische Fragen im Zusammenhang mit Medikamenten und Drogenmißbrauch behandeln und auch im Zusammenhang mit der Geburtenregelung. Bei der Diskussion um den legalisierten Schwangerschaftsabbruch werden eugenische Gesichtspunkte als mögliche Indikation ins Gespräch gebracht.

Exhibitionismus

Beim Exhibitionismus im engeren Sinn handelt es sich um eine typisch männliche sexuelle Handlungsweise. Sie besteht im Zurschaustellen der Geschlechtsteile, wobei sexuelle Lust empfunden wird. Dies geschieht meist vor kleinen Mädchen oder Frauen, besonders solchen, die durch den Anblick dieser Demonstration leicht zu schrecken sind. Es kommt dabei kaum zu

Notzuchtshandlungen, da der Exhibitionist in der Regel aus der Ichschwäche heraus Abstand vom Partner zu halten sucht. Es handelt sich um eine Fehlentwicklung des Sexualverhaltens, die ihre Wurzeln in der Kindheit, vor allem in der Mutter–Kind-Beziehung hat. Sie ist der Behandlung nicht leicht zugänglich, diese sollte aber in jedem Fall versucht werden.

Die Sexualerziehung soll Kinder und Jugendliche darauf vorbereiten, daß Begegnungen mit solch abnorm reagierenden Männern möglich sind und ein entsprechendes Verhalten vorbereiten. Je weniger der Anblick des nackten Körpers für ein Kind etwas Erschreckendes hat, um so weniger leicht können exhibitionistische Männer ihre Schreckwirkung ausüben. Trotzdem ist es zum Schutz der Kinder wichtig, daß sie wissen, daß sie in solchen Fällen nicht stehen bleiben, auf keine Gespräche eingehen und den Eltern Bescheid sagen. Die Besprechung von Abweichungen kann gerade bei Pubertierenden Befürchtungen um die eigene »Normalität« hervorrufen. Die Angst bewirkt nicht selten tatsächlich eine Störung. Es sollte deshalb immer wieder Mut gemacht werden, auch der eigenen Absicherung wegen eine Beratungsstelle aufzusuchen. Prophylaxe ist besser als Therapie.

F

Familie

Die Familienstruktur ist abhängig von historischen und soziokulturellen Faktoren und als solche auch wandlungsfähig. Es finden sich Formen der Polygamie (Vielweiberei) und Polyandrie (Vielmännerei), wobei die Rechte der einzelnen Mitglieder solcher Familien genau festgelegt sind.

Die patriarchalische Familie beruht auf der Hierarchie der Geschlechter und des Alters. Sie wird bei uns mehr und mehr durch die Kleinfamilie ersetzt, die lediglich die Eltern- und Kindergeneration umfaßt. Diese Kleinfamilie kann ihre Schutzfunktionen den einzelnen Familienmitgliedern gegenüber weniger wahrnehmen als die frühere Großfamilie. Der Tod eines Elternteiles oder die Ehescheidung betreffen beispielsweise nicht nur die Kinder, sondern auch den zurückbleibenden bzw. verlassenen Ehepartner zutiefst existentiell, sowohl seelisch wie auch ökonomisch.

Trotzdem ist auch die Kleinfamilie noch jenes Sozialgefüge, in dem die emotionalen Bedürfnisse eines Ehepaares so optimal befriedigt werden können, daß daraus eine eigene Lebensleistung resultieren kann, die Kindern als Identifikationsmodell eigener Lebensrollen zu dienen vermag. Das Scheitern mancher Ehen und das damit verbundene familiäre Unglück beweisen nicht das Gegenteil. Vielmehr bringen diese negativen Familienschicksale ins Bewußtsein, in welchem Maße die Familie durch die Gesellschaft und durch den Staat schutzbedürftig ist.

Der Versuch, die Kleinfamilie durch organisierte Großfamilien stabiler zu machen, wie er gegen Ende der sechziger Jahre besonders von Intellektuellen unternommen worden ist, kann schon jetzt als generelles Zukunftsmodell als gescheitert betrachtet werden.

Es ist jedoch nicht zu übersehen, daß sich gerade in unserer Zeit eine immer stärkere Konfrontation zwischen der Familie und der Gesellschaft herausbildet. Je technokratischer die Gesellschaft sich strukturiert, um so stärker sind die Tendenzen, die erzieherischen Aufgaben von der Familie auf den Staat zu übertragen. Je deutlicher Eltern ihre Pflichten den Kindern gegenüber erfüllen und für deren Rechte einstehen, um so stärker ist ihre moralische Position in der Verteidigung der Rechte der Familie. Sexualerziehung ist ein Beispiel dafür, wie Familie und andere Erziehungsinstanzen der Gesellschaft, beispielsweise die Schule, sich ergänzen können.

Familienhilfe

Unter Familienhilfe sind alle Maßnahmen zu verstehen, die im prophylaktischen wie auch im therapeutischen Sinne der Stabilisierung der Familie dienen. Der gesetzlich vorgeschriebene Versicherungsschutz gehört ebenso dazu, wie beispielsweise die freiwillige Erziehungshilfe, die Hilfe zum Lebensunterhalt in Notsituationen, wie auch Eheberatung, Erziehungsberatung, Elternschulen und Familienbildungsstätten. Entsprechende Institutionen in freier, bzw. kirchlicher Trägerschaft arbeiten hierin mit staatlichen Einrichtungen zusammen.

Familienplanung

bezieht sich sowohl auf die Anzahl der Kinder, die ein Ehepaar meint verantworten zu können, wie auch auf den Zeitpunkt, zu dem die Kinder kommen sollen, um die optimalen Entwicklungschancen zu haben. Alter und Belastungsfähigkeit der Eltern spielen dabei eine ebenso große Rolle wie die wirtschaftliche Situation und die Wohnverhältnisse. Des weiteren ist der Wunsch oder die Notwendigkeit der Frau, weiterhin berufs- bzw. erwerbstätig zu sein, von Bedeutung. Auch die Gesundheit und Belastungsfähigkeit bereits vorhandener Kinder sind zu berücksichtigen. In die Familienplanung werden, wenn auch noch relativ selten, Adoptionen mit einbezogen. Familienplanung ist in unserer Zeit ein Problem, das sich fast allen Familien zu irgendeinem Zeitpunkt stellt. Erziehung zur verantwortlichen Elternschaft ist eine wesentliche Aufgabe der Sexualerziehung.

Familienrecht

Das Familienrecht umfaßt gesetzliche Regelungen, die das Verhältnis der Ehegatten, der Eltern zu den Kindern und umgekehrt betreffen. Es erstreckt sich auch auf die Wahrung der Rechte (Erbschaft!) ungeborener, außerehelich und unehelich geborener Kinder und auf die Regelung der elterlichen Gewalt, bzw. der Besuchsregelung nach einer Ehescheidung.

Bei Eheschließungen mit Ausländern sollte der deutsche Partner sich jeweils vergewissern, welche rechtlichen Konsequenzen die geplante Heirat mit sich bringt. Seit der Neufassung des Familienrechts im Juli 1977 muß beispielsweise über das Sorgerecht der Kinder entschieden sein, ehe die Scheidung ausgesprochen wird.

Fehlgeburt (Abortus)

Wird die unreife, nicht lebensfähige Leibesfrucht innerhalb der ersten 28 Schwangerschaftswochen ausgestoßen, so spricht man von Fehlgeburt.

Fellatio (Penilingus)

bedeutet Mundverkehr und meint den sexuellen Kontakt, der

dadurch entsteht, daß der erigierte Penis des Partners in den Mund genommen wird.

Fetus

ist die Bezeichnung für den menschlichen Keim ab dem 4. Schwangerschaftsmonat.

Follikel = Eibläschen

Fetischismus

Mit diesem Begriff wird eine sexuelle Haltung bezeichnet, bei der sich die sexuelle Erregung nicht auf die ganze Person des Geschlechtspartners bezieht, sondern lediglich auf einen Teil, bzw. einen Gegenstand, den die geliebte Person benutzt. Fetischismus und Diebstahl stehen oftmals in direktem Zusammenhang.

Fortpflanzung

ist nicht, wie früher nach moraltheologischer Auslegung angenommen, der einzige oder zumindest vorrangige Zweck der Ehe, der bei keinem ehelichen Verkehr verhindert werden darf. Die Ehe als Liebesgemeinschaft und der eheliche Akt als Ausdruck dieser Verbundenheit ist Wesenselement der Ehe. Andererseits kann die Fortpflanzung auch nicht aus dem Liebesakt als unwesentlich ausgeklammert und allein als Paarungsfunktion aufgefaßt werden. Dieser Dualismus deutet sich als die Gefahr unserer Zeit an.

Frauenbewegung

Die Frauenbewegung hat die Emanzipation der Frau zum Ziele. Sie kämpft vor allem mit politischen Mitteln und solchen der Erwachsenenbildung.

Frigidität

Mit Frigidität wird das Fehlen sexueller Empfindungen und des Wunsches nach sexueller Betätigung bezeichnet, insbesondere die Unfähigkeit der Frau, beim Geschlechtsverkehr Wollust zu empfinden und zum Orgasmus zu kommen. Das Nichterreichen des Orgasmus ist noch kein Zeichen von Frigidität, sondern möglicherweise ein Hinweis darauf, daß ein Paar noch nicht aufeinander eingespielt ist. In der Geschlechtserziehung sollte darauf hingewiesen werden, daß Frauen in ihrer Orgasmusfähigkeit nicht simpel »ausprobiert« werden können. Spätere Frigidität ist nicht selten die Folge nichtverarbeiteter sexueller Primärerlebnisse. Auch falsch verstandene Keuschheitserziehung kann neben verschiedenen psychischen Faktoren eine Rolle spielen. Physiologische Gründe sind selten die Ursache, weshalb die Behandlung der Frigidität in den Bereich des Psychotherapeuten fällt.

Frühehe

Bis zur Herabsetzung der gesetzlichen Volljährigkeit auf das 18. Lebensjahr wurden alle Ehen, bei denen die Partner bei der Eheschließung unter 21 Jahre alt waren, als Frühehen bezeichnet. Da sich die Persönlichkeitsreifung der jungen Menschen durch die Gesetzesänderung nicht ändern wird, kann zumindest vorerst diese Definierung beibehalten werden. Frühehen, die laut Statistik scheidungsauffälliger sind als solche Ehen, die von älteren Partnern geschlossen werden, sollten vor allem unter zwei Gesichtspunkten Hilfe von der Umwelt, insbesondere den Eltern, erfahren: In wirtschaftlicher Hinsicht und in der Erreichung eines einmal gefaßten Ausbildungsziels für beide Partner. Nur so ist zu hoffen, daß ein junges Paar nicht durch Alltagsprobleme überfordert wird und sich, weil nur der Mann seine Ausbildung macht, die durch die Erwerbsarbeit der Frau finanziert wird, bildungs- und interessenmäßig auseinanderlebt. Die Problematik steigert sich, wenn die Ursache für eine so frühe Eheschließung ein vorehelich gezeugtes Kind ist. In diesem Fall müßte zusätzlich erreicht werden, daß das Kind von Geburt an bei den jungen Eltern aufwächst. Die Erziehungs- und Lebensschwierigkeiten von unerwünschten Kindern hängen nicht grundsätzlich mit der Tatsache der unplanmäßigen Zeugung zusammen, sondern häufig damit, daß die Kinder über mehrere Jahre von Ersatzeltern (Großeltern, Pflegeeltern, Heimerziehern) aufgezogen werden und dann einen als traumatisch erlebten Abbruch all ihrer personalen Beziehungen erleben, sofern es überhaupt zu solchen Beziehungen gekommen ist.

Frühgeburt

Von Frühgeburt wird dann gesprochen, wenn ein Kind zwar unausgereift, aber lebensfähig zur Welt kommt. Es muß bisweilen unter künstlichen Uterusbedingungen (Brutkasten) so lange erhalten werden, bis es durch normale Pflege weiterversorgt werden kann.

Vom 5. Schwangerschaftsmonat an kommt es bei Frühgeburten zu einem regelrechten Geburtsvorgang mit Eröffnungszeit, dem Blasensprung, zur Austreibungsperiode und anschließend zur Nachgeburtsperiode. Sieben- und Achtmonatskinder gedeihen in der Regel, sind sie erst einmal hochgepäppelt, sehr gut. Für die Mutter bedeutet die Pflege eines zu früh geborenen Kindes mehr Belastung, worauf die anderen Familienmitglieder Rücksicht nehmen müssen.

Frustration

Der Begriff Frustration wurde in den letzten Jahren für jede Form von Versagen als eine Art Modewort gebraucht und die Aggression als eine Folge von Frustration erklärt. Wird Frustration nur für solche Versagung von Bedürfnisbefriedigung angewandt, die der Verweigerung eines echten Anspruchs gleichzusetzen ist, dann zeichnet sich die Grenze zu den zumutbaren und sogar notwendigen Versagungen, die ihren Platz im Erziehungsgeschehen und im Zusammenleben haben, klarer ab. Das Maß an Frustrationen, das ein Mensch erträgt, die sog. Frustrationstoleranz, ist individuell sehr verschieden. Auch die Reaktionen auf Frustrationen richten sich nach dem erlernten Konfliktlösungsschema des einzelnen. Sie liegen im Bereich der Aggression, der Regression oder in der Fähigkeit, neue Wege zur Bedürfnisbefriedigung zu finden.

Gerade im sexuellen Bereich kann es dadurch, daß durch eine stark erotisierte Umwelt nicht realisierbare Bedürfnisse geweckt werden, zu Frustrationserlebnissen kommen. Die Sexualerziehung sollte auf diesen Zusammenhang deutlich hinweisen.

G

Gamet

Der Gamet ist die Geschlechtszelle. Die Fortpflanzungszellen des Mannes heißen Spermien, die der Frau Eizellen. Verschmilzt der männliche Gamet mit dem weiblichen Gameten, so bildet sich die Zygote, aus der sich ein vollständiger Organismus entwikkeln kann.

Gebärmutter (Uterus)

Die Gebärmutter ist ein birnenförmiges Hohlorgan, das, von Bändern gehalten, in der Mitte des kleinen Beckens zwischen Blase und Mastdarm liegt.

Von der Vergrößerung der Gebärmutter, die normalerweise hühnereigroß ist, kann auf das Bestehen einer Schwangerschaft geschlossen werden. Aber auch Geschwülste vergrößern die Gebärmutter.

Geborgenheit

gehört zusammen mit physiologischen Bedürfnissen und denen nach Sicherheit und Wertgeltung zu den Grundbedürfnissen des Menschen, die ein Streben nach Selbstverwirklichung erst möglich machen.

Geburt

Die Geburt, d.h. das Ausstoßen der Frucht aus dem Mutterleib, schließt natürlicherweise die Schwangerschaft der Frau ab. Sie wird durch die Wehen, das sind rhythmische Zusammenziehungen der Gebärmutter, eingeleitet und durch das Ausstoßen der Nachgeburt abgeschlossen. Die Geburt ist für ein Kind eine risikoreiche Lebensphase. Durch entsprechende Vorsorgeuntersuchungen in der Schwangerschaft und die vorbereitete Geburt in der Klinik unter ärztlicher Aufsicht kann das Risiko verringert werden.

Geburtenkontrolle

erwächst aus der Notwendigkeit, das Wachstum der Erdbevölkerung nicht der unkontrollierten Fortpflanzung zu überlassen, sondern unter dem Gesichtspunkt, menschenwürdige Lebensbedingungen zu schaffen, zu organisieren. Die Einstellung zur Geburtenkontrolle und ihre Durchführung hängen stark von der Mentalität, dem Bildungsgrad, der Kultur und der Religion der jeweiligen Völker, bzw. Bevölkerungsgruppen ab. Die verantwortlich geübte Empfängnisregelung wirkt sich als Geburtenkontrolle aus.

Geburtstrauma

werden Verletzungen genannt, die ein Kind während des Geburtsvorgangs, beispielsweise durch Unterbrechung der Sauerstoffzufuhr bei Nabelschnurumwicklungen, erfährt und die zu körperlichen oder geistigen Dauerschäden führen. Diese können minimaler und gravierender Natur sein.

Gefühle

dürfen nicht mit Stimmungen oder Sentimentalität verwechselt werden. Gefühle ermöglichen das Innewerden der gegenständlichen Welt auf subjektive Weise. Gefühl durchdringt die Erkenntnis und den Willen und bestimmt so den Menschen in seiner Gesamtheit. Je reicher und differenzierter die Gefühle sind, die zwei Menschen miteinander verbinden, um so stabiler ist die Basis für die Gestaltung einer dauerhaften Partnerschaft. Aufgabe der Erziehung ist es, das Gefühl nicht nur in Beziehung zur eigenen Person zu entfalten und zu pflegen, sondern auch in Beziehung zur Natur, zu Pflanze, Tier und Mensch. Gefühle können den Menschen überfluten und dann die Steuerung durch Vernunft und Willen unmöglich machen. Das Kind zu lehren »seiner Gefühle Herr zu werden«, ist ebenso wichtig, wie ihm Anreiz zu geben, sie zu entfalten.

Gefühlsbeziehung

Die erste personale Beziehung, die ein Mensch eingeht, ist die zwischen dem Säugling und seiner Mutter oder dem Menschen, der die Rolle der Mutter übernimmt. Auf dem Grund dieser Beziehung entwickelt sich jegliche Beziehungsfähigkeit, baut sich das personale Ich auf, entstehen die Tiefengefühle, Geborgenheit, Sicherheit, die Fähigkeit zu hoffen, zu vertrauen und zu lieben. Die Personreifung glückt in dem Maße, in dem diese Gefühlsbeziehung entsprechend den sich wandelnden Bedürfnissen des heranwachsenden Menschen sich ebenfalls verändert, andere Beziehungen – zum Vater, zu den Geschwistern, zur Kindergruppe, zur Umwelt – aufgenommen und positiv erlebt werden. Nicht rechtzeitig vollzogene Ablösungen aus einer Beziehung, die dem Selbständigkeitsbedürfnis eines Kindes und Jugendlichen nicht mehr entspricht, erschweren die Partnerbeziehung bis hin zur Behandlungsbedürftigkeit.

Geistige Behinderung

eines Kindes stellt die Sexualerziehung vor ein besonderes Problem. Es wird häufig ein bewahrender Erziehungsstil praktiziert werden müssen, weil die Voraussetzung für eine von eigenen Entscheidungen geprägte Bewährung nicht gegeben ist. Bislang wurde die Tatsache, daß auch geistig Behinderte zu gefühlsreichen Liebesbezeugungen in einer Paarbeziehung fähig sind, bei der Betreuung erwachsener Behinderter nicht berücksichtigt. Hier sind neue Überlegungen nötig.

Genetik

Teilgebiet der Biologie: Vererbungsforschung, Erblehre. Die Humangenetik stützt sich heute nicht mehr nur auf Familien- und Zwillingsforschung, sondern hat Untersuchungsmöglichkeiten direkt am Chromosomensatz. Solche Chromosomenanalysen werden an Instituten für Humangenetik vorgenommen und sind zur Abklärung eventueller Anomalien (Mongolismus!) oder bei extremen sexuellen Normabweichungen (Transvestitismus) hilfreich.

Genitalband = Coelom-Epithel

Aus einer indifferenten Anlage des Coelom-Epithels entstehen die Geschlechtsorgane.

Genitale Phase

Freud ordnet die genitale Phase der Pubertät zu. Sie wird häufig mit der phallischen Phase verwechselt, die nach Freud die dritte und letzte Phase der infantilen Sexualität darstellt und durch ein deutliches Interesse an den Geschlechtsorganen gekennzeichnet ist. In der genitalen Phase geht es wesentlich darum, den Orgasmus fortschreitend in eine Zweierbeziehung einzubringen, wo er als ein Faktor der Liebesbindung wirksam werden kann. Dem Vollzug des Genitalkontakts gehen in der Regel Gedankenspiele voraus, die vom Interesse am anderen Geschlecht gesteuert sind, und die Zeit überbrücken helfen, bis eine Person des anderen Geschlechts gefunden ist, der sich Liebesgefühle zuwenden, die entsprechend erwidert werden. Genitalkontakte ohne Gefühlsbeziehung – Ausprobieren, Vergewaltigung, Prostitution – sind weniger als ein animalischer Paarungsakt.

Gen

Der Erbfaktor oder die Erbanlage in den Chromosomen der Zellkernmasse wird Gen genannt. Die Gesamtheit aller Gene, das sog. genetische Material, beinhaltet die Erbinformation. Man spricht von Erbbild oder Idiotypus.

Genußmittelschädigung

Inwieweit bestimmte Drogen – Alkohol, Nikotin, Suchtstoffe bei mißbräuchlichem Genuß – Genschäden setzen, ist wissenschaftlich noch nicht eindeutig geklärt. Sicher ist, daß schwangere Frauen sich aller Drogen enthalten sollen und auch Medikamente nur nach Verordnung des Arztes einnehmen dürfen.

Gerontologie

ist ein Zweig der Entwicklungspsychologie, der bislang sehr vernachlässigt worden ist, nämlich die Altersforschung. Nachdem die Lebenserwartung der Menschen ständig zunimmt, ist die Altersforschung besonders auch unter dem Gesichtspunkt der Alterssexualität bedeutsam geworden. Die Vorstellung, daß besonders bei Frauen das sexuelle Interesse mit dem Erlahmen der

Fortpflanzungsfähigkeit erstirbt, trifft die Realität nicht. Frauen können gerade nach den Wechseljahren, wenn sie von jeder Angst um eine unfreiwillige Schwangerschaft befreit sind, ein deutliches sexuelles Interesse zeigen.

Geschlechtlichkeit

Aussagen darüber, was menschliche Geschlechtlichkeit ist, sind jeweils abhängig von der naturwissenschaftlichen Erkenntnis der Zeit und dem religiösen, bzw. ideologischen Standpunkt. Hier sollen kurz wesentliche Gesichtspunkte einer Verlautbarung der katholischen Bischofskonferenz zur menschlichen Geschlechtlichkeit zitiert werden, weil im Bewußtsein vieler der christliche Standpunkt fälschlicherweise gleichgesetzt wird mit der Prüderie des viktorianischen Zeitalters.

»Die Geschlechtlichkeit prägt unser ganzes Leben. Von der Empfängnis an ist unser Leib bis in jede einzelne Körperzelle hinein männlich oder weiblich. Da Leib und Seele eine Einheit sind, bestimmt unsere Geschlechtlichkeit auch unser Empfinden und unsere Phantasie, unser Denken und unsere Entscheidungen mit. Diese Erkenntnis ist bedeutungsvoll. Soll menschliches und christliches Leben gelingen, muß die Geschlechtlichkeit mitreifen ... Die zweite Eigenart menschlicher Geschlechtlichkeit liegt in der Hinneigung zum Du ... Der dritte Wesenszug ... ist die gegenseitige Ergänzung von Mann und Frau ... Viertens: die menschliche Geschlechtlichkeit vollendet ihre leibliche und geistige Fruchtbarkeit in der Zeugung und Erziehung der Kinder ... (Wir) benötigen für die menschenwürdige Ausformung der Geschlechtlichkeit nicht bloß die Bejahung, sondern auch die Gabe der Unterscheidung von Gut und Böse ... Ehrfurcht und Liebe fordern auch Askese und Verzicht ...«

Geschlechtsakt (Coitus)

Umfassendster personaler Akt leib-seelischer Hingabe an einen Partner des anderen Geschlechts, Liebes- und Fortpflanzungsakt in der gleichen Gebärde, wenn realiter auch trennbar.

Geschlechtserziehung siehe Sexualerziehung

Geschlechtskrankheiten

Ehe die verschiedenen Bundesländer eigene Richtlinien für die schulische Sexualerziehung erlassen haben, basierte der Sexualkundeunterricht in den Schulen, sofern er überhaupt erteilt worden ist, auf dem »Gesetz zur Bekämpfung der Geschlechtskrankheiten«. Bereits in den »Richtlinien für die Lehrpläne an den preußischen Höheren Schulen« von 1927 heißt es: »Besonders werden die gesundheitlichen Belehrungen in der Biologie sittliche Antriebe sowohl für die eigene Lebensführung wie für die Arbeit an der Gesundung des Volkes geben ...«

1953 heißt es im § 15 des Gesetzes zur Bekämpfung der Geschlechtskrankheiten: »Aufgabe der Gesundheitsämter ist außerdem die Aufklärung und Belehrung der Bevölkerung, insbesondere der älteren Jugend in Schulen ... über das Geschlechtsleben des Menschen und das Wesen und die Gefahren der Geschlechtskrankheiten.«

Diese Art schulischer Sexualerziehung unterschied sich höchstens durch ihre bessere Detailkenntnis von der traditionellen häuslichen Sexualerziehung, die einer Warnung vor Geschlechtskrankheiten und ungewollter Schwangerschaft gleichkam. Dieser empfohlenen Enthaltsamkeit aus Angst vor Schaden wird heute die Enthaltsamkeit bis zur Erreichung der leib-seelischen Reife für den Liebesakt entgegengestellt.

Die sog. Glas-Wasser-Theorie im Rahmen einer falsch verstandenen sexuellen Befreiungs-Erziehung, die den Genitalkontakt dem Glas Wasser gegen Durst gleichsetzt und dementsprechend unverbindlich in der Partnerwahl läßt, übersieht, daß gerade die sicheren empfängnisverhütenden Mittel, nämlich die Ovulationshemmer, gegenüber Geschlechtskrankheiten keinen Schutz bieten. Damit und mit dem früheren Intimverkehr der Jugendlichen hängt es zusammen, daß die Geschlechtskrankheiten gerade unter Jugendlichen wieder im Ansteigen sind. Bei Behandlung der Geschlechtskrankheiten im Sexualkundeunterricht sollte vor allem darauf hingewiesen werden, daß heute weit bessere Behandlungsmethoden als früher gegeben sind und jede Scheu, bei Verdacht einen Facharzt aufzusuchen, unbegründet und höchst gefährlich ist sowohl für die erkrankte Person wie auch für die eventuellen weiteren Geschlechtspartner und möglicherweise für die Nachkommen.

Gerade auch die Eltern sollten auf diesen Aspekt hinweisen, damit Kinder den Mut haben, sich gegebenenfalls um Hilfe an sie zu wenden.

Geschlechtsmerkmale

Die Geschlechter werden nach den primären und sekundären Geschlechtsmerkmalen unterschieden. Die primären Geschlechtsmerkmale dienen direkt dem Geschlechtsverkehr und der Fortpflanzung. Sie umfassen beim Mann: Hoden, Nebenhoden, Samenwege, Penis; bei der Frau: Eierstöcke, Eileiter, Gebärmutter, Scheide.

Die sekundären Geschlechtsmerkmale beziehen sich auf die unterschiedliche Entwicklung der Schultern und des Beckens, der Muskulatur, der Brust, der Behaarung und der Stimmlage.

Geschlechtsrolle

Die entsprechende anatomische Ausstattung bestimmt den Mann zum Erzeuger und die Frau zur Gebärerin von Kindern. Inwieweit diese Festlegung durch das Geschlecht auch weitere psychische Eigenschaften von Mann und Frau als »wesensmäßig« festlegt, ist umstritten. Heute neigt man dazu, die Ausprägung von Eigenschaften und Verhaltensweisen bei Frau und Mann soziokulturellen Faktoren zuzuschreiben. Sicher ist, daß die bisherige Entwicklungspsychologie die Plastizität menschlichen Wesens nicht zureichend beachtet hat. Als »typisch« männlich oder »typisch« weiblich wurde bezeichnet, was von vornherein als Rollenfestlegung im Erziehungsplan enthalten war. Daß die biologischen Unterschiede von Mann und Frau und die damit verbundenen andersartigen Funktionen allerdings keinen Einfluß auf die psychischen Eigenschaften und Verhaltensweisen haben sollen, ist ebensowenig bewiesen wie einleuchtend. Alle Diskussionen um die Geschlechtsrollen sollten, besonders dann, wenn Emanzipationsfragen der Frau mit betroffen sind, davon ausgehen, daß nicht die Gleichartigkeit sondern die Gleichwertigkeit der Geschlechter in allen Bereichen unserer Gesellschaft anerkannt werden muß.

Glied = Penis. Männliches Begattungs- und Befruchtungsorgan.

Gonade

Geschlechtsdrüse, Keimdrüse. Bei der Frau der Eierstock; beim Mann die Hoden.

Gynäkologie

Frauenheilkunde, die Lehre von den Frauenkrankheiten und der Geburtshilfe.

H

Harnröhre

Die Harnröhre der Frau mündet 1 bis 2 cm hinter der Eichel des Kitzlers nach außen. Die 20 bis 25 cm lange männliche Harnröhre ist zugleich Samenröhre (Urogenitalkanal). Sie mündet auf der Eichel nach außen. Die Verbindung der Harnorgane mit den Geschlechtsorganen übt auf manche Menschen einen gewissen erotischen Reiz aus. Erwachsene, die eine erotische Befriedigung darin finden, sich beim Harnlassen zusehen zu lassen, zeigen Symptome einer infantilen Sexualität.

Hemmung

Sofern unter Hemmung die Kontrolle der sexuellen Triebe verstanden wird, ist sie eine positive Kraft. Die Spannung, die zwischen Geschlechtspartnern besteht, resultiert zum Teil aus dem Gleichgewicht zwischen Triebwunsch und Hemmungen. Sobald Hemmung jedoch zur Gehemmtheit aller spontanen Aktionen und Abläufe wird, sobald sie sich als Blockierung der Affektivität und der Dynamik auswirkt, hat sie Krankheitswert und ist behandlungsbedürftig. Sexuelle Gehemmtheit in diesem krankhaften Sinne bedingt zumeist auch eine intellektuelle Leistungsunfähigkeit.

Heiratsalter

Heiraten kann, wer das Volljährigkeitsalter (18) erreicht hat. In Ausnahmefällen darf heiraten, wer 16 Jahre alt ist, sofern die Einwilligung der Eltern und des Vormundschaftsgerichtes vorliegt und ein Ehepartner volljährig ist. Die Einwilligung der Eltern kann dann durch das Vormundschaftsgericht ersetzt werden, wenn diese sie verweigern, ohne daß hierfür ein triftiger Grund vorliegt.

Bei Ausländern, die in Deutschland heiraten wollen, richtet sich das Heiratsalter nach den Bestimmungen des Heimatlandes.

Hermaphroditismus

Vorhandensein männlicher und weiblicher Fortpflanzungsorgane. Da in einem sehr frühen Stadium der embryonalen Entwicklung in jedem Individuum sowohl die Anlagen für die männlichen wie auch die weiblichen Geschlechtsorgane vorhanden sind, kann es vorkommen, daß beim körperlich normalen Mann Rudimente weiblicher Genitalien zu finden sind, wie umgekehrt auch bei der Frau. Im Regelfall kann durch leichte operative Eingriffe geholfen werden. Eine schwere Ausprägung von Zwittertum ist äußerst selten.

Heterosexualität = die geschlechtliche Neigung zum anderen Geschlecht.

Homosexualität

Ausrichten des sexuellen Verlangens auf eine Person des gleichen Geschlechts. Seit der Abschaffung des § 175 ist die homosexuelle Beziehung zwischen Männern nicht mehr strafbar. Bestraft wird hingegen die homosexuelle Beziehung Erwachsener mit Jugendlichen. Die Entstehung der Homosexualität ist vielschichtig. Inwieweit Anlage und frühe Identifikationsstörungen zu den Eltern eine Rolle spielen, ist nicht sicher zu sagen. Die homosexuellen Handlungen Pubertierender sind möglicherweise nur ein Stadium auf dem Wege vom narzißtischen Sexualverhalten der Kinder hin bis zur Erwachsenensexualität. Das Ziel der Sexualerziehung muß die Befähigung zur heterosexuellen Beziehung sein. Dabei soll Verständnis auch dafür geweckt werden, daß bei fixierter Homosexualität die Bemühung um die dauerhafte Paarbindung höhere Reifungsimpulse für die Gesamtpersönlichkeit setzt, als von unverbindlichen Kontakten ausgehen kann. Die Diskriminierung der Homosexualität durch deren Idealisierung abzulösen ist absurd, und, gegenüber Jugendlichen praktiziert, gefährlich, da deren Verhalten Päderasten gegenüber verunsichert wird.

Hormone

Hormone sind Wirkstoffe, die von Drüsen mit innerer Sekretion ausgeschieden werden und auf Körperwachstum, Geschlechtsreifung, die vegetativ-nervösen Regulationen und die Gestimmtheit des Menschen Einfluß haben. Während der Pubertät, der Schwangerschaft, der Wöchnerinnenzeit, der Menstruation und der Menopause spielen Hormone eine große Rolle. Störungen im Hormonhaushalt können heute weithin therapeutisch angegangen werden. Die Behandlung muß aber unbedingt dem erfahrenen Arzt überlassen bleiben. Auch die als Ovulationshemmer und somit als empfängnisregelndes Mittel wirkende Hormonpille sollte nur unter ärztlicher Kontrolle genommen werden.

Hygiene

Ein wichtiges Kapitel der Sexualerziehung ist die Sexualhygiene. Hierunter sind alle vorbeugenden Maßnahmen zur Gesunderhaltung des Geschlechtsapparates, Körperpflege im Zusammenhang mit der Intimbeziehung, Verhalten während der Menstruation, in der Schwangerschaft, der Wöchnerinnen- und Stillzeit zu verstehen und darüber hinaus alles, was die körperliche Anziehung der Partner zu steigern vermag. Die Vernachlässigung der Hygiene im Zusammenhang mit dem Jugendprotest mag als ein Aufbegehren gegen den bis zur Sterilität gehenden Sauberkeitskult mancher putzwütiger Mütter zu verstehen sein, deren Putzsucht durch die Waschmittelindustrie zur nationalen Tugend hochstilisiert worden ist. Die Zunahme von Ungeziefer und der Infektionskrankheiten sollte aber ein Alarmzeichen sein. Ein Protest wird dann zur unsozialen Maßnahme, wenn er die eigene Gesundheit ruiniert, die anderen gefährdet und dem Steuerzahler unnützer Weise Unkosten durch gehäufte Krankheiten und amtlicherseits durchgeführte Hygienemaßnahmen zumutet. In diesem Zusammenhang ist auch von Geschlechtskrankheiten zu sprechen. Andererseits sollte gerade die Sexualerziehung junge Menschen auch kritisch dafür machen, daß nicht alle Hygienemittel, die von der Werbung für teueres Geld zum Kauf angeboten werden und angeblich die sexuelle Anziehung steigern, halten, was sie versprechen.

Hymen

Jungfernhäutchen. So wird die Schleimhautfalte genannt, die die Grenze zwischen Scheide und Scheidenvorhof bildet. Das Hymen wird in der Regel bei der ersten Einführung des männlichen Gliedes in die Scheide durchstoßen. Bei einem sich liebenden Paar ist die seelische Erregung in der Regel so stark, daß die Defloration von der Frau nicht als schmerzhaft erlebt wird.

Hypophyse = Hirnanhangdrüse

Hyposexualität

ist die unzureichende Entwicklung der Sexualität, das Fehlen oder die Schwäche des sexuellen Verlangens. Sie kann eine organische, eine konstitutionelle oder eine traumatische Ursache haben. In jedem Fall sollten Ehepartner eine solche Schwäche nicht auf sich beruhen lassen, sondern um therapeutische Hilfe bemüht sein, besonders dann, wenn der sexuell aktivere und interessierte Partner zur Zwangsaskese verurteilt wird. In Ehe- bzw. Sexualberatungsstellen kann geklärt werden, welche therapeutischen Maßnahmen Erfolg versprechen.

I

Ich

Philosophisch gesehen ist »Ich« die Personebene, auf der Selbsterkenntnis stattfinden kann.

Nach Freud ist sie eine der drei Persönlichkeitsinstanzen neben dem »Es« und dem »Über-Ich«. Es organisiert die Anpassung an die Realität, wobei die aus dem Es hervordringenden instinktiven Wünsche und die im Über-Ich manifestierten elterlichen und kulturellen Verbote in die rechte Balance gebracht werden müssen. Mit anderen Worten, nach der Psychoanalyse ist das »Ich« die Regulierungsstelle für Triebforderungen und Triebhemmungen. Je wirksamer diese Triebregulierung gelingt, um so ichstärker ist ein Mensch, d.h. durchsetzungsfähig, initiativefreudig, von realistischer Selbsteinschätzung und durch Frustrationen nicht leicht zu entmutigen.

Die neuere Psychologie spricht anstelle von »Ich« von »Selbst«. Dieses »Selbst« wird in etwa mit Einstellungen über die eigene Person beschrieben, die sich ständig wandeln und im Verhalten anderer wie in einem Spiegel beobachtet und erlebt werden. Die Entstehung und der Wandel des »Selbst« hängen von der Erziehung und den sich ständig verändernden Umwelteinflüssen ab.

Selbstfindung und Selbstgestaltung nach einem Selbstkonzept, die Selbstverwirklichung, hängen letztlich von der Daseinsbestimmung des Menschen ab; einer Frage, um deren Beantwortung der reife Mensch zumindest bemüht sein soll.

Ich-Ideal

Die Gesamtheit der Vorbilder – die bisweilen auf eine »Idealfigur« projiziert werden – nach denen der einzelne sein Verhalten auszurichten sich bemüht. Die ersten Vorbilder sind Vater und Mutter oder deren Ersatzfiguren und schließlich alle Bezugspersonen, zu denen eine starke emotionale Beziehung bestand. Das Ich-Ideal beeinflußt entscheidend das Selbstwertgefühl eines Menschen. Je höher es angesetzt wird, um so größer ist die Angst, daß es nicht erreicht werden kann, und um so stärker die Gefahr, daß der Selbstanspruch in Depression und zu geringe

Selbsteinschätzung umschlägt. Ist der Selbstanspruch zu bescheiden, dann geht auch kein Ansporn zur Selbstverwirklichung davon aus. Die Pubertät ist gekennzeichnet durch schwankende und wechselnde Ich-Ideale. Typisch für unsere Zeit ist das Ich-Ideal des »Sozialhelfers«, der sich besonders der Entrechteten und Lebensschwachen annimmt. Während es für die einen zum Anreiz wird, sich einen sozialen Beruf zu erarbeiten, mobilisiert es bei anderen Erlösungs- und Allmachtsphantasien und macht nicht selten den Hilfswilligen schließlich selbst zum Hilfsbedürftigen. Auf diese Weise kamen nicht wenige zum Drogenmißbrauch.

Impotenz

bedeutet die Unfähigkeit des Mannes, den Geschlechtsverkehr richtig zu vollziehen. Sie hat fast immer seelische Ursachen, es können sich allerdings auch einige Krankheiten durch Impotenz anzeigen. In jedem Fall muß fachliche Hilfe in Anspruch genommen werden. Die Einstellungsschwierigkeiten, die junge Paare haben, sind normal. In der Sexualerziehung sollte vor allem darauf hingewiesen werden, daß junge Partner vorsichtig mit Äußerungen sind, die die »sexuelle Tüchtigkeit« des anderen betreffen. Mädchen müssen wissen, daß ein Mann nicht zu jedem beliebigen Zeitpunkt und in beliebiger Häufigkeit koitieren kann. Die Angst, als Schwächling zu gelten und eine Frau nicht befriedigen zu können, ist eine der häufigen Ursachen von Impotenz. Aber auch Schuldgefühle können sich so auswirken. Gerade unter diesem Gesichtspunkt ist es wichtig, Jungen die Masturbation nicht als eine folgenschwere Maßnahme hinzustellen, die sie die Gesundheit oder gar die Ehefähigkeit kosten kann. Auch Angst vor der Altersimpotenz kann dazu führen, daß Männer »in den besten Jahren« Potenzschwierigkeiten bekommen. In jedem Fall sollten der Facharzt oder der Fachberater gefragt werden. Impotenz ist keine Schande, sondern eine Sexualstörung, die in der Regel behoben werden kann.

Intellektualisierung

Damit wird der Vorgang bezeichnet, daß Erlebnisse ihres gefühlsmäßigen Gehaltes entleert und in eine ausgetrocknete, begriffliche Formelsprache übersetzt werden. Die Sexualerziehung muß unbedingt darauf bedacht sein, Kinder nicht von vornherein mit einer blutleeren Formelsprache auszustatten, um sexuelle Vorgänge zu beschreiben, die es gefühlsmäßig nicht fassen kann. Zerebralisierung, »Verhirnung« gerade im Bereich komplexer unbewußt ablaufender Vorgänge, wie sie zum menschlichen Sexualgeschehen gehören, muß zu einer Sperre gegenüber den eigenen Gefühlen führen, die wiederum um so stärker ins Wortkorsett gezwungen werden müssen, je mehr sie sich der Einordnung in das Personganze entziehen.

Intersexualität

ist das Vorkommen von Merkmalen beider Geschlechter in einem Organismus.

Inzest

Sexuelle Beziehungen zwischen Blutsverwandten (Vater, Mutter, Schwester, Bruder). Inzest-Tabus sind Verbote, die von der Gesellschaft normiert werden, um die affektiven Beziehungen innerhalb der Familie, die entsprechend dem Entwicklungsverlauf der Kinder verschieden intensiv erotisch getönt sein können, nicht in Intimbeziehungen umschlagen zu lassen. So wenig ein Kind seine Sexualität im Rahmen der eigenen Familie persongebunden gestalten kann, so wenig kann es auch in seiner Gefühlsbeziehung an die Mitglieder der Familie unverändert gebunden bleiben. Die ins Unbewußte abgedrängten Inzest-Wünsche an den Vater oder an die Mutter sind häufig die stärksten Ehehindernisse und müssen therapeutisch aufgelöst werden.

K

Kaiserschnitt

Damit wird die bereits im Altertum bekannte operative Eröffnung der Bauchhöhle und schwangeren Gebärmutter zur Entbindung benannt. Sie ist heute relativ gefahrlos. Das Wort kommt von der unrichtigen Übersetzung des lat. sectio caesarea.

Kastration

Die Kastration besteht im Ausschalten der Keimdrüsen (Hoden, Eierstöcke) durch operatives Entfernen oder Bestrahlung. Sie ist bei Mann und Frau durchführbar. Wird der Eingriff vor der Pubertät vorgenommen, so bilden sich die sekundären Geschlechtsmerkmale nicht aus. Bei männlichen Kastraten bleibt beispielsweise die kindliche Sopranstimme erhalten. Erfolgt die Kastration nach der Pubertät, so sind die Folgen weniger auffällig. Die Kastration ist nicht zu verwechseln mit der Sterilisation, bei der Samenleiter oder Eileiter durchschnitten, bzw. unterbunden werden. Da die Keimdrüsen weiterhin ihre Hormone an den Körper abgeben können, wird dabei der Hormonhaushalt nicht gestört.

Keimdrüse siehe Gonade

Kinderfreunde

Bezeichnung für abartig veranlagte Männer, die sich entweder in exhibitionistischer Absicht Kindern nähern oder diese zu sexuellen Handlungen, nicht selten sadistischer Art, mißbrauchen wollen. Während Exhibitionisten in der Regel durch das Zeigen ihrer Geschlechtsteile und das Erschrecken, das sie dadurch auslösen, zufrieden und daher nicht aggressiv sind, kann es bei allen anderen Annäherungsversuchen an Kinder um deren Leben gehen. Kinder sind daher nur dadurch zu schützen, daß sie, wie auf Seite 83 beschrieben, auf solche Gefahren aufmerksam gemacht und mit entsprechender Verhaltenssicherheit ausgestattet werden.

Kinderlosigkeit

Die Kinderlosigkeit eines kinderwilligen Ehepaares ist ein schweres Schicksal, das in unserer kinderabwehrenden bis kinderfeindlichen Zeit wenig beachtet wird. Die Ursache der Kinderlosigkeit kann sowohl beim Mann wie auch bei der Frau liegen.

Darüber hinaus kann es Umstände geben, die ein Paar veranlassen, bewußt auf eigene Kinder zu verzichten.

In jedem Fall sollten Ehepaare in dieser Situation prüfen, ob sie sich nicht zur sog. sozialen Elternschaft entschließen wollen durch die Adoption eines oder mehrerer Kinder.

Kind

Das Kind kann zum Ausdruck der Liebe eines Paares werden und dieses noch stärker aneinander binden. Ein Kind aber bewußt als Bindemittel einer in die Krise geratenen Ehe einsetzen zu wollen, verträgt sich nicht mit dem Recht des Kindes, um seiner selbst willen ins Leben gerufen zu werden. Andererseits muß nicht in jedem Fall der Wunsch nach dem Kind gerade zu diesem Zeitpunkt einer Zeugung vorausgehen. Ehepaare, die grundsätzlich kinderwillig sind, sind in der Regel auch stark genug, ein Kind dann anzunehmen, wenn es sich aller Planung zum Trotz dann anmeldet, wenn es nicht ganz ins Konzept paßt.

Wichtig für die weitere Paarbeziehung von Eltern ist es, daß die Mutter mit dem Kind nicht ein neues Paar bildet, das den Vater mehr oder weniger ausschließt. Deshalb ist die Vorbereitung des Mannes auf die Vaterschaft ähnlich bedeutsam wie die Vorbereitung der Frau auf die Mutterschaft.

Kindeslagen

Bei der Aufklärung über Schwangerschaft und Geburt sollten sowohl Mädchen wie auch Jungen darüber informiert werden, daß bei rechtzeitiger Kenntnis von anormalen Lagen des Kindes im Mutterleib durch rechtzeitig vorbereitete ärztliche Hilfe bei der Geburt Schaden für Mutter und Kind vermieden werden kann. Es wäre durchaus erwägenswert, daß zu solch medizinischen Fragen ein Facharzt, eventuell aus der Elternschaft einer Schule, in die Klasse geholt wird. Solche Aufklärung kann dazu beitragen, die Säuglingssterblichkeit zu mindern und vor allem bleibenden Schäden bei Kindern vorzubeugen.

Kitzler siehe Clitoris

Klimakterium

Mit Klimakterium werden die Wechseljahre der Frau bezeichnet, d. h. die Zeit, in der die Eierstocktätigkeit allmählich versiegt. Das Klimakterium beginnt mit der sog. Menopause, d. h. dem Ausbleiben der Menstruation als Zeichen des beendeten Eireifungszyklus. Ob und welche Beschwerden eine Frau in dieser Zeit hat, hängt sehr davon ab, wie sie sich zu ihrer körperlichen Umstellung, die etwa zwischen 45 und 50 Jahren eintritt und sich über ca. zwei Jahre hinzieht, einstellt. Fälschlicherweise wird angenommen, daß die Menopause ein sexuelles Desinteresse der Frau zur Folge haben muß. Dies ist keineswegs so. Im Gegenteil kann die Befreiung der Frau von aller Angst vor später, ungewollter Schwangerschaft sie sexuell noch einmal neu stimulieren.

Das Climacterium virile, das Klimakterium des Mannes also, ist nicht so allgemein bekannt. – Beim Mann kommt es zu keinem solch markanten Einschnitt, wie es die Menopause für die Frau darstellt. Die Hormontätigkeit der Hoden läßt aber auch bei ihm in der Regel zwischen dem 50. und 60. Lebensjahr nach. Inwieweit beim Mann jedoch in dieser Zeit die Potenz, bzw. das Erektionsvermögen nachlassen, hängt weit mehr von psychischen Faktoren ab. Die Angst, nicht mehr potent zu sein, trägt das meiste dazu bei, die Potenz abzubauen. Besonders jene Menschen, die ihren Selbstwert vor allem aus ihrer sexuellen Leistungsfähigkeit und Attraktivität bezogen haben, geraten in dieser Zeit in eine Krise, die bis zu Depression bzw. Kurzschlußhandlungen führen kann. Solche können das Ausbrechen aus einer Jahrzehnte währenden Ehe bewirken, weil auf der Flucht vor dem Altern die Hilfe bei einem jüngeren Partner gesucht wird.

Klinefelter-Syndrom

Damit wird eine Chromosomenabweichung mit den entsprechenden Folgen beschrieben: Es geht um Personen des männlichen Geschlechts, bei denen noch ein weiteres X-Chromosom nachgewiesen werden kann, deren äußere Geschlechtsorgane ausgesprochen klein sind und die nie zeugungsfähig werden. In der Pubertät entwickeln sich bei solchen Personen bisweilen Brüste. Solche Chromosomenabweichungen betreffen das psychische Verhalten entscheidend. Eine Hilfe bedeutet es bereits, wenn die Anomalie frühzeitig entdeckt und das Kind erzieherisch gestützt wird, sie zu bewältigen.

Koitus siehe Coitus

Kondom

Ein über das männliche Glied zu streifender Überzug (sog. Gummischutz), der die Ejakulation auffängt und dadurch eine Schwängerung vermeiden soll. Außerdem ist ein gewisser Schutz vor Ansteckung damit verbunden. Der Kondom gilt nicht als sicheres Verhütungsmittel.

Konflikt

Ein innerer Konflikt, ein schmerzlicher Spannungszustand ist dann gegeben, wenn ein Individuum zwei einander entgegenwirkenden Kräften ausgesetzt ist. Solche Kräfte sind einerseits Antriebskräfte – Wünsche, Bedürfnisse, Verlangen, – die befriedigt werden wollen, und andererseits Hindernisse, die der Befriedigung dieser Triebansprüche entgegenstehen, – familiäre, soziale Zwänge. Die moderne Pädagogik geht davon aus, daß der Mensch ständig in einem Zustand innerer Konflikte lebt, und daß es deshalb ein wichtiges Erziehungsziel ist, dem Kind ein angepaßtes Konfliktlösungsverhalten zu vermitteln. Die Kunst einer solchen Erziehungspraxis besteht darin, einem Kind zu helfen, seine eigenen Konflikte als solche zu erkennen und zu bewältigen. Vielfach scheint die Konflikttheorie aber dazu benutzt zu werden, dem Kind bzw. dem Jugendlichen eine Vielfalt von möglichen Konflikten innerhalb der Gesellschaft rational zur Kenntnis zu bringen und gleichermaßen Lösungsmöglichkeiten aufzuzählen. Nur zu leicht kommt es dann – die sog. Schülerrevolte hat es gezeigt – dazu, daß über die Konflikte der anderen diskutiert und damit elegant an den eigenen vorbeigelebt wird.

Kryptorchismus

Im Laufe der embryonalen Entwicklung senken sich beim Jungen die beiden Hoden aus dem Bauchraum in den Hodensack. Manchesmal bleiben sie jedoch beide oder auch nur einer auf dem Wege stecken. Fühlt der Hodensack sich leer an, so muß so frühzeitig wie möglich ärztlicher Rat eingeholt werden. Man weiß heute, daß bleibende Schädigungen entstehen, wenn der Kryptorchismus bis zum 7. oder 8. Lebensjahr nicht behoben worden ist.

Künstliche Befruchtung

Darunter versteht man das Einführen von Spermien in die Gebärmutter mit künstlichen Mitteln anstelle des normalen Koitus.

Kuß

Der Kuß ist eine der körperlichen Ausdrucksmöglichkeiten, um Achtung, Sympathie, Zuneigung und Liebe zu bezeigen. Der Kuß hat im Liebesspiel eine stark stimulierende Bedeutung. Seine moralische Qualität hängt nicht von der Art und Weise ab, wie (Zungenkuß) oder wo (alle erogenen Leibeszonen) geküßt wird, sondern von der Gefühlsqualität, die nach Ausdruck verlangt und dem Grad der sexuellen Erregung, die zugelassen werden soll.

L

Längenwachstum

Die Pubertät wird beim Jungen, und, weniger deutlich, beim Mädchen durch ein betontes Längenwachstum, insbesondere der Extremitäten eingeleitet. Man spricht vom zweiten Gestaltwandel, der auch die Ausprägung der sekundären Geschlechtsmerkmale miteinbegreift.

Latenzphase

Damit wird die Periode zwischen dem 6. bis etwa 12. Lebensjahr des Kindes bezeichnet, in der die Sexualität zwar nicht völlig ausgeschaltet ist, aber im Gegensatz zum emotionalen Reichtum der kindlichen Sexualität und der mehr genitalbezogenen der Pubertät doch eine Phase durchlebt wird, in der die Lebensenergie stärker auf Lebensziele gerichtet ist, die der außerfamiliären Anpassung (Schule, Interessengruppe,) und der Stabilisierung des Selbstwertes (Anerkennung von Fähigkeiten und Fertigkeiten, Steigerung der Anstrengungsbereitschaft durch Erfolgserlebnisse usw.) dienen. Die Sexualerziehung muß darauf achten, daß in der Latenzzeit zwar Informationen aufgenommen werden können, die späterhin bei der Bewältigung sexueller Erfahrungen wichtig sind, andererseits aber nicht Bedürfnisse vorzeitig manipuliert werden, die nur zu Frustrationen führen können.

Leistung

In unserer Gesellschaft basiert für die Mehrzahl der Menschen die wirtschaftliche Lebenssicherheit auf der persönlichen Arbeitsleistung. Leistungsfähigkeit wird dadurch zu einem Kriterium der Selbsteinschätzung und der sozialen Anerkennung. Gleichzeitig ist durch die »Leistungsgesellschaft« die Gefahr gegeben, daß der einzelne bis an die Grenze der Belastbarkeit dem Leistungsstreß ausgesetzt wird, andere hingegen aufgrund ihrer Leistungsschwäche zum sozialen Verlierer, zum Outsider werden. Der Jugendprotest der letzten Jahre wandte sich besonders gegen den Leistungsdruck auf Kosten der Entwicklung von Kreativität und Selbstverwirklichung. Deutlichster Protest waren Gammlertum und Drogenideologie (Blumenkinder). Die positiven Impulse, die aus dieser neuen Jugendbewegung hervorgehen können, drohen dann verlorenzugehen, wenn das Lustprinzip zum Lebensprinzip schlechthin erhoben und nicht durch das Realitätsprinzip in der Balance gehalten wird. Es darf von der Sexualerziehung nicht unbeachtet bleiben, daß zwar für die Arbeitswelt das Lustprinzip proklamiert wird, sich in das auf Lebenslust ausgerichtete Sexualgeschehen aber offensichtlich das Leistungsprinzip einschleicht. Wichtig ist für Eltern und junge Menschen zu wissen, daß Lebensenergien, die durch eine zu stark tabuisierte oder zu stark stimulierende Sexualerziehung gebunden werden, die gesamte Leistungsfähigkeit blockieren. So erklären sich oftmals Schul- und Berufsversagen.

Lesbische Liebe

Homosexuelle Beziehungen zwischen Frauen werden nach der auf der ägäischen Insel Lesbos lebenden altgriechischen Dichterin Sappho lesbisch genannt. Nach verschiedenen Untersuchungen, auch den im Kinsey-Report wiedergegebenen, sollen homoerotische Beziehungen bei Frauen viel häufiger sein als bei Männern. Da sich diese Neigungen aber häufig nur auf der Gefühlsebene zeigen und es zu keinen Genitalkontakten kommt, erkennen solche Frauen sich selbst nicht als Lesbierinnen, ihre Freundschaften werden von der Gesellschaft auch toleriert, und so kommt es zu dauerhafteren Beziehungen als bei Männern. Es wäre aber nun falsch, jede bereichernde Freundschaft unter Frauen als verdecktes Lesbiertum zu »entlarven«.

Libido

Freud nennt die zentrale Energie der Tiefenperson Libido und schreibt ihr weiterhin einen ausgesprochen sexuellen Charakter zu. C. G. Jung weitet den Begriff zur Lebenskraft aus, die ihren Ursprung im kollektiven Unbewußten hat. Sie schließt nicht nur alles Sexuelle ein, sondern darüber hinaus das, was mit »Streben nach ...« bezeichnet wird (Freundschaft, Liebe, Wertgeltung etc.)

libidinös

ist heute fast ein Modewort unter sog. »Intellektuellen«. Das Verhältnis zwischen Personen, aber auch zwischen einem Menschen und dem, was er tut, kann »libidinös besetzt« sein. Früher sagte man, man hat jemanden oder tut etwas gern.

Liebe

Was Liebe ist, kann leichter erfahren als beschrieben werden. Psychologisch gesehen ist Liebe das Hinstreben auf das Liebesobjekt – einen Menschen, eine Idee, einen sittlichen Wert, ein Werk – um mit diesem tatsächlich oder ideell eins zu werden. Die sexuelle Anziehung zwischen einem Liebespaar, die lustvoll erlebten Intimbeziehungen sind sowohl Folge wie auch Anreiz zu neuen Liebeserweisen. Wie dauerhaft eine Liebe ist, hängt weniger von den ekstatischen Zuständen ab, die ein Paar erfahren kann, als vielmehr von den warmen Gefühlen der Zuneigung, die den gemeinsamen Lebensalltag – auch im Intimbereich – durchpulsen und mit Rücksicht aufeinander gestalten lassen. In gewisser Hinsicht ist Liebe nur über Erfahrung lernbar. Ungeliebte Kinder erleiden in der Regel später auch ein schweres Eheschicksal.

Liebkosungen

Zärtliche Berührungen, Liebkosungen erfährt das Kind in der Regel von frühester Kindheit an als Ausdruck der Zuneigung und lernt dadurch, seine Gefühle ebenfalls durch solche Gesten auszudrücken. Für die Erziehung ist es wichtig, daß das richtige Maß gefunden wird. Liebkosungen im Liebesspiel von Sexualpartnern schließen alle körperlichen Berührungen und Küsse ein. Oft wird über diesen Gefühlsbezeugungen vergessen, daß auch die nicht unmittelbar auf den Orgasmus zielende Liebkosung die Liebesbeziehung zwischen zwei Menschen sensibler und kultivierter macht.

Lust

Das Wort »Lust« ist in der modernen Literatur zur Sexualerziehung viel häufiger zu finden als früher. Es wird bewußt gegen eine frühere Auffassung gestellt, die die sexuelle Lust als etwas Animalisches abzutun geneigt war, was höchstens der Mann mit seiner mehr animalischen Triebnatur verspüren durfte, »edle« Frauen aber tunlichst nicht. Es gibt genug Beispiele aus einschlägiger Literatur, die die hier etwas karikierend dargestellte Aussage stützen. Verstärkt wurde eine solch lustfeindliche Theorie noch durch pseudowissenschaftliche Thesen. So sollten Frauen, die sich sexueller Lust hingaben, weniger empfängnisfähig sein. Wenn man der sexuellen Lust den rechten Stellenwert geben will, muß bedacht werden, daß Lust nie direkt erstrebt werden kann, sondern immer nur über ein Medium, das wiederum zurückstrahlt. Im Falle der sexuellen Lust bedeutet dies, daß die Bemühung sich darauf richten muß, dem anderen Lust zu verschaffen, wenn sie zurückstrahlen soll.

Lustprinzip

Nach Freud ist das Lustprinzip das Streben des Menschen, die durch Bedürfnisse entstehende Triebspannung sofort dadurch abzubauen, daß die Bedürfnisse befriedigt werden. Dem Lustprinzip steht das Realitätsprinzip gegenüber. Beim Kleinkind dominiert das Lustprinzip. Es ist ein Zeichen der psychischen Reife, wenn ein Kind lernt, die Bedürfnisbefriedigung dem Realitätsprinzip unterzuordnen. Es ist deshalb ein wesentliches Moment der Sexualerziehung, ein Kind zu trainieren, in zumutbarer Weise Triebspannung auszuhalten. In der Erziehungspraxis heißt das, daß nicht jedem Hungerschrei, nicht jedem Zeichen von Müdigkeit, nicht jedem Wunsch und auch nicht jedem sexuellen Reiz nachgegeben werden muß.

M

Männlichkeitskomplex

Damit wird die Forderung von Mädchen und Frauen nach Männlichkeit umschrieben, die auf einer unbewußten Ablehnung des eigenen weiblichen Geschlechts beruht. In extremen Fällen kann dies zur psychogenen Magersucht führen, die unbedingt ärztlich-psychotherapeutisch behandelt werden muß.

Wenn es auch zutrifft, daß in der militanten Frauenbewegung, die um die Gleichberechtigung der Frau im öffentlichen Leben kämpft, Frauen zu finden sind, die eigentlich um ihre Anerkennung »als ganzer Mann« ringen, so wäre es doch grob verfälschend, die gesamte Frauenbewegung unter diesem Aspekt zu sehen; wozu gerade solche Männer, die Frauen im öffentlichen Leben nicht haben wollen, neigen.

Masochismus

Als Masochismus wird jene sexuelle Fehlhaltung bezeichnet, die darin besteht, im Leiden und Gedemütigtwerden sexuelle Befriedigung zu erfahren. Der Name stammt von dem österr.

Schriftsteller L. V. Sacher-Masoch, der diese Fehlhaltung ausführlich beschrieben hat. Der Gegenpol des Masochismus ist der Sadismus, also jene Haltung, die andere zur eigenen Befriedigung leiden macht. Häufig finden sich sado-masochistische Paare zur Lebenspartnerschaft. Beide Fehlhaltungen gehen auf falsche Rollenfestlegungen in der Kindheit zurück.

Die Annahme, daß Frauen »natürlicherweise« ein höheres masochistisches Potential als Männer haben, wurde in älterer Literatur behauptet. Die Opferhaltung der Frauen dürfte jedoch eine Rollenprägung durch eine männlich beherrschte Zivilisation sein. In der Sexualerziehung gibt es bestimmte Ansätze, bereits die Mädchen vor solchen Rollenfestlegungen zu bewahren. Beispielsweise eine untheatralische Einstellung zur Menstruation, die kein Krankheitsfall ist, so wenig wie Schwangerschaft und Wochenbett.

Masturbation

Selbstbefriedigung. In der Regel wird diese durch Reizung der Geschlechtsorgane ausgelöst, doch kann auch über die Berührung anderer erogener Zonen und begleitender entsprechender Phantasien sexuelle Befriedigung erreicht werden.

Sie hat in den verschiedenen Entwicklungsphasen und Lebenssituationen des Menschen verschiedene Bedeutung. Siehe Seite 54 u. 147.

Matriarchat

Mutterherrschaft. Darunter wird eine Organisationsform der Familie, bzw. der Sippe oder einer Gesellschaft verstanden, die auf die Herrschaft der Frau und ihrer Nachkommen ausgerichtet ist.

Maturität = Geschlechtsreifung

Medien

Sexualpädagogische Medien spielen heute im Rahmen der Geschlechtserziehung eine große Rolle. Eltern sollten sich dafür interessieren, welche Medien in der schulischen Sexualerziehung eingesetzt werden und, wenn möglich, geeignete Vorschläge machen.

Medikamente

In die Sexualerziehung muß auch die Unterrichtung über den rechten Gebrauch von Medikamenten miteinbezogen werden. Die Eltern haben vor allem die Möglichkeit, den Kindern vorzuleben, wie man, ohne sofort nach dem Schmerzlöser zu greifen, kleine Beschwerden aushalten kann, und dem Kind durch besonders liebevolle Zuwendung im Krankheitsfall über Unpäßlichkeiten hinwegzuhelfen. Die beste Vorbeugung dagegen, daß Medikamentenmißbrauch, beispielsweise auch in der Schwangerschaft, betrieben wird, ist, den Konsum von vornherein auf die ernsthafte Erkrankung nach ärztlicher Anweisung zu beschränken.

Medizinische Indikation

Von medizinischer Indikation wird u. a. im Zusammenhang mit der Abtreibung, der Schwangerschaftsunterbrechung gesprochen.

Menopause siehe Klimakterium

Menstruation

Monatsblutung, Regel, Periode, Menses, Unwohlsein. Mit diesen Ausdrücken wird die Abstoßung der für die Einnistung der befruchteten Eizelle vorbereiteten aber nicht beanspruchten Gebärmutterschleimhaut bezeichnet. Dieser Vorgang wiederholt sich bei der Frau vom Zeitpunkt der Geschlechtsreife bis zur Rückbildung der Gebärfähigkeit etwa alle 28 Tage (es gibt Zyklen von 21 und solche von 30 Tagen), vorausgesetzt, daß keine Schwangerschaft vorliegt. Die Blutung dauert 3 bis 8 Tage. Es werden dabei neben der Schleimhaut 50 bis 100 cm^3 Blut, das nicht gerinnt, ausgestoßen. Das Blut erneuert sich in der Regel sehr schnell. Starke Regelschwankungen oder Menstruationsschmerzen sollten immer Anlaß sein, einen Arzt aufzusuchen.

Menstruationshygiene

Ein Mädchen muß rechtzeitig auf die Menarche, das ist das erste Eintreten der Menstruation, vorbereitet werden. Es muß wissen, wie es sich gegen das abfließende Blut so schützt, daß der normale Tagesablauf nicht gestört wird. Ob Monatsbinden oder Tampons benutzt werden, wird weithin von den Gewohnheiten und Erfahrungen jener Frau abhängen, die das Mädchen aufklärt. Wichtig ist, daß das Mädchen gerade in dieser Zeit eine ausreichende Körperpflege betreibt. Das Duschbad ist, wo möglich, eine angemessene Form. Wieviel Sport ein Mädchen in dieser Zeit treiben kann, hängt von seinem eigenen Wohlbefinden ab. So wenig ein Mädchen in den Tagen des »Unwohlseins« sich als Leidende demonstrieren soll, so wenig hat es Grund, die Tatsache seiner Menstruation zu verschweigen, wenn sinnvollerweise darüber gesprochen werden müßte.

Mutter–Kind-Beziehung

Erste personale Beziehung eines Menschen und tragendes Fundament der körperlichen und seelischen Entwicklung eines Kindes. Sie unterliegt bestimmten Wandlungen. In den ersten Lebensmonaten besteht das Erlebnis der Identität mit der Mutter, des Einsseins. Dies wird abgelöst von der Phase der Identifikation mit der Mutter, die bis in das 3. Lebensjahr reicht (lacht die Mutter, lacht das Kind, weint die Mutter, weint das Kind). Im sog. ersten Trotzalter, wenn das Kind gelernt hat, von sich »ich« zu sagen, kommt es zur ersten entscheidenden Ablösungsphase. Das Kind ist fähig, in der Kindergruppe kurzfristig selbständige Kontakte zu entwickeln und auf die Mutter zu verzichten. Das Verhältnis der Eltern zueinander und die Art der Beziehung des Vaters zum Kind entscheiden wesentlich mit darüber, ob die Ablösung altersentsprechend gelingt. Die Rolle der Mutter kann auch von einer anderen Bezugsperson – auch dem Vater – übernommen werden, muß dann aber ähnlich konstant durchgehalten werden, wie dies bei den meisten Müttern der Fall ist.

Mutterkuchen

auch Nachgeburt oder Placenta genannt, bildet sich aus Teilen des mütterlichen und kindlichen Gewebes, nachdem sich die befruchtete Eizelle in die Gebärmutterschleimhaut eingenistet hat. Das Organ dient dem Kind im Mutterleib zur Atmung, zur Ernährung und zur Ausscheidung. Bis zum Ende der Schwangerschaft sind in dem Mutterkuchen durch eine feine Scheidewand mütterliches und kindliches Blut getrennt. So ist es erklärlich, daß Mutter und Kind verschiedenen Blutgruppen angehören können. Am Ende der Schwangerschaft wiegt die Nachgeburt 500 bis 600 g. Ihre Ausstoßung schließt den Geburtsvorgang ab.

Mütterlichkeit

Eine Eigenschaft, die sich nicht automatisch mit der physischen Geburt einstellt, sondern durch die liebende Annahme eines Kindes reift. Daraus erklärt sich, daß auch bei Adoptionen gute Mutter–Kind-Beziehungen wachsen können.

Muttermal

Anhäufung von Pigmentzellen, die sonst auf die ganze Haut verteilt sind. Nur wenn die Male sehr groß sind oder zu wachsen beginnen, soll man sie im frühen Kindesalter operieren lassen.

Muttermund = Bezeichnung für die Öffnung der Gebärmutter zur Scheide hin.

Mutterschutz

Unter diesem Begriff werden alle Schutz- und Hilfsmaßnahmen für Schwangere, Wöchnerinnen und Mütter zusammengefaßt. Ein Spezialgebiet ist der arbeitsrechtliche Mutterschutz, der für alle Arbeitnehmerinnen in Betrieben und Verwaltung, auch der Landwirtschaft, Hauswirtschaft und Heimarbeit, gilt. Den Mutterschutz für Beamtinnen regeln Sondervorschriften.

Das *Mutterschutzgesetz* wurde am 24.12.1983 neu geregelt, und trat am 1.2.1984 in Kraft.

Es umfaßt u.a.:

1. Ein Beschäftigungsverbot. 6 Wochen vor und 8 Wochen nach der Niederkunft (bei Frühgeburten und Mehrlingsgeburten beträgt die Zeit nach der Geburt 12 Wochen); Verbot schwerer körperlicher Arbeit und Regelung der Freizeit für das Stillen des Säuglings.
2. Die Arbeitszeit; beispielsweise keine Nachtarbeit.
3. Mutterschaftsurlaub. Möglichkeit der Beurlaubung der berufstätigen Mutter für einen Zeitraum von 6 Monaten, beginnend mit Ablauf der Schutzfrist bei Arbeitsplatzgarantie. Der Mutterschaftsurlaub kann aber auch verkürzt genommen werden.
4. Kündigungsschutz
5. Finanzielle Leistungen für Mütter. Eigenversicherte Frauen erhalten 6 Wochen vor und 8 Wochen nach der Geburt Tagegeld von mindestens DM 3,50 und höchstens DM 25,– (je nach Nettoverdienst). Nichtkrankenversicherte Frauen erhalten eine einmalige Zahlung von DM 400,–.

   Während des Mutterschaftsurlaubs werden nach Beendigung des Mutterschutzes täglich DM 17,– (sofern das frühere Gehalt dadurch nicht überschritten wird) bezahlt, bis das Kind 6 Monate alt ist.

   Ehepaaren und besonders alleinstehenden werdenden Müttern wird dringend empfohlen, sich bei der Beratungsstelle »Mutterschutz« des zuständigen Sozialamtes über ihre Rechte zu erkundigen.

N

Nabelschnur

So wird der Gefäßstrang genannt, der, fingerdick, 50 bis 60 cm lang und häufig spiralig gedreht, vom Nabel des Kindes zum Mutterkuchen führt. Er enthält eine Vene, in der das sauerstoff- und nährstoffhaltige Blut zum Kind fließt, und zwei Arterien, die das mit Kohlensäure- und Stoffwechselschlacken beladene Blut zum Mutterkuchen führen.

Nabelschnurrest

oder auch Nabelstumpf wird der 5 cm lange Rest der Nabelschnur genannt, der nach Durchtrennen der Nabelschnur bis 5 cm über dem Bauch des Kindes stehenbleibt und, eingetrocknet, nach 5 bis 10 Tagen, abfällt.

Nachgeburt siehe Mutterkuchen

Nächtliche Pollution

Damit wird der im Schlaf sich vollziehende Samenerguß bezeichnet, der von erotischen Träumen begleitet ist. Die vorinformierende Sexualerziehung muß Jungen darauf vorbereiten, daß der Organismus auf diese Weise angestaute sexuelle Spannungen abbauen kann und daß dies in der Pubertät eine völlig normale Erscheinung ist. Es kann auch davon gesprochen werden, daß in diesen erotischen Träumen nicht selten eine primitive Sexualität demonstriert wird, die sonst unter die vom Bewußtsein streng verbotenen Abweichungen fällt. Auch darüber brauchen Jugendliche nicht zu erschrecken und keine Schuldgefühle zu haben.

Nacktheit

Die Bedeutung der Nacktheit und der Kenntnis des nackten Körpers bei Kindern und Erwachsenen beiderlei Geschlechts wird in der neueren Literatur zur Sexualerziehung stark unterstrichen. Zwischen einer natürlichen leibfreundlichen Einstellung und überdeckten infantilen Sexualbedürfnissen Erwachsener muß hierbei unterschieden werden. Siehe Seite 58 u. 145.

Narzißmus

Narzißmus umschreibt das Verhalten eines Menschen, dessen Lebensenergien sich auf sich selbst als Liebesobjekt konzentrieren. Im Kleinkindalter ist dies altersentsprechend. Zunehmend mehr muß ein Kind aber andere Liebesobjekte finden, auf die es seine Energien richten kann, um überhaupt ein sozial beziehungsfähiger Mensch zu werden. Sowohl übermäßige Liebeszuwendung wie auch Liebesmangel können ein Kind daran hindern, aus der frühen narzistischen Phase herauszufinden.

Der Name stammt aus der altgriechischen Legende, die besagt, daß ein wunderschöner Jüngling – Narcissus – sich so lange an seinem Spiegelbild im Wasser berauschte, bis er daran zugrunde ging.

Natur

Es kann hier nicht der Versuch unternommen werden, darzustellen, was von den verschiedenen Denkansätzen und Standpunkten aus unter »menschlicher Natur« zu verstehen ist.

Natur im engeren Sinne zielt auf das, was »von selbst« nach gesetzmäßigen Abläufen sich ausprägt, im Gegensatz zu dem, was der menschliche Geist durch freies Wollen und Entscheiden in einer historischen Situation und unter bestimmten sozialen Gegebenheiten gestaltet, also kulturell leistet. Für das Verständnis des praktischen Lebensvollzuges, gerade auch im sexuellen Bereich, ist es vermutlich weniger wichtig, weil kaum durchführbar, sich um die Trennung der Bereiche »Natur« und »Kultur« zu bemühen, als vielmehr anzuerkennen, daß es offensichtlich zur Natur des Menschen gehört, sich über Sozialbezüge kulturell zu überformen.

Nekrophilie

Pathologische Neigung, die sexuellen Triebe an Toten und Sterbenden zu befriedigen.

Neugeborenes

So heißt das Kind in den ersten 8 Lebenswochen.

Nidation

Einnisten der befruchteten Eizelle in die Gebärmutterschleimhaut. Spätestens von diesem Zeitpunkt an muß von menschlichem Leben gesprochen werden. Eine Gegenposition behauptet, daß menschliches Leben sofort nach der Befruchtung der Eizelle durch das Spermium gegeben ist.

normal – anomal

Die Begriffe normal – anomal sind, obwohl häufig gebraucht und weithin auf übereinstimmendes Vorverständnis stoßend, keineswegs eindeutig. Vom Wortverständnis her entspricht normal dem, was den Normen, d.h. den feststehenden Regeln entspricht.

Normen

bilden den Wertmaßstab, an dem die überwiegende Mehrheit der Angehörigen einer Gruppe ihr Verhalten ausrichtet. Die Sexualerziehung unserer Zeit ist u.a. gekennzeichnet durch einen Normenkonflikt zwischen den Generationen. Die Elterngeneration erwartet von den außerfamiliären Erziehungsinstanzen, der Schule, den Kirchen, häufig eine Bestätigung der Normen, die für das Verhalten der Eltern bestimmend waren und sind. Sie werden nicht selten dadurch enttäuscht, daß diese Erziehungsinstanzen selbst die Normen in ihrer historischen und sozialen Bezogenheit begreifen und u.a. für das Sexualverhalten neu konzipieren. Hierbei geht das faktisch Gelebte in der Regel der offiziellen Regelsetzung erheblich voraus. »Die normative Kraft des Faktischen« kann aber nicht immer Anlaß zur Festschreibung eines bestimmten Verhaltens in Regeln sein. Bisweilen hat sich das Leben im praktischen Vollzug bereits selbst wieder korrigiert und dadurch eine alte Regel durch eine neue Erfahrung bestätigt, ehe an dieser Regel offiziell etwas geändert worden ist.

Ein Beispiel hierfür dürfte die alte Forderung sein, daß zwischen dem Eintritt der körperlichen Reife junger Menschen und deren Befähigung zur Liebesbeziehung, die mehr als Genitalkontakt ist, eine Phase der körperlichen Enthaltsamkeit liegen sollte.

Notzucht

Geschlechtsverkehr mit einer weiblichen Person, der mit Gewalt erzwungen worden ist oder in den das Mädchen oder die Frau aus anderen Gründen nicht einwilligen konnte (Geistesschwäche, zu geringes Alter, Betäubung, Drogenrausch).

Schwangerschaft nach Notzucht gilt als Indikation zur amtlich genehmigten Schwangerschaftsunterbrechung.

O

Objekt

Der Begriff wird im Zusammenhang mit Sexualität unterschiedlich gebraucht, je nach dem, ob er von einem Fachmann oder einem Laien benutzt wird.

Fachlich gesehen ist Sexualobjekt das, was eine sexuelle Anziehung ausübt. Bei der reifen Persönlichkeit ist es eine Person des anderen Geschlechts. Als erstes Liebesobjekt differenziert sich so verstanden für das Kind das eigene Ich heraus. Wenn es daran fixiert bleibt, spricht man von Narzißmus. Weitere Liebesobjekte werden weiterhin in der Familie gesucht – Mutter, Vater, Eltern, Geschwister, eventuell Großeltern –. Über diese Modelle kommt es später zu Freundschaften und Liebesbeziehungen.

Sexualobjekt, Lustobjekt zu sein, wird aber vom Laien häufig gerade im umgekehrten Sinne verstanden. Es soll damit ausgedrückt werden, daß es im Intimverkehr nicht um Partnerschaft, um Geben und Nehmen geht, sondern um das Gebrauchen des Schwächeren durch den Stärkeren. Besonders jene Frauen, die den Coitus als einen dem Bedürfnis des Mannes dienenden Genitalkontakt erleben, fühlen sich als »Lustobjekt« mißbraucht. Ob in solchen Fällen die Fehleinstellung beim Mann oder bei der Frau liegt oder auch bei beiden, ist nur im Einzelfall zu entscheiden.

Ödipale Phase

Mit diesem Begriff hat Freud den Prozeß der Identifikation des Kindes mit einer Person des gleichen Geschlechts in deutlicher Abhebung von einer Person des anderen Geschlechts bezeichnet, wie er sich in betonter Weise im 4. und 5. Lebensjahr eines Kindes abspielt. Durch Identifikation mit der Mutter und mit der von ihr verkörperten Rolle der Frau kann die Tochter zur »Gegnerin« der Mutter im Rivalisieren um den Vater werden. Umgekehrt vollzieht sich das Ganze beim Sohn. Dieser Vorgang ist die Voraussetzung dafür, daß ein Kind in seiner Beziehungsfähigkeit zu einem Partner des anderen Geschlechts reifen kann. Gestörte

Beziehungen zwischen den Eltern können die ödipale Phase für die Kinder deshalb zum Problem werden lassen, weil die – meist unbewußten – eigenen Wünsche der unbefriedigten Eltern die kindlichen Partner in ihrer Rolle festhalten und sie so zum Ersatzpartner machen. Nicht selten versteckt sich hinter einem Schulversagen des Kindes die Tatsache, daß seine Energien im ödipalen Konflikt gebunden sind.

Östrogen

Weibliches Sexualhormon, das in den Eierstöcken gebildet wird. Östrogene steuern vor allem das Wachstum der weiblichen Geschlechtsorgane. Sie bewirken in der ersten Hälfte des Menstruationszyklus das Wachstum der Uteruswand und somit eine Größenzunahme der Gebärmutter, ebenso die Ausbildung der Schleimhaut. Ähnliches vollzieht sich an den Eileitern. Im Gebärmutterhals wird die Schleimhaut durch ein dickes Polster von Drüsenschläuchen gebildet, in denen sich dank der Östrogenwirkung ein zäher Schleim bildet. Zu einem bestimmten Zeitpunkt verflüssigen die Östrogene den Schleimpfropf so, daß während dieser Zeit die Samenfäden den Gebärmutterhalskanal durchwandern können. So kann es zur Befruchtung der Eizelle kommen. Empfängnisverhütungsmittel auf hormoneller Basis, die sog. Hormonpille, verhindern den soeben beschriebenen Vorgang. Weiterhin verursachen die Östrogene die Entwicklung der Genitalorgane, beeinflussen die Sexualbehaarung, die Entwicklung der Brustdrüsen, den Gesamtstoffwechsel und das Knochenwachstum.

Onanie

wird häufig mit Masturbation, mit Selbstbefriedigung, gleichgesetzt. Im Alten Testament wird von Onan, dem Sohn Judas, berichtet, daß er den Auftrag erhalten habe, seinem Bruder dadurch Nachkommenschaft zu sichern, daß er seiner Schwägerin beiwohne. Da Onan aber keine Nachkommenschaft zeugen wollte, die ihm nicht gehörte, ließ er jedesmal, wenn er der Schwägerin beiwohnte, den Samen auf die Erde fallen. Wir würden sagen, daß Onan den unterbrochenen Verkehr, den sog.

coitus interruptus geübt hat – offensichtlich ein sehr altes Empfängnisverhütungsmittel.

Onanistische Spielereien

werden die Berührungen genannt, die bei kleinen Kindern zu beobachten sind und der Entdeckung des eigenen Körpers und der Erfahrung von Leibgefühlen dienen. Werden diese Spielereien unverhältnismäßig häufig praktiziert und werden sie anderen Spiel- und Kontaktangeboten deutlich vorgezogen, so ist immer Anlaß gegeben, darüber nachzudenken, ob sich das Kind insgesamt seelisch wohlfühlt.

Auch starker Juckreiz, wie er beispielsweise durch Wurmeier hervorgerufen wird, kann der Anlaß dazu sein, daß ein Kind beständig in der Genitalgegend herumreibt. Inzwischen wissen Eltern weithin, daß Kinder solcher Berührungen wegen nicht gescholten, aber doch zu vernünftigen Gewohnheiten erzogen werden sollen.

Orale Phase

Nach Freud die erste sexuelle Phase des Kindes, die ganz auf die Mundzone, eine der wesentlichen erogenen Zonen ausgerichtet ist. Siehe S. 50.

Orgasmus

ist der Höhepunkt sexueller Lustempfindung beim Geschlechtsverkehr. Beim Mann ist damit in der Regel auch der Samenerguß verbunden. Aber auch ohne Ejakulation kann der Mann den Orgasmus erleben, wie dies auch bereits bei Jungen im Kindesalter der Fall sein kann.

Aufgrund seiner anatomischen Ausstattung kann der Mann leichter zum Orgasmus kommen als die Frau. Darauf dürfte es auch zurückzuführen sein, daß mehr Jungen als Mädchen Orgasmuserfahrung durch Masturbation haben. Nach Kinsey soll dies bei 92% der Jungen, aber nur bei 25% der Mädchen im Alter von 15 Jahren der Fall sein. Die Orgasmen der Frau sollen intensiver und in kürzeren Abständen wiederholbar sein, als dies beim Mann der Fall ist.

Ob ein Paar im Orgasmus zu einem gemeinsamen Höhepunktserlebnis kommt, hängt entscheidend von der psychischen Übereinstimmung und dem Wissen des einen um die besonderen Wünsche des anderen und der Bereitschaft ab, auf diese einzugehen. In das vorbereitende Liebesspiel sollten nicht nur die zärtlichen Berührungen, sondern auch zärtliche Worte miteinbezogen werden. Die Erinnerung an glückhafte und lustvolle Liebesstunden bereitet bereits neue vor.

Unter biologischen Gesichtspunkten bewirkt der Orgasmus das Herausschleudern der Spermien, die durch unwillkürliche Saugbewegungen des weiblichen Geschlechtsapparates aufgenommen werden, und erleichtert so die Befruchtung. Frauen können jedoch auch ohne orgastische Erlebnisse empfangen, wie jene kinderreichen Frauen beweisen, die nie zur Orgasmuserfahrung gekommen sind.

Ovarien = Eierstöcke

Ovidukt = Eileiter

Ovulationshemmer

empfängnishindernde Mittel auf Hormonbasis, beispielsweise die »Pille« und die Depotspritze. Jeder Eingriff in den Hormonhaushalt gehört unter ärztliche Kontrolle.

Ovum = Eizelle

Ovulation

die monatliche Ausstoßung einer reifen Eizelle aus dem Eierstock der geschlechtsreifen Frau.

P

Paarung

Die geschlechtliche Vereinigung bei Tieren wird in der Regel mit diesem Ausdruck belegt. Der Paarung verschiedener Tierarten gehen, wie uns die Tierverhaltensforschung zeigt, bestimmte rituelle Formen des Werbens voraus, die auf uns den Eindruck von Liebesspielen machen.

Päderastie

beschreibt den sexuellen Mißbrauch von Jungen durch erwachsene Männer. Diese sog. Knabenliebe kann nicht mit der Homosexualität gleichgesetzt werden, die sich unter gleichgeschlechtlichen Erwachsenen vollzieht und nicht mehr strafbar ist. Der sexuelle Mißbrauch von Knaben, wie er sich auch im Strichjungengewerbe äußert, ist weiterhin schwer strafbar.

Pädophilie

benennt den sexuellen Mißbrauch von Kindern, unabhängig von deren Geschlecht. Siehe S. 83.

Partialismus

ist die sexuelle Erregbarkeit durch einen bestimmten Körperteil (Bein, Haare) im Sinne des Fetischismus.

Partnerfähigkeit

hat ihre Wurzeln in der frühkindlichen Entwicklung eines Menschen. Wer als Kind erfahren hat, daß man der liebenden Zuwendung vertrauen kann, ohne enttäuscht zu werden, der ist später auch geneigt – in modifizierter Form – anderen Lebenspartnern Vertrauen entgegenzubringen; bzw. er wird befähigt, selbst ein Partner zu werden, der Vertrauen verdient. Aus diesen frühen Erfahrungen wachsen die Kraft der Hoffnung und das Zutrauen in die eigene Fähigkeit, sich die Liebe und Zuneigung anderer zu erhalten. Menschen, die diese aufbauenden frühen Erfahrungen nicht machen konnten (Heimkinder!), können bisweilen in einem therapeutischen Prozeß nachholen, was das Leben ihnen vorenthalten hat.

Partnerschaft

ist heute ein Schlüsselwort im Rahmen der Sexualerziehung und der Pädagogik überhaupt. Es drückt aus, daß zwei Menschen sich auf gleicher Ebene, mit gleicher Wertigkeit, ohne Dominanzansprüche gegenüberstehen und bereit sind, ihr Leben gemeinsam zu organisieren. Die partnerschaftliche Paarbeziehung, die partnerschaftliche Ehe, setzt einen hohen Reifegrad voraus.

Wenn davon gesprochen wird, auch die Erziehung der Kinder partnerschaftlich zu organisieren, dann müßte jeweils genau gesagt werden, was man darunter versteht. Kinder haben ihre eigenen Rechte, und es ist ein Vorrecht der Eltern, dafür zu sorgen, daß diese gewahrt werden. Sog. partnerschaftliche Erziehung von Kindern führt jedoch leicht zu Überforderungen und dementsprechend zum fast zwanghaften Rivalisieren mit den Erwachsenen.

Partnertausch

Darunter wird der – bisweilen über Zeitungsanzeigen organisierte – Austausch von Sexualpartnern, auch Ehepartnern, verstanden, der angeblich das sexuelle Interesse steigern soll.

Partnerwahl

Eines der Ziele der Sexualerziehung sollte sein, den jungen Menschen fähig zu machen, den Partner im Vollzug einer Entscheidung zu wählen und nicht einfach in eine Beziehung zu stolpern. Eine solche Befähigung hat etwas mit dem Selbstwertgefühl eines jungen Menschen zu tun. Bereits im Kindes- und frühen Jugendalter deutet die Art und Weise, wie ein Kind Freundschaften schließt, darauf hin, wie es später mit der Partnerwahl umgehen wird. Ein typisches Problem unserer Zeit ist es, daß Jugendliche vorzeitig aus dem Elternhaus wegdrängen, um einer größeren Selbständigkeit willen, und so vorgebliche Partnerschaften leicht den Charakter von Notgemeinschaften annehmen. Die »Wahl« ist hier äußerst eingeschränkt – wie sich häufig erst nach einer übereilten Eheschließung herausstellt. Kriterium für die Partnerwahl sollte sein, ob eine gemeinsame Bezugsebene gefunden werden kann, auf der sich eine Lebensgemeinschaft aufbauen und gestalten läßt. Diese Bezugsebene ist beispielsweise auf den Beruf, auf Freizeitinteressen, auf eine kultivierte Sexualität, auf Kinder, auf Religion ausgerichtet.

Patriarchat

Organisation der Familie und Gesellschaft, die auf den Mann ausgerichtet ist.

Die Oberherrschaft des Mannes und des Vaters war jahrhundertelang für unsere abendländische Zivilisation bestimmend. Die sozialen Rollen von Mann und Frau, wie sie heute gelten, sind noch weithin von dieser patriarchalischen Denkweise bestimmt. Durch die Emanzipationsbestrebungen der Frau kommt es zu allmählichen Veränderungen und Differenzierungen, die die Zielsetzung der neueren Pädagogik beeinflussen.

Penis siehe Glied

Person

Dem Wortursprung nach stammt »Person« von dem lateinischen Wort personare, was so viel heißt wie »hindurch-tönen«, eine Maske tragen, eine Rolle spielen. In der abendländischen Philosophie spielt der Personbegriff seit der christlichen Spätantike eine wesentliche Rolle. Man könnte ihn mit »geistiger Einzelexistenz« übersetzen. In etwa läßt sich sagen, daß Person im Bereich des Geistes das umschreibt, was im Bereich der Natur als Individuum bezeichnet wird.

Nach der christlichen Theologie ist »Person« das einzelne unverwechselbare und unauswechselbare Wesen, das sein jenseitiges Heil im Diesseits wirkt und von dem Gott gesagt hat: »Ich habe dich bei deinem Namen gerufen, du bist mein.«

Persönlichkeit

Unter Persönlichkeit wird der Inbegriff der Wesenszüge eines Menschen verstanden, die sich aus seinen Anlagen unter der Beeinflussung der Umwelt über die verschiedensten Identifikationen mit Persönlichkeitsidealen ausgeformt haben.

Persönlichkeitsgefüge

Die Summe der Verhaltensweisen und Rollen, über die wir uns und anderen gegenüber verfügen, wird in der modernen Psychologie Persönlichkeitsgefüge genannt. Verhalten und Rollen werden von der frühesten Kindheit an durch Nachahmung, durch die Erfahrung ihrer eventuellen Nützlichkeit, durch Einsicht beibehalten oder aufgegeben oder auch verändert. Gerade in Zeiten großer Wandlungen, wie sie beispielsweise in der Pubertät gegeben sind, ist es von Wichtigkeit, daß sich der Mensch bestimmter eingeübter Rollen bedienen kann. Sie können ihm u.a. auch dazu dienen, den Ansturm der Triebe abzuwehren und sich so im Gleichgewicht zu halten. Die Sexualerziehung sollte deshalb genau abwägen, in welchem Maße sie das eingeübte Rollenverhalten junger Menschen, besonders solcher in der ersten Phase der Pubertät, »frag-würdig« macht. Oder anders ausgedrückt: die guten Gewohnheiten in bezug auf Hygiene, Höflichkeit, Rücksicht auf andere, Tagesablauf, Freizeit usw. können die durchaus positive Fassade sein, hinter der sich die Umwandlung des jungen Menschen zu einem eigenständigen Menschen vollzieht, und von der die gelegentlichen Aggressionsdurchbrüche etwas ahnen lassen.

Gelingt es hingegen einem Kind nicht, an seinen durch die Erziehung geprägten Rollen zu rütteln, bleibt es immer das wohlerzogene Kind, das sich den Wünschen der Eltern bedingungslos fügt – Taschengeld, Pünktlichkeit, Freizeit, Freundschaften etc. – dann werden die Triebwünsche nicht selten so tief abgedrängt, daß sie sich dem bewußten Zugriff entziehen. Leistungsversagen ist häufig die Ursache einer solchen Zweigleisigkeit.

Perversion

Unter Perversion werden meist krankhafte sexuelle Neigungen verstanden. Da aber gerade in bezug auf die menschliche Sexualität nicht leicht zu definieren ist, was man unter »normal« versteht, gilt dies auch für den Begriff »pervers«. Hierzu Freud: »Gerade auf dem Gebiet des Sexuallebens stößt man auf besondere Schwierigkeiten, wenn man eine scharfe Grenze zwischen bloßer Variation innerhalb der physiologischen Breite und krankhaften Symptomen ziehen will. Gewisse Arten der Perversionen entfernen sich inhaltlich so weit vom Normalen, daß wir nicht umhinkönnen, sie für krankhaft zu erklären, insbesondere jene, in denen der Sexualtrieb in der Überwindung der Widerstände (Scham, Ekel, Grauen, Schmerz) erstaunliche Leistungen vollführt (Kotlecken, Leichenmißbrauch) ...«

Petting

Sexuell-erotische Spielereien Jugendlicher, bei denen bis zum Orgasmus alles erlaubt ist, außer der Defloration des Mädchens; d.h., der Junge führt sein Glied nicht ein, so daß das Jungfernhäutchen unverletzt bleibt. Es dürfte dabei allerdings nicht um eine vordergründige Demonstration von Jungfräulichkeit gehen, sondern um eine Sicherung vor ungewollter Schwangerschaft.

Phallus

Das männliche Glied in seiner symbolischen Bedeutung. Das Glied oder seine Nachbildungen haben seit der ältesten Zeit als heiliges Symbol der schöpferischen Lebenskraft gegolten.

phallische Phase

Bezeichnung der dritten und letzten Phase der kindlichen Sexualität, gemäß der Phasentheorie Freuds.

Phenylketonurie

ist eine Stoffwechselstörung, wobei das Eiweiß nicht richtig abgebaut werden kann. Die Krankheit führt bei normal entwikkelten Säuglingen zu einem ständigen geistigen Abbau, bis zum völligen Schwachsinn. Durch einfache Tests kann diese Anomalie bereits in den ersten Tagen nach der Geburt festgestellt werden.

Durch geeignete Diät kann das Kind dann zu einer normalen geistigen Entwicklung gebracht werden. In einigen Bundesländern ist diese Untersuchung gesetzliche Vorschrift.

Phimose

Verengung der Vorhaut des männlichen Gliedes, so daß sie nicht über die Eichel zurückgezogen werden kann. In den ersten Lebensjahren ist dies normal.

Eichel und Vorhaut sind zuerst noch verklebt. Bleibt dies aber länger bestehen, so sind Dehnung oder Operation (harmlos) notwendig. Es kann sonst zu Harnabflußstörungen und später zu Schwierigkeiten im Intimverkehr kommen. Immer mehr Jungen werden auch heute nach der Geburt »beschnitten«, so daß das Problem gar nicht auftreten kann.

Pille siehe Hormone, Empfängnisregelung

Placenta siehe Mutterkuchen

Pollution

unwillkürlicher Samenerguß, der beim männlichen Jugendlichen in der Pubertät besonders häufig im Schlaf, begleitet von angenehmen Träumen, auftritt. Siehe Seite 67 u. 237.

Polygamie

Form der Ehe, die dem Mann mehrere Frauen gestattet. Auch in den Kulturkreisen, in denen die »Vielweiberei« bisher noch gesetzlich erlaubt ist, geht sie immer mehr zurück.

Potentia coeundi = Befähigung zum Beischlaf.

Prägenital

oder präödipal bedeutet nach Freud den Zustand des Sexuallebens, bei dem die Genitalzonen noch nicht in ihre vorherrschende Rolle eingetreten sind.

Bei Erwachsenen kann der Charakter prägenital fixiert sein – beispielsweise beim neurotisch Eifersüchtigen, der den Partner so ausschließlich allein besitzen will, wie der Säugling die Mutter, oder beim neurotisch Geizigen, der alles behalten will, wie das Kleinstkind seine Ausscheidung.

Präservativ

Schutzmittel zur Verhütung der Empfängnis. Siehe Empfängnisregelung.

Priapismus

krankhafte, schmerzhafte Erektion ohne sexuelle Erregung.

Progesteron = Schwangerschaftshormon

Promiskuität

bedeutet Geschlechtsverkehr mit ständig wechselnden Partnern, wobei keine tiefere Bindung an diese gegeben ist. Die Promiskuität ist unter Jugendlichen weit weniger verbreitet, als Erwachsene im Hinblick auf gewandeltes Sexualverhalten der Jugendlichen anzunehmen bereit sind.

Prostitution

Geschlechtsverkehr gegen Geldleistung. Dieses »älteste Gewerbe der Welt« wird nicht nur von Frauen betrieben, wie die zunehmende Zahl von »Strichjungen« beweist.

Pubertät

bezeichnet die Zeit der Geschlechtsreifung, deren erste Phase mit den Eintreten der Eireifung beim Mädchen und der Ausstoßung von Spermien beim Jungen beendet ist. Sie ist durch eine Konzentration auf die Leibvorgänge und eine deutliche sexuelle Aktivität gekennzeichnet. In einer zweiten Phase der Pubertät geht es um die Integration der erfahrenen Geschlechtlichkeit in das Personganze und um das Einbringen in die Freundschaft zu einem Partner des anderen Geschlechts. Schließlich erfolgt in einem dritten Schritt die Auseinandersetzung mit den durch die Erziehung übernommenen Rollen im sozialen, kulturellen und religiösen Bereich. Diese Phasen und Aufgabenstellungen greifen natürlich ineinander über. Je konfliktfreier die Beziehung zu den Eltern ist, um so leichter glückt die Phase der Ablösung.

Read-Gymnastik

Eine von dem Gynäkologen Dr. Read entwickelte und durch sein Buch »Mutterwerden ohne Schmerz« bekanntgewordene Methode der Entspannungsgymnastik für schwangere Frauen als Vorbereitung auf die Geburt. Der Originaltitel heißt »Mutterwerden ohne Angst« und trifft die Sache besser. Eine durch Entspannungsübungen auf die Geburt vorbereitete Frau kann während des Geburtsvorganges besser mitarbeiten, verkrampft sich weniger und hat weniger Schmerzen. Schmerzlos ist die Geburt niemals. Zur Sexualerziehung gehört auch, daß die jungen Menschen auf diesen Sachverhalt realistisch eingestellt werden.

Reaktionsbildung

Psychoanalytische Fachbezeichnung für den Abwehrmechanismus, den eine Person unbewußt aufbaut. Eine Mutter, die aufgrund ihrer eigenen Lebensgeschichte ihr Kind nicht annehmen, nicht lieben kann, »tarnt« sich bisweilen vor sich selbst durch eine Haltung übergroßer Fürsorglichkeit gerade diesem Kind gegenüber. Diese Ambivalenz der seelischen Struktur erklärt auch, weshalb Liebe und Haß so nahe verwandt sind und das eine Gefühl in das andere umschlagen kann.

Reflex

Unwillkürliche Reaktion des Organismus auf einen Reiz. Die sexuelle Erregung kann durch verschiedene Reize (Berührung der erogenen Zonen, Vorstellung etc.) ausgelöst werden und läuft über zahlreiche Reflexbahnen ab. Die genitalen Nervenzentren des Rückenmarks senden Nervenimpulse zu den Geschlechtsorganen, zu den Schleimhäuten, und bereiten so den Geschlechtsakt vor. Diese Sensibilisierung der Genitalzone steigert wiederum das sexuelle Verlangen der Partner. Das vegetative Nervenzentrum ist am Zustandekommen solcher Reflexabläufe wesentlich beteiligt. Sexualstörungen wie Impotenz, Frigidität usw. sind Störungen der Reflexabläufe, die normalerweise ohne die geringste Anstrengung vor sich gehen. Die Geschlechtserziehung sollte darauf achten, diese unbewußten Vorgänge nicht zu stark zu rationalisieren. Wenn zu viel über Gefühle gedacht wird, entziehen sie sich bisweilen der Empfindung.

Regel siehe Menstruation

Reife

Unter menschlicher Reife ist die optimale Ausprägung der biopsychologischen Möglichkeiten eines Menschen zu verstehen. Welchen Reifegrad ein Mensch erreicht, ist abhängig sowohl von seinen Anlagen wie auch von seiner Umwelt, den Lebenszielen, die er sich selber setzt, und dem Lebensschicksal. In der Regel unterscheidet man zwischen körperlicher, geistiger, emotionaler und sozialer Reife.

Die körperliche Reifung erfolgt nach einer vom Lebensalter abhängigen Gesetzmäßigkeit, wobei ein gewisser individueller Spielraum gegeben ist. In physiologischer Hinsicht ist die Geschlechtsreife dann erreicht, wenn die Geschlechtsdrüsen in Funktion sind und der Organismus Samen- bzw. Eizellen produziert. Die intellektuelle Entwicklung verläuft ebenfalls nach einem feststellbaren, von der physiologischen Reifung und sozio-kulturellen Faktoren abhängigen Rhythmus. So ist es möglich, intellektuelle Fähigkeiten in Durchschnittswerten bestimmten Lebensjahren zuzuordnen und entsprechende Lerngramme zu entwickeln.

Die emotionale Reifung, also die Reifung der Gefühle, ist am schwersten zu bestimmen. Im Rahmen der Geschlechtserziehung muß aber gerade diesem Bereich der Persönlichkeitsreifung große Aufmerksamkeit geschenkt werden. Die tragischen Lebensschicksale Erwachsener entstehen zu einem hohen Prozentsatz dadurch, daß die Entwicklung der Du-gerichteten Gefühle mit der körperlichen und geistigen Entwicklung nicht Schritt gehalten hat.

Eng verknüpft mit der emotionalen Reifung ist die soziale. Unter dem sexualerzieherischen Aspekt erscheint es für das Lebensglück des einzelnen vor allem wichtig, daß es gelingt, Geschlechtsrolle und sozialen Rollenstatus so in Harmonie zu bringen, daß es zu keinem Rollenkonflikt kommt. Der Wunsch einer Frau nach Mutterschaft und gleichzeitiger Aufrechterhaltung verantwortlicher Berufstätigkeit könnte einen solchen Rollenkonflikt bewirken.

Der hier auf vier Reifungsebenen – der körperlichen, intellektuellen, emotionalen und sozialen – beschriebene menschliche Reifungsprozeß ist ein Geschehen, das immer den ganzen Menschen betrifft, und dann am besten glückt, wenn er einigermaßen homogen verläuft, also körperliche und geistig-seelische Reifung nicht zu stark auseinanderfallen. Bleibt ein Teilbereich, beispielsweise die soziale Reifung, erheblich zurück, so kommt es zu Lebenskonflikten, die sich beim Kind meist in Erziehungs- bzw. Lern- und Leistungsstörungen äußern.

Neben der individuellen, der Persönlichkeitsreifung eines Menschen gibt es auch einen Reifungsprozeß, der die Paarbeziehung von Mann und Frau betrifft. Die von jungen Menschen heute weithin praktizierte »Ehe auf Probe« kann dazu verleiten, eine Beziehung dann, wenn Konflikte auftreten, vorschnell abzubrechen. Es fehlt der soziale Druck, wie er durch eine legale Ehe gegeben ist. So werden die Überwindung von Konflikten und das Einschwingen auf einen gemeinsamen Lebensrhythmus nicht gelernt. Andererseits scheitern auch Ehen daran, daß der Paarreifung zu wenig Aufmerksamkeit geschenkt, die Beziehung nicht vertieft wird und so allmählich »austrocknet«.

Reifezeichen

Zeichen für den Reifezustand eines Neugeborenen sind: Körperlänge 49 bis 54 cm, Körpergewicht 3000 bis 3500 g. (Sind die anderen Reifezeichen vorhanden, so besagt ein Gewicht unter 3000 g nicht, daß das Kind nicht ausgetragen ist.)

Fettpolster unter der Haut gut entwickelt. Hautfarbe rosig frisch. (Ein unreifes Kind ist krebsrot, weil die Fettpolster nicht gut entwickelt sind und die Hautgefäße durchschimmern.) Die Nägel überragen die Zehen- und Fingerkuppen. Nasen- und Ohrenknorpel sind ausgebildet. Bei Mädchen überdecken die großen Schamlippen die kleinen, bei Jungen sind die Hoden im Hodensack.

Zeichen der Geschlechtsreife sind Menstruation und Pollution.

Reiz

Reize, die das sexuelle Verlangen auslösen, sind Stimulantien, die über unsere Sinnesorgane – Auge, Ohr, Geruch, Empfindung – und Phantasievorstellungen an das Nervensystem weitergegeben werden. Der Verlauf der so ausgelösten sexuellen Erregung ist bei den Geschlechtern unterschiedlich. Der Mann ist in der Regel rascher erregbar als die Frau, und die Erregung kann bei ihm nach dem Orgasmus ebenso rasch abklingen. Die Frau braucht in der Regel eine längere Einstimmung, die Erregung klingt auch langsamer ab. Die Harmonie einer Ehe hängt wesentlich davon ab, ob es dem Paar gelingt, sich so aufeinander einzustellen, daß der Orgasmus gemeinsam erlebt werden kann. Das erfordert in der Regel eine gewisse Zeit. Dies zu wissen, beugt Verkrampfungen und Ängsten, »untüchtig« zu sein, vor.

Religion

Über Seinsdeutung und Morallehre und die davon abgeleiteten Verhaltensnormen beeinflußt die Religion die Einstellung zur Sexualität sowohl des einzelnen Gläubigen, wie auch – je nach Präsenz in der Gesellschaft – die gesellschaftlichen Normen bis hin zur Gesetzgebung. Der Einfluß des Christentums, der für den gesamten abendländischen Kulturkreis von höchster Bedeutung ist, bestimmte und bestimmt noch immer wesentlich den Stellenwert, den die Sexualität im Leben des einzelnen und in der Gesellschaft einnimmt, und wie damit umgegangen wird. Die hohen moralischen Forderungen – Askese, Sublimierung, Einordnung der Geschlechtsbeziehung in den Fortpflanzungsauftrag – werden von den einzelnen Menschen und Gruppen der Gesellschaft verschieden erlebt. Was für die einen als Hilfe zur sicheren Kontrolle des Trieblebens erscheint, wird von anderen als Unterdrückung und Einmischung in die Intimsphäre aufgefaßt. Sicher ist, daß Gewohnheiten, Vorurteile, Ideale, die religiösen

Ursprungs sind, immer wieder auf ihre Verbindlichkeit hin überprüft werden müssen. Einstellungen und Haltungen können sich als solche verselbständigen und, ihres eigentlichen Sinnes entkleidet, ein Eigenleben führen.

Die Reifung eines Menschen hängt wesentlich davon ab, daß es gelingt, Sexualität und Religiosität in das Personganze so einzuordnen, daß die psychodynamische Spannung als Lebensenergie und nicht als blockierender innerer Konflikt ohne Ausweg erlebt werden kann.

Rhesusfaktor

Es gibt eine, erstmals an Rhesusaffen nachgewiesene, Blutgruppenunverträglichkeit zwischen Geschlechtspartnern, die zu Fehlgeburten, Totgeburten und Schädigung des Kindes führen kann. Inzwischen weiß man, daß neben dem sog. Rh-Faktor noch andere Faktoren für das Zustandekommen der Blutunverträglichkeit verantwortlich sind. Durch Schwangerschaftsvoruntersuchungen, deren Ergebnisse in den sog. Mutterpaß eingetragen werden, kann einer Gefahr vorgebeugt werden. Durch einen sofort nach der Geburt vorgenommenen Blutaustausch kann die Schädigung eines Kindes weitgehend vermieden werden.

Rollenverteilung in der Familie

wird heute nicht mehr nur als etwas der Natur Gemäßes betrachtet, wie dies früher der Fall war, etwa nach dem Schema: Ehemann aktiv, Ehefrau passiv; Vater Verdiener, Mutter Sorge für Haus, Herd und Kinder. Unverändert ist die Rolle der Frau als Gebärerin der Kinder und ebenso unverändert auch die Rolle des Mannes als Erzeuger. Schicksalhaft sind auch die Stellung in der Geschwisterreihe und das Geschlecht festgelegt.

Soll die Familie eine Gemeinschaft werden, die als Schicksalsgemeinschaft verstanden, ihr Leben nach dem jeweils Notwendigen einrichtet und dabei jedem die Rolle zuspielt, die er am gültigsten übernehmen kann, so muß sie zuerst Gesprächsgemeinschaft werden. Man muß gut miteinander reden können, wenn man miteinander leben will. Die weiteren sozialen Rollen, die jedem einzelnen im Beruf, in Institutionen, in der Politik, im Gemeindeleben, in der religiösen Gemeinschaft usw. immer wieder neu zugespielt werden, können um so sicherer übernommen werden, je besser sich der einzelne mit seiner Rolle innerhalb der Familie identifizieren kann.

S

Sadismus

Das Wort ist vom Namen des Marquis de Sade (1740–1814) abgeleitet, der durch sein abnormes Verhalten und seine entsprechenden Romane berühmt und berüchtigt wurde. Sadismus beschreibt ein Sexualverhalten, bei dem durch Demütigen und Peinigen des Partners sexuelle Befriedigung erfahren wird. Gewisse aggressive Züge, die jedem Liebesspiel innewohnen, werden beim Sadismus ins Krankhafte übersteigert.

Wie alle Perversionen, so kann auch der Sadismus lediglich als Phantasievorstellung auftreten, ohne daß es jemals zu sadistischen Handlungen kommt.

Bisweilen finden sich ein Sadist und ein Masochist als Paar. Partner, die sich auf diese Weise ergänzen, sind selten zu trennen, selbst wenn der masochistische Teil diesen Wunsch gelegentlich äußert und sogar eine Beratungsstelle aufsucht. Es muß dann aber überlegt werden, was eventuell für die Kinder solcher Paare getan werden kann, damit sie nicht ähnlich geprägt werden.

Samen

lat. semen, griech. sperma, Sekret der Geschlechtsdrüsen des Mannes, eine dicke weißliche Flüssigkeit, besteht aus den Samenfäden, die in den Hoden gebildet werden und den Absonderungen der Cowperschen- und der Vorsteherdrüse.

Samenblase

Paarige Drüsen des Mannes, die zwischen Harnblase und Mastdarm liegen. Sie sondern ein Sekret ab, das Bestandteil des Samens ist.

Samendrüsen siehe Biologie (männliche Geschlechtsreifung)

Samenerguß siehe Pollution

Samenfäden

(Spermien) Samenzellen des Mannes, die in den Hodenkanälen gebildet werden. Der einzelne Samenfaden besteht aus dem Kopf, der das die Erbanlagen führende Chromatin enthält, dem die Motorik beinhaltenden Mittelstück und dem Schwanz als Antriebsorgan. Die Samenfäden können in entsprechender Umgebung bis zu 48 Stunden bewegungs- und befruchtungsfähig bleiben. Bei einem Samenerguß werden bis zu 500 Millionen Samenzellen ausgestoßen, von denen 20 bis 30 Prozent normalerweise unvollständig oder mißgebildet sind. Ist der Anteil der gesunden Spermien weniger als 40 Prozent, so ist das Sperma nicht befruchtungsfähig. Die Kinderlosigkeit mancher Ehen ist darauf zurückzuführen.

Sauberkeitserziehung

steht in einem engen Zusammenhang mit der Sexualerziehung, weil mit den Ausscheidungsorganen eine der wesentlichen erogenen Zonen in den Mittelpunkt des Interesses gerückt wird und das Kind sowohl »Leibeserfahrungen« macht, als auch über Körperfunktionen einen sozialen Bezug erfährt. Der von der Mutter geforderte Verzicht auf die als Eigentum und Spielmaterial erlebte Ausscheidung kann geleistet werden, wenn die spürbare Liebe der Mutter einen solchen Verzicht rechtfertigt.

Scham, Schamgefühl

Das Schamgefühl kann mit der Scheu oder Verlegenheit umschrieben werden, seine Gefühle zu zeigen, oder sich in irgendeiner Hinsicht »eine Blöße« zu geben. Die sexuelle Scham – Scheu, Verlegenheit darüber sich vor anderen nackt zu zeigen, den sexuellen Interesse eines Mannes oder einer Frau ausgesetzt zu sein, das nicht erwidert werden kann, das peinliche Berührtwerden durch zweideutige Witze etc. – ist nach Freud einer der Abwehrmechanismen, um die Sexualität in den von der Gesellschaft gesetzten Grenzen zu halten. Dementsprechend verstärkt sich das Schamempfinden mit dem Stärkerwerden der Triebimpulse. Während sich das kleine Kind sorglos in seiner Nacktheit zeigt, wenn es nicht durch die Erziehung daran gehindert wird, ziehen sich beispielsweise Pubertierende auch innerhalb der Familie gerne zurück – wenn sie nicht durch massiven Druck zur »Antischam« daran gehindert werden. Das Umgehen mit dem Schamgefühl gehört in den Bereich der emotionalen Reife. Siehe Seite 30.

Schambein = vorderer Teil des Hüftbeins

Schamberg = der behaarte, an die Schamgegend angrenzende unterste Teil des Bauches.

Schamfuge = die Verbindung der Schambeine

Schamgegend = Bezeichnung für die äußeren Geschlechtsteile.

Schamlippen

Die großen und kleinen Schamlippen sind die großen und kleinen fetten Hautfalten der weiblichen Scham. Dazwischen liegt die

Schamspalte.

Scheide

= Vagina. Bezeichnung für den schlauchartigen Endabschnitt der weiblichen Geschlechtsorgane, der von der Gebärmutter zur

Scham führt und zwischen Harnblase und Mastdarm liegt. Die Scheide dient zur Aufnahme des männlichen Gliedes beim Liebes- und beim Zeugungsakt (Coitus).

Scheidendiaphragma

Ziemlich wirkungsvolles Mittel zur Empfängnisverhütung. Es muß mit Hilfe eines Facharztes ausgesucht und eingesetzt werden. Es besteht aus einem Spiralring, der nicht zu groß und nicht zu klein sein darf. Das Diaphragma darf nicht vor acht Stunden nach dem Verkehr entfernt werden.

Scheidenentzündung

(Kolpitis) entsteht meist durch mechanische Schädigung (Fremdkörper, Pessare, Scheidenspülungen), auch durch Erreger und in Zusammenhang mit einer Entzündung des Gebärmutterhalses. Ärztliche Behandlung!

Scheidenlippen

ist die von neueren Autoren bevorzugte Bezeichnung für Schamlippen.

Scheidenspülungen

sollten nur auf ärztlichen Rat hin vorgenommen werden. Sie gehören nicht zur normalen Hygiene der Frau. Die biologische Selbstreinigung der Scheide kann durch häufigere Spülungen gestört werden.

Scheidenvorfall

= Prolapsus vaginae. Starke Scheidensenkung. Infolge Bindegewebsschwäche können die Scheidenwände in der Scheidenöffnung hervortreten. Dies kann durch starke körperliche Belastung (schweres Tragen, Geburten etc.) geschehen. Durch operativen Eingriff oder durch Einsetzen eines Pessars kann der Scheidenvorfall behoben werden.

Schuldgefühl

kann sich als normale Reaktion auf eine Verfehlung einstellen und zeugt dann von einem gesunden moralischen Gleichgewicht eines Menschen.

Es kann sich aber auch ohne objektive Begründung subjektiv einstellen und ist dann in der Regel dem rationalen Zugriff nicht mehr zugänglich. Besonders im sexuellen Bereich werden durch die Erziehung häufig so viele Verbote gesetzt, daß es zu heimlichen Übertretungen kommt, die Schuldgefühle auslösen. Eine wesentliche Aufgabe der Sexualerziehung ist es, die Sexualität nicht mit Schuldgefühlen zu belasten, wie dies beispielsweise lange Zeit mit der angstmachenden Beschwörung angeblicher Folgen von Onanie und häufigem Geschlechtsverkehr der Fall war.

Schwangerschaft

= Gravidität. Zustand des weiblichen Organismus während der Entwicklung der Leibesfrucht. Die seelische Verfassung der schwangeren Frau hängt weitgehend davon ab, wie sie sich auf das erwartete Kind einstellt. Dies wiederum wird auf das stärkste mit beeinflußt durch die äußeren Lebensumstände und die Beziehung zum Kindesvater. Der Ehemann erweist jede Freundlichkeit, die er seiner Frau entgegenbringt, bereits auch seinem Kind. Trotzdem bleibt gerade zu Beginn einer Schwangerschaft meist eine gewisse Labilität, die gemeinsam hingenommen werden muß.

Schwangerschaftsabbruch

Ein in Zusammenhang mit Geburtenkontrolle und dem seit Mai 1976 geänderten Paragraphen 218 viel diskutiertes Thema. Nach dem Gesetz ist der Schwangerschaftsabbruch in den ersten drei Monaten der Schwangerschaft straffrei. Dieser Eingriff, dessen Kosten von den Krankenkassen übernommen werden, darf allerdings erst dann vorgenommen werden, wenn die schwangere Frau eine eigens für solche Beratung zuständige Stelle aufgesucht hat. Damit soll erreicht werden, daß evtl. Notstände, die der werdenden Mutter keinen anderen Ausweg zu lassen scheinen, beseitigt und Hilfen angeboten werden. Trotzdem ist der Anteil der aus sogenannter sozialer Indikation erfolgten Abtreibungen erschreckend hoch – erschrekkend für ein Wohlstandsland.

Von besonderer Tragik sind Abbrüche aus »eugenischen Gründen«, das bedeutet, daß ein behindertes Kind erwartet werden mußte. Anteilmäßig am geringsten sind – sofern die Schwangere regelmäßig zu Vorsorgeuntersuchungen geht – die Abbrüche aus »medizinischer« Sicht.

Allen Diskussionen und Entscheidungen liegt die Tatsache zugrunde: Es ist ein wissenschaftlich gesichertes biologisches Faktum, daß spätestens durch die Einnistung des befruchteten Eies in die Gebärmutter menschliches Leben entstanden ist. Der Abbruch tötet menschliches Leben.

Schwangerschaftsbeschwerden

können durch die Schwangerschaft selbst hervorgerufen werden, aber auch durch verschiedene Krankheiten.

Schwangerschaftsdauer

Vom 1. Tag der letzten Periode an gerechnet ca. 281 Tage.

Schwangerschaftserbrechen

In den ersten 3 bis 4 Monaten erbrechen viele Schwangere, besonders morgens. Dies wird vermutlich durch eine Umstimmung des vegetativen Nervensystems und des Stoffwechsels verursacht. In heftigen Fällen und wenn das Erbrechen über die normale Zeit hinaus andauert, muß der Arzt befragt werden.

Schwangerschaftsgymnastik siehe Read-Gymnastik

Schwangerschaftshygiene

bezieht sich auf die Lebensweise, die Ernährung, die Kleidung und die Pflege der schwangeren Frau. Alkohol- und Nikotingenuß soll vermieden oder doch weitgehend eingeschränkt werden. Keine hochprozentigen Getränke! Kein Gewohnheitsrauchen oder Sitzen in verqualmten Räumen. Medikamente grundsätzlich nur nach ärztlicher Verordnung.

Regelmäßige ärztliche Kontrolle, wobei auch die Vorsorgeuntersuchungen, die der Gesundheit von Mutter und Kind dienen, gemacht und in den Mutterpaß eingetragen werden. Geschlechtsverkehr kann in der Schwangerschaft weiter gepflegt werden. Besondere Rücksichtnahme des Mannes auch in bezug auf Coitusstellungen ist notwendig. Manche Frauen haben zu Beginn der Schwangerschaft weniger sexuelles Verlangen bis hin zur Abneigung. Sie sollten diesem Gefühl nicht zu sehr nachgeben, weil sich der Ehemann sonst zu leicht von dem kommenden Kind verdrängt fühlt und es zu einer Paarbeziehung Mutter–Kind kontra Vater kommen kann. Etwa 6 Wochen vor und 6 Wochen nach der Entbindung sollte im Interesse der Gesundheit von Mutter und Kind auf den Geschlechtsverkehr verzichtet werden.

Schwangerschaftspsychose

Die meisten schwangeren Frauen sind während der Schwangerschaft, besonders zu Beginn, stimmungslabiler als sonst. Bei manchen Frauen kann es aber zu schweren Verstimmungszuständen kommen, in denen sie Lebensunlust, Angstgefühle und große Selbstunsicherheit äußern, von abstrusen Vorstellungen geplagt werden oder nicht mehr einfühlbare Handlungen begehen. Solche Frauen haben nicht plötzlich ihren Charakter geändert, sie gehören vielmehr in ärztliche Behandlung. Meist müssen dies die Angehörigen in die Wege leiten, weil bei den Patientinnen selbst in der Regel keine Krankheitseinsicht gegeben ist. Erfahrungsgemäß treten solche Zustände häufiger bei Erstgebärenden auf, ohne daß sie sich bei weiteren Schwangerschaften wiederholen müssen.

Schwangerschaftsregel

Die Dauer der Schwangerschaft wird vom 1. Tag der letzten Periode an gerechnet. War diese Monatsblutung wesentlich schwächer als sonst üblich, dauerte sie etwa nur einen Tag, so ist anzunehmen, daß es sich dabei um eine sog. Schwangerschaftsregel gehandelt hat, die Schwangerschaft also schon längere Zeit besteht.

Schwangerschaftsstreifen

Rötlich-braune, später weißglänzende Narbenstreifen, die durch starke Überdehnung der Haut an Bauch und Brust der schwangeren Frau entstehen können. Durch rechtzeitige »Zupfmassage« kann den Schwangerschaftsstreifen vorgebeugt werden.

Selbstachtung

ist eng verbunden mit Selbstwertgefühlen und Selbstsicherheit. Das Gefühl bildet sich in frühester Kindheit aus als Antwort auf die erfahrene Liebeszuwendung und Selbstbestätigung. Überbehütung und Vernachlässigung bedingen ichschwache Menschen. Die Selbstachtung, die Art der Selbsteinschätzung ist vor allem für den pubertierenden Menschen und jungen Erwachsenen ein stabilisierender Faktor bei der Wahl von Freunden und Geschlechtspartnern und der Gestaltung der Geschlechtsbeziehung. Gerade am Beispiel der Entwicklung des Gefühls der Selbstachtung wird deutlich, in welchem Maße Sexualerziehung Teil der Gesamterziehung ist und die rationale Vermittlung biopsychischer und sozio-kultureller Fakten nicht zum Tragen kommen kann, wenn die emotionale Reifung nicht die Verarbeitungsebene für solches Wissen darstellt.

Selbständigkeit

Die Fähigkeit, sein Leben eigenverantwortlich organisieren, materiell sichern und in bezug auf andere weithin konfliktfrei ordnen zu können, ist ein wesentliches Merkmal des Erwachsenseins. Die lange Schul- und Ausbildungszeit, die in unserem Zivilisationsbereich üblich geworden ist, hält die jungen Menschen übermäßig lange zumindest in materieller Abhängigkeit von den Eltern. Die materielle Abhängigkeit von den Eltern erschwert den Ablösungsprozeß. Vor einer Eheschließung sollte auch die wirtschaftliche Unabhängigkeit tunlichst erreicht sein. Müssen junge Erwachsene nach der Eheschließung von ihren Eltern noch materiell unterstützt werden, so erfordert dies von beiden Seiten viel Takt. Sofern die Unterstützung gerechtfertigt und von den Eltern zu leisten ist, sollte sie selbstverständlich gegeben werden und die sonstige Selbständigkeit der jungen Leute nicht in Frage stellen. Diese wiederum sollten ihr Elternhaus nicht als Tankstelle betrachten, die man so lange anzapft, wie es nur irgend geht. In jedem Fall werden sich die Beziehungen eines jungen, materiell noch abhängigen Paares zu den Eltern konfliktfreier gestalten lassen, wenn man nicht unter einem Dach lebt.

Selbstbeherrschung

ist ein sittliches Prinzip, das es dem Menschen ermöglicht, seine Affekte und seine Triebe zu kontrollieren. Die Fähigkeit zu einer derartigen, von Vernunft und Willen getragenen Selbstkontrolle ist die Voraussetzung dafür, stabile soziale Bezüge eingehen zu können. Wenn in der früheren Sexualerziehung die Triebbeherrschung auch zu stark betont worden ist, so bleibt das Training dieser Fähigkeit doch ein bleibender Bestandteil der Gesamterziehung und so auch der Sexualerziehung. Selbstbeherrschung wird im Laienverständnis bisweilen mit neurotisierender Verdrängung gleichgesetzt und entsprechend abgewertet. Ein verhängnisvoller Irrtum, der Lebenspartnerschaften sehr belasten kann.

Selbstbefriedigung siehe Masturbation

Sex

Geschlecht, Geschlechtstrieb, abgeleitet vom lateinischen Wort sectus, d. h. Trennung. Das Wort drückt die mythologische Vorstellung aus, daß der Mensch zu irgendeinem Zeitpunkt in zwei entgegengesetzte Geschlechter zerteilt worden ist, die sich nun immer wieder suchen müssen. Biologisch läßt sich diese Vorstellung nicht halten, da sowohl der Mann wie auch die Frau eine klare Prädisposition zur Bisexualität haben.

Sex-Appeal

Aus dem Englischen übernommener Begriff, womit die sexuelle Anziehungskraft ausgedrückt wird.

Sexologie

Sexualforschung. Freud hat ein wesentliches Verdienst daran, daß die Sexologie zu einer anerkannten Wissenschaft geworden ist. Sie beschäftigt sich mit dem normalen und pathologischen Sexualverhalten des Menschen, unter Einbeziehung des bio-psychischen und des psycho-sozialen Aspekts. Die Sexologie tangiert die Wissenschaftsbereiche Biologie, Physiologie, Medizin, Anthropologie, Theologie, Ethnologie, Psychologie, Soziologie und die Kunst.

Sexualerziehung

Hier ist, über einzelne Stichwörter hinaus, auf Inhalt, Tendenz und Zielsetzung des ganzen Buches zu verweisen.

Sexualhormone siehe Hormone

Sexualethik

Die Sexualethik zielt darauf ab, die sittliche Verwirklichung der menschlichen Geschlechtlichkeit wissenschaftlich darzustellen. Christliche Sexualethik erforscht die verschiedenen Elemente und Aspekte der Geschlechtlichkeit von Mann und Frau, setzt sie in bezug zu Aufgabe, Ziel und Heil des Menschen und ist bestrebt, aus solcher Betrachtung allgemeingültige Verhaltensnormen zu gewinnen. Als solche gibt sie Anleitung, die Geschlechtlichkeit und ihren Vollzug in das Lebensganze der Person wie der menschlichen Gemeinschaft sinnvoll zu integrieren, u.a. durch Einübung freiwilligen Verzichts auf volle voreheliche Geschlechtsgemeinschaft, durch Einübung in Freiheit zu realisierender Bindung in der Ehe, der Einübung der Freiheit zur Antwort auf Gottes Anruf zu einem ehelosen Leben.

Sexualtechniken
Das Wissen über mögliche Coitusstellungen und die Kenntnis der Mittel, die die sexuelle Erregung steigern, ist sicherlich nützlich. Durch die Sexualerziehung sollten junge Menschen ermuntert werden, die sexuelle Partnerbeziehung nicht vorschnell in Gewohnheiten erstarren zu lassen, sondern »Spieleinfälle« zu haben. Wieweit man sich Anregung aus Büchern holt, ist Sache eines jeden einzelnen. Siehe auch »Coitus«.

Sexualorgane siehe Biologie, Geschlechtsorgane

Sexuelle Aktivität
Statistische Durchschnittswerte über die sexuelle Aktivität beim Mann und bei der Frau gehen fast durchweg auf die Darstellungen im Kinsey-Report zurück. Danach sollen 24 Prozent der gesamten Aktivität des Mannes auf nächtliche Pollution und Masturbation entfallen, 6 Prozent auf homosexuelle Beziehungen, und 70 Prozent auf heterosexuelle Beziehungen. Der Durchschnittsmann übt wöchentlich etwas mehr als zwei solcher Aktivitäten aus. Ein reguläres sexuelles Leben beginnt beim Mann bereits mit dem ersten Samenerguß, also etwa mit dem 14. oder 15. Lebensjahr. Bei der Frau sind mehr als zwei Aktivitäten pro Woche weniger häufig. Das sexuelle Leben der Frau wird nach einer ersten Orgasmuserfahrung nicht ähnlich wie beim Mann regelmäßig weiter gepflegt. Es können Pausen in den Aktivitäten von Jahren eintreten. Die Errechnung der Durchschnittswerte sagt aber über das Sexualverhalten eines einzelnen noch nicht viel aus, da dies stark von Person zu Person variiert. So sollen drei von zehn Männern wöchentlich nur einmal oder weniger aktiv sein, während es einer von zehn sechsmal in der Woche ist, und 4 Prozent sogar mehr als zehn Aktivitäten wöchentlich verzeichnen. Die sexuelle Aktivität ist abhängig vom Alter, von der Umwelt, von Stand und sozialem Niveau, vom Zeitpunkt der erreichten Geschlechtsreife, von der Religion. Auf diese statistischen Angaben ist hier vor allem deshalb hingewiesen, weil es für ein Paar, das die Ehe plant, wichtig ist zu wissen, welche Erwartung im Hinblick auf die sexuelle Aktivität einer an den anderen hat.

Sicherheitsbedürfnis

Das Sicherheitsbedürfnis gehört zu den Grundbedürfnissen des Menschen. Es findet seine stabilste Befriedigung in einer auf Treue gegründeten Zuwendung durch einen geliebten Menschen. Grunderfahrungen werden bereits in der frühesten Kindheit durch die zärtliche Zuwendung durch die Mutter und den Vater gemacht. Abrupte Trennungen solcher Beziehungen wirken fast immer traumatisch. Je jünger ein Mensch ist, um so tiefer ist die traumatische Wirkung und um so häufiger eine Wiederholung solcher Erlebnisse bei der späteren Partnersuche oder bereits eingegangenen Partnerschaften. Der gläubige Mensch baut auf das Treueversprechen Gottes und schöpft daraus eine Lebenssicherheit, die auch seinen eigenen Treueversprechen ein besonderes Gewicht gibt.

Sozialisation

Der psycho-soziale Prozeß, dem ein Individuum unterworfen wird, um sich der Gesellschaft einzugliedern, wird Sozialisation genannt. Heute wird das Wort häufig anstelle von Erziehung gebraucht. Siehe Seite 77.

Sperma siehe Samen

Status

Mit Status bezeichnet man die Stellung, die eine Person zu einem bestimmten Zeitpunkt im Rahmen eines sozialen Systems (Familie, Beruf, Gemeinde etc.) einnimmt. Jeder hat in der Regel gleichzeitig verschiedenen Status: Hausfrau, Arbeiterin, Ehefrau, Mutter, Tochter, Parteimitglied, Junggeselle, unehelicher Vater, Beamter, Vorstand eines Sportvereins, Sohn, Bruder. Deckt sich der jeweilige Rollenstatus nicht mit der eigenen Erwartung, bzw. schließt der eine Status eigentlich den anderen aus, so kommt es zu Rollenkonflikten, die Ursache neurotischer Leiden (Magengeschwüre!) sein können. Die Fähigkeit, seinen Rollenstatus zu verändern, ist eine erlernbare Lebenstechnik.

Sterilität

bedeutet Unfruchtbarkeit und kann Mann und Frau betreffen. Die Tatsache, daß ein Mann den Koitus vollziehen kann und einen Samenerguß hat, bedeutet noch nicht, daß er zeugungsfähig ist. Die Zeugungsfähigkeit hängt von der Beschaffenheit des ausgestoßenen Samens ab. Bei der Frau liegt die Ursache für eine Sterilität häufig in Funktionsstörungen, Fehlbildungen oder Erkrankungen der Eierstöcke, Eileiter, Gebärmutter. Die Sterilität beeinträchtigt die geistige Fähigkeit eines Ehepaares zur Elternschaft nicht, weshalb kinderfreudige Partner immer daran denken sollten, ein Kind zu adoptieren.

Stillen

ist die natürliche Ernährungsweise des Kindes. Es bedeutet für das Kind weit mehr als Nahrungszufuhr. Während des Stillvorgangs sind Mutter und Kind wieder wie eins. Die Lust des Kindes wird zur Lust der Mutter, wenn diese nicht durch Hetze, starke Schmerzen wegen ungünstiger Brustwarzen oder weil sie zu perfektionistisch genau auf die Einhaltung von Nahrungszeiten versessen ist, daran gehindert wird. Die orale Absättigung, die ein Kind gerade im Gestilltwerden erfährt, und die Mutter–Kind-Beziehung, die durch diesen innigen Körperkontakt aufgebaut wird, sind für die Entstehung stabiler sozialer Beziehungen eines Kindes von großer Bedeutung.

Erfahrungsgemäß geht jedoch – vermutlich eine Zivilisationserscheinung – die Stillfähigkeit der Frauen zurück. Dies muß keine Benachteiligung des Kindes bedeuten, wenn die Mutter es versteht, dem Baby das Füttern zu gleichbleibendem Lusterlebnis werden zu lassen.

Stillhindernisse

seitens der Mutter sind relativ selten. Kindbettfieber, offene Tuberkulose, epileptische Anfälle während des Stillens können solche Hindernisse sein, ebenso eine Brustdrüsenentzündung oder sehr stark ausgebildete Flach- oder Hohlwarzen.

Mißbildungen im Mundbereich des Kindes können das Stillen ebenfalls unmöglich machen.

Sublimierung

Sublimierung bezeichnet den Vorgang, wonach es dem Menschen möglich ist, die sexuelle Lebensenergie auf ein nicht sexuelles Objekt zu richten (Kunst, Wissenschaft, Religion, soziales Engagement), und dabei Befriedigung zu finden. Der Vorgang wird vor allem durch Freud beschrieben. Andere Autoren sprechen von geglückter Verdrängung im Gegensatz zur neurotischen Verdrängung.

Syphilis

ist die folgenschwerste Geschlechtskrankheit, wenn die rechtzeitige Behandlung, d.h. im ersten und zweiten Stadium, versäumt wird. Sie wird im Regelfall durch sexuelle Beziehungen mit einem erkrankten Partner erworben (Ansteckung über von Kranken gebrauchte Gegenstände ist grundsätzlich möglich) und zeigt sich 3 bis 4 Wochen nach der Infektion als Hautausschlag an der angesteckten Stelle (Primäraffekt). Eine Lymphknotenschwellung zeigt an, daß der Erreger sich über die Lymphwege im ganzen Organismus ausbreitet. 4 bis 6 Wochen nach Auftreten des Primäraffektes treten am ganzen Körper fleckige oder papulöse Hautausschläge auf, die von einem starken Krankheitsgefühl begleitet sind. In diesem 2. Stadium der Erkrankung ist die Ansteckungsgefahr sehr stark. Bei Nichtbehandlung tritt nach ca. 5 Jahren die sog. dritte Krankheitsphase ein, die schließlich zu allgemeinen Verfallserscheinungen wie Rückenmarkserweichung usw. führen kann.

Beim geringsten Verdacht einer Ansteckung muß der Arzt aufgesucht werden. Die Heilungsaussichten sind infolge entwikkelter wirksamer Medikamente bei rechtzeitiger Anwendung günstig. Es besteht eine Behandlungspflicht durch den Facharzt. Die Sexualerziehung sollte vor allem darauf hinwirken, daß im Verdachtsfall der Arzt aufgesucht und nicht durch eine völlig unangebrachte Scham die Krankheit vertuscht und so die eigene Gesundheit und die anderer aufs Spiel gesetzt wird.

Eine syphilitische Mutter bringt immer ein syphilitisches Kind zur Welt, da die Ansteckung im Mutterleib erfolgt. Nach einer gründlichen Ausheilung kann jedoch ein gesundes Kind geboren werden.

Die verbreitetste Geschlechtskrankheit ist die Gonorrhöe (Tripper). Sie kann bei nichtsachgerechter Behandlung zur Sterilität führen.

Die venerischen Krankheiten sind wieder im Ansteigen begriffen. Dies hängt einerseits mit der Verwendung anderer empfängnisverhütender Mittel (Pille) zusammen, dann aber auch mit der Vernachlässigung hygienischer Maßnahmen unter der Jugend, und schließlich mit der frühen Aufnahme sexueller Aktivitäten.

T

Tabu

(polynesisch tapu = verboten). Tabus sind Verbote, die sich auf Objekte richten, die zugleich als heilig und als gefährlich empfunden werden. Heute werden auch tradierte, gesellschaftlich bedingte Verbote als Tabus bezeichnet. Die Sexualität gehört in allen Kulturen zu den durch Tabus geprägten Bereichen. Der Inzest ist überall verboten, wenn die soziale Gruppe, auf die er sich bezieht, auch unterschiedlich ist. »Volksweisheiten« und Aberglaube, die in Zusammenhang mit Coitus, Schwangerschaft, Menstruation und Wochenbett überliefert werden, gehen auf ursprüngliche Tabus zurück. Diese Tabus haben einerseits eine Schutzfunktion: Eindämmen der individuellen Triebwünsche zugunsten eines geordneten Sozialgefüges; andererseits können sie zum übermächtigen neurotischen Unterdrücker der Sexualität werden und so zur Verdrängung der Triebenergie führen. Aufgabe der Sexualerziehung ist es, solche Tabus abzubauen, die in unserer Zeit keinen Sinn mehr haben, die schützenden Dämme aber unangetastet zu lassen.

Tastsinn

Der Tastsinn ist der frühest ausgebildete Sinn des neugeborenen Menschen, weshalb für das Gedeihen des jungen Säuglings der Hautkontakt so wichtig ist. Für das sexuelle Leben spielt der

Tastsinn eine wichtige Rolle. Berührungen sind eine Quelle der Lust und ein Ausdruck der Zärtlichkeit.

Temperaturmethode

zählt zu den sog. »natürlichen« Methoden der Empfängnisregelung. Die fruchtbaren bzw. unfruchtbaren Tage der Frau werden durch regelmäßiges Messen der sog. Basaltemperatur mit einem Spezialthermometer festgestellt. Diese Methode der Empfängnisregelung gilt als nicht sicher. Sie kann demnach nicht angewandt werden, wenn es keinesfalls zur Empfängnis kommen soll. Sie wird aber von vielen Ehepaaren, ähnlich wie die Ogino-Knaus-Methode, als durchaus praktikabel empfunden, um die Abstände zwischen den Schwangerschaften auf ein erwünschtes Maß zu bringen.

Testes = Hoden

Transsexualismus

ist die Bezeichnung für das zwanghafte Verlangen, dem entgegengesetzten Geschlecht anzugehören. Das Verlangen kann sich in der Übernahme äußerer Verhaltensweisen und der sozialen Rolle äußern, sich aber bis zu dem Wunsch steigern, sich durch operative Maßnahmen dem ersehnten Geschlecht weitestgehend anzugleichen.

Transvestitismus

Zwanghaftes Verlangen, sich mit Kleidungsstücken des Gegengeschlechts zu kleiden.

Treue

Treusein-können ist eine menschliche Haltung – eine Tugend –, die im Hinblick auf die Erziehung zur sexuellen Reife frühzeitig entwickelt werden muß. Ohne die Fähigkeit, zu einem gegebenen Wort, zu seiner Meinung, zu seinen übernommenen Verpflichtungen, zu seiner religiösen Überzeugung zu stehen, gibt es keine Sicherheit, auf die hin ein Leben geplant, gemeinsam mit einem Partner gestaltet und zur Lebensgrundlage für Kinder werden kann. Die größte Rolle spielt auch hier die Erfahrung.

Wer Treue erfahren hat, der kann auch leichter treu sein. Die Sexualerziehung sollte vor allem zwei heute weitverbreiteten Klischees entgegenwirken. Das eine, der Filmindustrie und dem Groschenroman entliehene, bezieht sich auf die Vorstellung, als ob Lebenstreue aus der Liebesfaszination ohne jedes Zutun hervorspringe. Das andere Klischee beruht auf der sich als Wissenschaft tarnenden Annahme, Treue sei ein Hindernis, die eigene Lebensenergie in immer neuen Sexkontakten erneut aufzuladen. Ohne gegenseitige Treuebemühung ist eine Paarreifung nicht möglich. Das bedeutet nicht, daß die Partner unempfindlich werden gegen die sexuelle Anziehungskraft, die von anderen ausgehen kann. Sie haben aber gelernt, solche Impulse in die eigene Beziehung einzubringen. Dabei kann es zu »Ausrutschern« kommen, die nicht unbedingt zur Preisgabe dessen führen sollte, was in der Ehe bislang an Gemeinsamkeit erreicht worden ist. Sofern es gelingt – gegebenenfalls mit Hilfe eines Eheberaters – die Ursache des Treuebruchs zu klären, kann sogar eine Stabilisierung der weiteren Ehe daraus hervorgehen.

Triebe

Als solche werden die unbewußten bio-psychischen Kräfte bezeichnet, die das Individuum in Spannung halten, seine Phantasie, seine Beziehungen und seine Handlungen mitbestimmen. Freud unterschied die sexuellen Triebe (Lebensinstinkt) von den aggressiven Trieben (Todesinstinkt).

Triebtäter

sind solche Menschen, die durch ihren Sexualtrieb zu Zwangshandlungen getrieben werden. Diese können von der relativ harmlosen Darstellung der Geschlechtsteile (Exhibitionismus) bis zum Sexualmord reichen. Es ist richtig, im Rahmen der Sexualerziehung diesen Personenkreis als Kranke und nicht als abwegige Ungeheuer hinzustellen und Möglichkeiten der Behandlung anstelle von Bestrafung zu fordern. Es sollte auch darauf hingewiesen werden, daß solche Menschen zum großen Teil

Opfer einer mißglückten Sexualerziehung sind. Andererseits sollte ihr Tun im Hinblick auf die Gefährdung, die vor allem für Kinder und Jugendliche damit verbunden ist, nicht verharmlost werden.

Triplo-x-Syndrom

Damit wird ein bei Frauen auftretender genetischer Fehler beschrieben. Anstelle der regulären 2 x-Chromosomen haben solche Frauen 3 oder mehr in ihrem Chromosomensatz. Die meisten dieser Frauen sind geistig normal und bringen gesunde Kinder zur Welt. Es gibt darunter allerdings auch deutlich schwachsinnige Frauen.

Turner-Syndrom

Damit wird ein Defekt beschrieben, der bei Mädchen durch das Fehlen eines Geschlechtschromosoms auftritt: Fehlen funktionsfähiger Eierstöcke, Zwergwuchs, Mißbildungen an Fingern und Zehen, an Nieren, Harnleitern oder am Herzen. In psychologischer Hinsicht sind solche Mädchen erstaunlich belastungsfähig.

Tuben = Eileiter

U

Über-Ich

Nach Freud ist es jene unbewußte Persönlichkeitsinstanz, die aus der Hereinnahme der elterlichen und gesellschaftlichen Verbote in das Persönlichkeitsgefüge entstanden ist. Ihre Aufgabe ist es, Triebwünsche, Triebhandlungen zu beurteilen, sie zuzulassen oder abzuwehren, zu billigen oder zu verurteilen, sie gegebenenfalls in andere Kanäle zu leiten oder auf andere Objekte zu richten. Das Über-Ich ist eine Instanz moralischer Zensur. Die Ausprägung des Über-Ich hängt nicht nur von der Strenge der elterlichen Verbote, also deren eigenem Über-Ich ab, sondern auch von der Stärke der entfalteten Triebkräfte. Ein zu schwaches Über-Ich kann den Ansturm der Triebenergie nicht steuern und kontrollieren. Das ganze Seelengefüge droht von den Triebwünschen »überspült« zu werden, was starke Triebängste verursachen kann.

Ein zu stark wirksames Über-Ich hingegen, das die sexuellen Triebwünsche zu stark drosselt, bringt damit einen Quell der Lebensenergie, ein befruchtendes Element für die Entfaltung des Persönlichkeitsreichtums zum Versiegen. Unter der Last strengster Verbote wird der Mensch in das Korsett puritanischen Verhaltens geschnürt und bei der geringsten Lockerung peinigenden Schuldgefühlen ausgesetzt.

Religiöse Erziehung und damit Gewissenserziehung ist immer auch Sexualerziehung. Je mehr ein Mensch lernt, sein Handeln aus der Du-Perspektive zu beurteilen, um so eher gelingt es ihm, die Kategorien gut und böse, erlaubt und verboten mit seinen eigenen Triebwünschen und seinem Gewissen in Einklang zu bringen. In Phasen starker Beunruhigung durch die eigenen Triebwünsche (Adoleszenz) kann es hilfreich sein, erprobte Verhaltensnormen (religiöse, gesellschaftliche) zu übernehmen.

Überlieferung

Durch zahlreiche ethnographische Studien und durch Erhebungen, wie beispielsweise den Kinsey-Report, scheint es erwiesen zu sein, daß in den sexuellen Gebräuchen und Sitten eines Stammes oder einer sozio-ökonomischen und sozio-kulturellen Gruppe ein erstaunliches Maß an Übereinstimmung besteht (Arbeiter-, Bauern-, Akademikermilieu). Die sexuellen Gebräuche weichen jedoch zwischen diesen Gruppen und Schichten erheblich voneinander ab. Hier wirkt sich zweifellos der Einfluß der Überlieferung aus, die durch Tabus, Gesetze, soziale und religiöse Normen geprägt ist. Eine Sexualerziehung, die die Überlieferung in einzelnen Punkten oder auch radikal in Frage stellt, ist auf gesellschaftliche Veränderung, im Sinne der Evolution oder der Revolution, gerichtet.

Unfruchtbarkeit siehe Sterilität

Uterus siehe Gebärmutter

V

Vagina siehe Scheide

Vaginismus

Scheidenkrämpfe, die das Eindringen des Penis in die Scheide unmöglich machen. Hilfe ist nur möglich, wenn die Ursache des Vaginismus geklärt ist. Paare, die mit dieser Schwierigkeit konfrontiert sind, sollten deshalb nicht lange versuchen, selber damit fertig zu werden, weil der Bestand ihrer Partnerschaft zutiefst davon betroffen ist. Eheberatungsstellen, der Facharzt, der Psychotherapeut sind die richtigen Adressaten, wenn nach Helfern Ausschau gehalten wird.

Vaterschaft

Sexualerziehung hat zwei Aspekte, die bei der Behandlung des Themas »Vater« besonders deutlich werden können. Einerseits soll der junge Mensch befähigt werden, jene Rollen zu übernehmen, die ihm sein Geschlecht ermöglicht, andererseits soll ihm eine Hilfe geboten werden, seine eigenen Lebenserfahrungen so zu verarbeiten, daß sie nicht zur Lebenshypothek werden. Der Tatsache, daß jedes vierte Kind ohne Vater aufwächst, muß vor allem die außerschulische Sexualerziehung besonders Rechnung tragen.

Ähnlich wie die Mutterschaft, so gliedert sich auch die Vaterschaft in einen biologischen und in einen geistigen Akt: Der Vater als Erzeuger, und der Vater, der das Kind annimmt in einem auf Lebenstreue gegründeten Akt. In welchem Maße es gelingt, daß der Erzeuger auch zum Vater seines Kindes wird, hängt stark von der Art und Weise ab, wie die Eltern als Ehepartner zueinander stehen. Die Mutter muß zulassen, daß der Vater die symbiotische Beziehung, die zwischen Mutter und Kind durch die Schwangerschaft entstanden ist und auch noch über die Geburt andauert, durchbricht. Je reicher und reifer die Ehebeziehung von Eltern ist, um so weniger neigt die Frau dazu, mit ihrem Kind ein neues Paar kontra Vater zu werden. Trotz der heute üblichen Diskussion über Rollenbild von Vater und Mutter und dem demonstrierten Ehrgeiz mancher junger Väter

»ebenso gute Mütter« sein zu können, übernimmt die Frau in der Regel die Aufgabe, dem Kind in den ersten Lebensmonaten zum Überleben zu verhelfen.

Damit ist dem Vater die Rolle zugewiesen, den Lebensraum von Mutter und Kind so abzusichern, daß die Frau dem Säugling und Kleinkind gerecht werden kann. Dies kann beispielsweise bei der weiterhin berufstätigen Frau auch bedeuten, daß der Vater des Kindes sie bei der Betreuung des Kindes unterstützt oder vertritt. Gleichzeitig ist damit aber bereits verdeutlicht, daß im Konfliktfall die Mutter ihre Berufstätigkeit zugunsten des Kindes aufgeben, bzw. zurückstellen würde – und nicht der Vater.

Wie immer auch die Rollen in ihren einzelnen Zügen aussehen mögen, die sich die Eltern innerhalb der Familie zuspielen, so muß doch bewußt bleiben, daß der Vater für den Sohn das erste Identifikationsmodell darstellt und für die Tochter das erste Gegenbild zur bewußt gewordenen Weiblichkeit. Die Erfahrungen mit dem Vater prägen die künftige Partnerwahl und sind deshalb ähnlich schicksalhaft wie die Erfahrungen mit der Mutter.

Dies gilt auch für den Adoptiv- und Pflegevater.

Die Reife der Vaterschaft zeigt sich vor allem darin, daß nur solche Erwartungen an Sohn und Tochter herangetragen werden, die diese zu erfüllen vermögen und nicht eigene, bisher unerfüllt gebliebene Lebenswünsche (Schulleistung, Beruf etc.) durch die Kinder verwirklicht werden sollen.

Vater des unehelichen Kindes

Nach der Neuregelung des Unehelichenrechtes ist das nicht ehelich geborene Kind in seinen Rechten dem ehelichen weithin gleichgestellt. Der vom Vater zu leistende Unterhalt richtet sich nicht mehr, wie früher, nach der sozio-ökonomischen Situation der Mutter, sondern auch nach der des Vaters. Das hat beispielsweise Auswirkungen auf Schul- und Berufsausbildung eines nichtehelichen Kindes. Außerdem ist es erbberechtigt. Eine nicht verheiratete werdende Mutter sollte sich, um die Rechte ihres erwarteten Kindes rechtzeitig zu sichern, bereits nach Feststellung der Schwangerschaft an die Abteilung Mutterschutz des zuständigen Sozialamtes wenden.

Vererbung

Daß über die im Chromosomensatz enthaltenen Gene körperliche Merkmale von den Eltern auf die Kinder übertragen werden können, unterliegt keinem Zweifel. Die Ähnlichkeit, die zwischen Eltern und ihren Kindern bestehen kann, ist hier Beweis genug. Schwieriger ist es schon, psychische Eigenschaften mit einer erblichen Disposition, abgehoben vom erzieherischen Einfluß, in Zusammenhang zu bringen.

Wichtig kann die Frage dort werden, wo in einer Familie Erbkrankheiten vermutet werden, bzw. in hohem Maße charakterlich auffällige Personen festgestellt wurden. Ehe man Unsicherheiten mit in eine Ehe einbringt, die zum späteren Anlaß von Ehe- und Erziehungskonflikten werden können, sollte man sich die höchstmögliche Gewißheit verschaffen. Die Ergebnisse der Genforschung lassen eine Erbberatung in bezug auf bestimmte Anomalien und Krankheiten zu.

Verführung

Verführung in Zusammenhang mit der Sexualität hat verschiedene Aspekte. Sie ist Teil des Liebesspiels, das in den einzelnen Kulturen und sozialen Gruppen verschieden tradiert wird. In unserem Kulturkreis gilt noch immer, daß der Mann die Initiative ergreift, die Frau sexuell interessiert macht, bzw. auf ihre indirekte Verlockung antwortet. Viel schwerer zugänglich als diese äußeren Charakteristika sind die unbewußten Anziehungskräfte, die zwei Menschen veranlassen, ein Paar zu werden. Nur so ist es zu erklären, daß Menschen, ungeachtet negativer Erfahrungen, die sie gemacht haben, bei erneuten Partnerschaften immer wieder den gleichen Typus wählen.

Es gibt ein ausgesprochen neurotisches Verführungsverhalten. Zum Beispiel die hysterischen Eroberungswünsche, wobei das sexuelle Interesse an dem Eroberten erlahmt, wenn er gefügig ist; oder die Verführung des Kindes durch einen Päderasten.

Verhalten

Verhalten im weitesten Sinne bedeutet Benehmen, sagt aus, wie sich ein Mensch führt. Als psychologischer Begriff bezeichnet es die Gesamtheit aller beobachtbaren, feststellbaren oder meßbaren Aktivitäten des menschlichen Organismus. Die Verhaltenspsychologie sieht in der Prägung, in der Konditionierung des Menschen durch seine Umwelt, die Erklärung für menschliche Eigenschaften und Verhaltensweisen. Die davon abgeleitete Verhaltenstherapie sieht in der Desensibilisierung, in der Auflösung von nachteiligen Konditionierungen und nachfolgender neuer Konditionierung einen Heilerfolg. Solche sollen u. a. auch bei Sexualstörungen zu verzeichnen sein.

Verlassenheit

Verlassenheit ist ein dem Einsamkeitserlebnis nahe verwandtes Gefühl. Es überfällt den einzelnen vor allem dann, wenn er Trennungen von Menschen erfährt, die mit seiner Lebenssicherheit in Zusammenhang stehen. Solche Verlassenheitsgefühle greifen um so tiefer, je jünger bzw. unselbständiger und damit stärker auf einen anderen Menschen angewiesen ein Mensch ist. Häufige Trennungserlebnisse und damit durchlebte Verlassenheitsgefühle können ein Kind in Trennungs- und Verlustängste versetzen, die bei späteren Trennungen neu erwachen und das akute Ereignis unverhältnismäßig dramatisieren. Die Sexualerziehung sollte bewußt machen, daß ein gewisses Maß an Einsamkeits- und Verlassenheitsgefühlen mit der Ablösung vom Elternhaus notwendig verbunden ist und, positiv verarbeitet, zum Anlaß werden kann, das Leben selbst in die Hand zu nehmen. Wer solche Schmerzen, die zum Erwachsenwerden gehören, nicht auf sich nehmen will, ist immer in der Gefahr, sich vorschnell in neue Bindungen und Abhängigkeiten zu begeben. Die Verlassenheitsgefühle, die mit der Auflösung einer Liebesbeziehung oder gar einer Ehescheidung verbunden sind, erschüttern einen Menschen zutiefst in seinem Sicherheitsbedürfnis. Es braucht in der Regel lange Zeit, bis aufs neue Vertrauen zu einem Partner gefaßt, bzw. bis ohne Verbitterung an den verlorenen Lebenspartner gedacht werden kann. Sind Kinder vorhanden, so leiden diese in der Regel an dem Prozeß so lange mit, bis eine neue Lebensorientierung gefunden worden ist.

Anders zu bewerten ist das Verlassenwerden des Kindes durch die Mutter, die es zur Adoption freigibt. Es sollte in einer breiteren Öffentlichkeit Verständnis dafür geweckt werden, daß es eine große Lebensleistung und ein echter Liebesakt sein kann, wenn eine Frau, die ihr erwartetes Kind nicht versorgen und im Leben sichern kann, es kinderwilligen Ehepaaren überläßt. Bisher wird die Abtreibung weithin noch eher toleriert als die Tatsache, daß zwei Frauen sich in entsprechender zeitlicher Abfolge die Mutterschaft teilen. Sofern leibliche Mutter und Pflegemutter sich ständig in der Betreuung und Erziehung abwechseln, wird dies von der öffentlichen Meinung ebenfalls toleriert, obwohl die Schäden für die Kinder meist beträchtlich sind. Die Frau aber, die sich im Interesse ihres Kindes ganz aus dessen Leben zurückzieht, wird als »Rabenmutter« diffamiert. Dieser Auffassung entgegenzuwirken, ist ebenfalls Aufgabe der Sexualerziehung.

Verlobung

Ob einer geplanten Eheschließung ein offizielles Verlöbnis vorausgeht – das einem Eheversprechen im Kreise der Familienangehörigen entspricht und durch den Ringtausch gekennzeichnet ist – hängt einerseits von Familiengewohnheiten, andererseits von der individuellen Einstellung eines Paares ab. Früher war die Verlobung als öffentlicher Akt die Voraussetzung dafür, daß dem Paar ein größeres Maß an Freiheit zugestanden worden ist.

Vesica seminis = Samenbläschen

Voreheliche Geschlechtsbeziehungen

Die Ehe ist die Lebensform, in der sich die Intimbeziehungen am reichsten entfalten und gestalten lassen, weil sie in ihren Konsequenzen am weitesten legal und sozial abgesichert sind. Das Gebot vorehelicher Enthaltsamkeit zielt wesentlich auf den Schutz der Frau, der ehelichen Geburten, der Institution Ehe und der Familie. Die katholische Kirche und andere Religionsgemeinschaften halten nach wie vor daran fest, daß voreheliche Geschlechtsbeziehungen unerlaubt und sündhaft sind. Dabei wird »voreheliche Geschlechtsbeziehung« meist mit Coitus gleichgesetzt. Tatsächlich ist jedoch jede Form von Liebeserweis, der die sexuelle Erregung steigert, eine sexuelle Aktivität. Ob diese zwischen Liebespaaren, die zur Ehe entschlossen sind, tatsächlich vor dem »Letzten« haltmachen muß, wird davon abhängen, welche Bedeutung dem Geschlechtsakt zugemessen wird. Sofern er immer zugleich als Liebesakt und Zeugungsakt gesehen wird, ist die Ehe zur Absicherung von Mutter und Kind sein einzig legitimer Ort. Viele junge Menschen sehen in der heute gegebenen Möglichkeit, Liebesakt und Zeugungsakt zu trennen, die Rechtfertigung zu einer »Ehe vor der Ehe«. Zur moralischen Qualifikation solcher Haltungen erscheint es wichtig, ob dauerhafte Partnerschaften angestrebt oder unverbindliche Kontakte gesucht werden.

Vorurteil

Mit Vorurteil wird die vorgefaßte Meinung, die Voreingenommenheit gegenüber Personen und Sachverhalten bezeichnet. Auf dem Gebiet der Sexualität gibt es eine Vielzahl von Vorurteilen. Unter diesen haben vor allem die Frauen zu leiden, die aufgrund ihres Geschlechts in der Gesellschaft jahrhundertelang keinen dem Mann ebenbürtigen Platz einnehmen konnten. Die uneheliche Mutter wurde und wird im Vergleich zum unehelichen Vater diffamiert. Der Ehebruch des Mannes ist ein Kavaliersdelikt im Vergleich zum Ehebruch der Frau. Die Menstruation soll die Frau angeblich für mehrere Tage im Monat in ihrer Verantwortlichkeit herabmindern usw. Sexualerziehung sollte so betrieben werden, daß Vorurteile als solche erkannt und abgebaut werden.

Voyeurismus

Sexuelle Abirrung, wobei sich der Voyeur beim Anblick eines Intimitäten austauschenden Liebespaares sexuell erregt oder befriedigt.

Vorhautverengung siehe Phimose

Vulvae siehe Scham- oder Scheidenlippen

W

Wechseljahre siehe Klimakterium

Werbung

Die Werbung für Konsumgüter neigt dazu, die Sexualität für ihre Zwecke in Dienst zu nehmen. Das abgebildete Auto, an dem ein aufreizend schickes Mädchen lehnt, soll dem Käufer vortäuschen, daß er entweder mit solch einem Auto so tolle Mädchen haben kann, oder daß ein Mädchen mit solch einem Auto jede Chance bei Männern hat. Die Emanzipationsbestrebungen der Frauen sollten sich auch darauf richten, sich nicht als Werbeartikel mißbrauchen zu lassen.

Wiederverheiratung

Die Wiederverheiratung bringt verschiedene Probleme, je nachdem, ob es sich um Verwitwete oder Geschiedene handelt, ob Kinder mit in eine neue Ehe eingebracht werden sollen, und schließlich spielt auch das Alter der Menschen eine Rolle.

Das wohl größte Problem stellt sich jenen gläubigen Menschen, denen die Kirche eine Wiederverheiratung nach der Scheidung nicht erlaubt.

In jedem Fall sollte zu der vergangenen Ehe erst ein entsprechender Abstand gewonnen worden sein, ehe eine neue Ehe geschlossen wird. Ehen, die die Wunden heilen sollen, die durch den Verlust eines Ehepartners entstanden sind, sind von vornherein in ihrem Bestand bedroht.

Wirtschaftliche Faktoren

Wirtschaftliche und soziale Faktoren spielen auf vielfache Weise in das Familien- und Sexualleben hinein.

Die Harmonie einer Ehe hängt entscheidend von ökonomischen und sozialen Gegebenheiten ab (Wirtschaftsgeld, Wohnung etc.). Frühehen sind hier besonders stützungsbedürftig.

Die Berufstätigkeit der Frau erweitert einerseits die wirtschaftliche Stabilität einer Familie. Andererseits macht sie die Frau auch unabhängiger vom Mann. Frauen sind deshalb nicht mehr gewillt, sich völlig dem Willen des Mannes unterzuordnen, sondern ziehen gegebenenfalls die Scheidung vor.

Kinder der unteren Schichten nehmen häufig schon aufgrund der räumlichen Enge mehr am Sexualleben der Erwachsenen teil. Dies bringt sie im Zusammenleben mit anderen Kindern (Kindergarten, Schule) nicht selten in Schwierigkeiten.

Wochenbett

wird die Zeit nach der Geburt genannt, in der die Frau den sog. Wochenfluß hat (ca. 6 Wochen).

Wochenbettgymnastik

Übungen, die die Rückbildung der Gebärmutter und der Brust unterstützen. Solange gestillt wird, sind Übungen, die den Oberkörper beanspruchen, nicht angebracht.

Wochenfluß (Lochien)

Anfangs blutige, später schleimige Flüssigkeit, die die Wöchnerin ca. 6 Wochen lang nach der Geburt aus der Scheide absondert.

Wochenhilfe

Leistung der Krankenversicherung nach RVO § 195a für werdende Mütter und Wöchnerinnen.

Wollust

Starkes Lustgefühl, das die Befriedigung des Geschlechtstriebes begleitet. Nur der Mensch kennt das Streben nach Wollust unabhängig vom Streben nach der Fortpflanzung.

Z

Zärtlichkeit

Zärtlichkeit ist eine Ausdrucksform der Liebe. Kinder bedürfen dieser spürbaren Zeichen der Zuneigung im hohen Maß. Aber auch Erwachsene bedürfen der zärtlichen Zeichen, um ihre Liebesgefühle dem Partner ausdrücken, bzw. um darauf angemessen antworten zu können. Zur reifen Sexualität gehört auch eine Skala differenzierter Ausdrucksmöglichkeiten durch Worte und Gebärden. Eine falsch verstandene Erziehung zur Disziplin bzw. Zurückhaltung hat dem Mann weithin unmöglich gemacht, zärtlich zu sein, und hindert die Frau, auf das zärtliche Liebesspiel ungehemmt einzugehen. Das zärtliche Umgehen der Eheleute miteinander schafft auch für die Kinder in der Familie ein Klima des Wohlbehagens.

Zeugung siehe Fortpflanzung

Züchtigung

Die körperliche Züchtigung der Kinder kann bei ihnen abnorme sexuelle Wünsche hervorrufen, die die spätere regelrechte sexuelle Entwicklung unmöglich machen. Überdies ist die bei Kindern angewandte Prügelstrafe eine Verletzung der menschlichen Würde, die auch bei Kindern zu achten ist. Pädagogisch ist sie ein primitives, im Hinblick auf die Befähigung zu freien Entscheidungen wirkungsloses, bzw. hemmendes Mittel.

Zuhälter

sind Männer, die davon leben, daß Frauen für sie als Prostituierte arbeiten. Eine spezielle Form menschlicher Ausbeuterei.

Zwillinge

können eineiig oder zweieiig sein.

Eineiige Zwillinge entstehen dann, wenn ein reifes Ei durch eine Samenzelle befruchtet worden ist und sich bei der Zellteilung ganz durchteilt hat, so daß die Embryonalanlagen gespalten sind. Solche Geschwister sind immer gleichgeschlechtlich und haben so große Ähnlichkeit, daß sie kaum unterschieden werden können.

Zweieiige Zwillinge entstehen, wenn zwei befruchtungsfähige Eizellen von zwei Samenzellen etwa zum gleichen Zeitpunkt befruchtet werden. Solche Geschwister haben nur die übliche Geschwisterähnlichkeit und können verschieden geschlechtlich sein.

LITERATURVERZEICHNIS

I. FÜR ELTERN UND ERZIEHER

Affemann, R., Geschlechtlichkeit und Geschlechtserziehung in der modernen Welt. Gütersloh 1970

Bastin, G., Wörterbuch der Sexualpsychologie. Freiburg 1972

Bernt, D., Konfliktfeld Sexualerziehung in der Schule. Frankfurt am Main 1983

Die deutschen Bischöfe, Zu Fragen der menschlichen Geschlechtlichkeit. Hrsg. Sekretariat der dtsch. Bischofskonferenz. München 1973

Bleistein, R., Sexualerziehung zwischen Tabu und Ideologie. Würzburg 1972

Ders., Jugendmoral. Tatsachen, Deutungen, Hilfen. Würzburg 1979

Braun, W., Geschlechtliche Erziehung im katholischen Religionsunterricht. Trier 1970

Brocher, T., Psychosexuelle Grundlagen der Entwicklung. Opladen 1971

Ders., Lexikon der Sexualerziehung. Stuttgart und Berlin 1972

Buschmann, W., Das geht Eltern und Erzieher an. Limburg/Lahn 1969

Comfort, A., Der aufgeklärte Eros. Reinbek 1968

Cyran, W., Verantwortete Elternschaft. Kritische Anmerkungen zur Enzyklika »Humanae vitae«. Frankfurt am Main 1981

Döring, H. G., Empfängnisverhütung. Stuttgart 1971

Ell, E., Dynamische Sexualmoral. Köln 1972

Ders., Grundlagen der Erziehung zu Partnerschaft und Ehe. Limburg/Lahn 1968

Erikson, E. H., Jugend und Krise. Stuttgart 1970

Fischer, J., Rhein, P., Ruthe, R., Wörterbuch zur Sexualpädagogik und ihren Grenzgebieten Jugendkunde, Ehekunde und Familienkunde. Wuppertal 1970

Freytag, W., Sex, Ehe, Gesellschaft. Ein Handbuch aus ärztlicher Sicht. Freiburg 1971

Freud, A., Wege und Irrwege in der Kinderentwicklung. Bern/Stuttgart 1968

Gagern, E. Frhr. v., Eheliche Partnerschaft. München 1963

Grasnick, M., Reform des Unehelichenrechts. Hückeswangen 1968

Groeger, G., Ich werden – Partner werden. Die individuelle und soziale Entwicklung zwischen Kindheit und Erwachsensein. Köln 1974

Groß, A., Pfürtner, S., Sexualität und Gewissen. Mainz 1973

Heinrichs, S. (Hrsg.), Sexualerziehung und Auflehnung im Elternhaus, Kirche und Schule, Kevelaer 1971

Herrmann, B., Sexualerziehung im Religionsunterricht. Projekte und Materialien. Gütersloh 1973

Hunger, H., Das Sexualwissen der Jugend. Ein Report für Erzieher. München/Basel 1960
Janzing, A., Sexualerziehung – Aufgabe und Chance für Elternhaus und Schule. Bischöfl. Generalvikariat Münster o. J.
Ders., Sexualerziehung in der Grundschule. München 1972
Janzing, Kaltermann, Täubl, Weigel, Medien zur Sexualerziehung für den Unterricht und die Elternarbeit (Kurzfilme, Tonbilder, Diaserien, Arbeitstransparente, Wandbilder und Haftelemente). Hrsg. Deutscher Katechetenverein. München 1973
Kaufmann, F. X., Die gesellschaftliche Situation der heutigen Familie, in: *A. Beckel* (Hrsg.), Ehe im Umbruch. Münster 1969, S. 107–140
Kellner, E. (Hrsg.), Sexualität ohne Tabu und christliche Moral. München und Mainz 1970
Kentler, H., Texte zur Sozio-Sexualität. Opladen 1973
Ders., Sexualerziehung. Reinbek 1970
Leist, F., Liebe und Geschlecht. Freiburg 1970
Ders., Neue Wege der geschlechtlichen Erziehung. München 1970
Mewes, Ch., Manipulierte Maßlosigkeit. Freiburg 23. Aufl. 1982
Ders., Der Weg zum sinnerfüllten Leben. Freiburg 1982
Ders., Sexualerziehung im Unterricht weiterführender Schulen, in: Handbuch des Willmann-Instituts. Freiburg 1970
Ders., Sexualpädagogik der Volksschule, in: Handbuch des Willmann-Instituts. Freiburg 1967
Nofziger, M., Natürliche Geburtenkontrolle. Eine kooperative Methode. München 4. Aufl. 1981
Oestereich, H., Sexualerziehung im 1. Lebensjahrzehnt. Neuburgweier 1974
Orientierung zur Erziehung in der menschlichen Liebe. Hinweise zur geschlechtlichen Erziehung. (Verlautbarung des Apostolischen Stuhls, 1983; zu beziehen durch das Sekretariat der Deutschen Bischofskonferenz, Kaiserstr. 163, 5300 Bonn 1)
Pannor, R. u. a., Wenn Jungen Vater werden. Verständnis und Hilfe für Jugendliche bei unerwarteter Elternschaft. Freiburg 1974
Richter, H. E., Patient Familie. Reinbek 1970
Rohr, B., Sexualerziehung sozial benachteiligter Schüler. Dortmund 1974
Rötzer, J., Natürliche Geburtenregelung. Der partnerschaftliche Weg. Wien 10. Aufl. 1983
Scarbath, H., Tewes, B. (Hrsg.), Sexualerziehung und Persönlichkeitsentfaltung. Weinheim 1982
Scheerer, G., Ehe im Horizont des Seins. Essen 1965
Siegfried, C.-F., Gesellschaft und Homosexualität. Beginn einer Auseinandersetzung. Gelnhausen und Berlin o. J.
Seelmann, K., Kind, Sexualität und Erziehung. Basel 1973
Steinhaus, H., Sexualität und Erziehung. Zur Revision der schulischen Sexualpädagogik. Düsseldorf 1973
Strätling, B., Geschlechtserziehung als Aufgabe der Schule. Limburg/Lahn 1970

Ders., Sexualethik und Sexualerziehung. Donauwörth 1970
Ders., Von der Kameradschaft zur Liebe. Donauwörth 1972
Trobisch, I., Rötzer, E., Mit Freuden Frau sein II. Fragen und Antworten um das Geheimnis der Fruchtbarkeit. Wuppertal 5. Aufl. 1980
Wienaver, D., Risiko Geschlechtskrankheit. Köln 1974
Wiesböck, E., Geschlechtliche Erziehung in der Schule. München 1969
Wurzbacher, G., Die Familie als Sozialisationsfaktor. Stuttgart 1968
Ziebeil-Luttner, F. C., Frühkindliche Sexualität und Sexualerziehung. Psychoanalytische Erkenntnisse, Erfahrungen und Ratschläge für Eltern und Erzieher. München 1972
Zitelmann, A., Carl, Th., Didaktik der Sexualerziehung. Weinheim 1973

II. FÜR KINDER UND JUGENDLICHE

Bachmann, H., Schüttler-Janikulla, K., Peter bekommt eine Schwester (5–7 Jahre). Velber/Hannover 1970
Brauer, J., Regel, G., Tanja und Fabian. Ein Bilderbuch für 4- bis 8jährige. Gütersloh 1974
Brauer, J., Kapitzke, G., Wrage, K. H., Junge, Mädchen, Mann und Frau. Gütersloh 1971
Leist, M., Mutter erzählt mir alles (5–10 Jahre). München 1971
Ders., Angst vor Sex? Aufklärung für junge Leute. München 1970
Ders., Liebe ist kein Gesellschaftsspiel. München 1972
Ders., Liebe – von der Jugend diskutiert. Ein Gespräch mit 16- bis 18jährigen. München 1972
Gebhardt, G., Jugend – Freundschaft – Sexualität. »Anders als ihr denkt.« Begleitende Texte zur ZDF-Sendung »Kontakte – Magazin für Lebensfragen«. Hrsg. von E. von Gemmingen. Kevelaer 1981
Seelmann, K., Zwischen 15 und 19. Informationen über sexuelle und andere Fragen des Erwachsenwerdens. München 1971
Stahl, J., Link, I.-J., Reidel, G., Antworten auf die Fragen unserer Kinder. Limburg/Lahn 1970
Tarnowski, W. (Hrsg.), Mann und Frau. Eine Sexualkunde. Bd. I für 7- bis 9jährige, Bd. II für 10- bis 13jährige. Hamburg 1974